「お花畑系キャリア教育」は
言われるほど多いか？

キャリア教育
フォー ビギナーズ

筑波大学教授
前文部科学省調査官
藤田晃之

実業之日本社

プロローグ

実業之日本社から拙著『キャリア教育基礎論―正しい理解と実践のために―』を上梓したのは二〇一四（平成二六）年一一月でした。今から四年以上も前のこととなります。

この間、私個人にとって、大きな出来事がありました。

二〇一五（平成二七）年四月。筑波大学の教育学関連分野において、独立した専門研究領域としてキャリア教育学が認められたのです。これを機に、卒業論文はもちろん、修士論文・博士論文についても、正式に「キャリア教育学」の担当教員として指導することができるようになりました。当初の一年は文字通り暗中模索を繰り返す他に術はなかったのですが、二年目となる二〇一六年四月に研究室紀要などを掲載する「キャリア教育学研究室公式サイト」（http://www.human.tsukuba.ac.jp/~tfujita/）を開設し、同年七月からは「キャリア教育　よもやま話」のコーナーにおいて雑文の掲載を始めた次第です。第1話を書いた頃の心境は今ではすっかり記憶の彼方ですが、その冒頭は次のように書き起こされています。

記念すべき「第1話」のテーマをどうするか……。関東地方の梅雨が明けてしまい、七月も終わろうとする中で、この数日、このコーナーの存在が日に日に重くなってきていました。おまけに「先生、〝よもやま話〟まだですか？」などと言う学生も出てくる事態となり、そもそもノープランのまま「夏頃から、少しずつ話題提供を始めたいと思います」と宣言した自分を恨みました。

で、さんざん思いをめぐらした結果、結局は「格好つけようとするから悩むんだな」という答にたどり着いた次第です。小学生の頃の「ええかっこしいで、いい子ちゃんぶる藤田君」は、半世紀以上も生きて来てもなお、自分の中に存在していることを改めて認識しました。

……すみません。前置きが長くなりました。そもそも「よもやま話」ですので、最近巡り会ったこと、出会った人などからふと浮かんだ事柄を、肩ひじ張らず、背伸びもせずに小声でつぶやいて参ります。今後は、毎月一回程度、年に十回くらいの更新ができればいいなぁと思っております。キャリア教育が大好きなだけのおっさんの独り言ですが、おつきあいいただけましたら幸いです。

こんな「キャリア教育が大好きなだけのおっさんの独り言」を気の向くままにつぶやき始めていたのですが、今度はキャリア教育にとって大きな出来事が発生したのです。

二〇一六（平成二八）年一一月からスタートした学習指導要領の改訂です。ご縁をいただき、中央教育審議会初等中等教育分科会教育課程部会内の委員会やワーキンググループ（高等学校部会、総則・評価特別部会、特別活動ワーキンググループ、産業教育ワーキンググループ）の委員を拝命し、改訂に向けた具体的な議論に参画する機会を与えていただく中で、新しい学習指導要領が「キャリア教育の新たな展開の契機」になることを確信するに至りました。無論、委員としての守秘義務を遵守しつつではありますが、可能な限りの「最新情報」を「よもやま話」にも盛り込んできたつもりです。ですが、「書き散らかし」のまま、系統性を欠いた情報を発信し続けていることがどうも気になっていました。

そのような折に、実業之日本社が「よもやま話」を出版してくださることとなり、今般、本書を皆様にお届けできることとなった次第です。

本書に掲載したものは、第1話（二〇一六年七月三一日）から、第41話（二〇一八年一一月一七日）までの中から選びました（第41話を区切りとしたのは、ご賢察のとおり

「キリの良い（四一）ところ」という語呂合わせです。おっさん丸出しですみません）。掲載するに当たっては、統計的なデータのアップデートなど可能な範囲で最新の情報に更新を図ると同時に、関連の深い複数の「よもやま話」を統合して一話にしたり、ウェブ上ではリンクを張るだけで済ませていた関連資料等のうち重要なものについては直接掲載したり、一冊の本として読んでいただけるような工夫をしました。この他にも、誤字・脱字等の訂正や、書籍としては不必要な話の前置き（いわゆる「枕」に相当する部分）の割愛など必要な修正を行いましたが、全般的な書きぶりにはできるだけ手を加えないようにしたつもりです。僕自身、「肩ひじ張らず、背伸びもせずに小声でつぶやいた」結果ですので、読者の皆様にも肩に力を入れずに読んでいただきたかったからです。

本書が、新しい学習指導要領に基づくキャリア教育の理解と、その実践の一層の充実に僅（わず）かでも貢献できるものであることを心から願い、同時に、刊行に際して細やかなご配慮を頂戴した実業之日本社教育図書出版部の皆様、とりわけ中村宇道さんに深く感謝しつつ、本書を世に送りたいと思います。皆様からの忌憚のないご意見やご感想を賜ることができましたら幸甚です。

二〇一九年初春

藤田　晃之

【目次】

新学習指導要領が導くものとは?

第4章 実践をどうするか？

第1章

そもそも「キャリア教育」って、何？

第1話　五郎丸さん

「五郎丸さん」と言えば、ほとんどの方は、ラグビーの五郎丸歩選手を思い浮かべると推察します。日本代表だった頃の五郎丸選手の素晴らしい活躍はもちろんですが、キック前のルーティンとして独特なポーズをとることにも熱い視線が集まりましたね。結果は残すし、男前だし、五郎丸フィーバーとも呼ばれたラグビーへの注目を突如として巻き起こしたのは至極当然でした。

で、今回の「五郎丸さん」ですが、五郎丸歩選手のことをアレコレ書こうというわけではありません。ここでお話ししたいのは、大学の時の同級生である「五郎丸ナオミさん」のことです（下のお名前は仮名です）。いや、おつきあいしていたわけではありませんよ。おつきあいなんて滅相もない話です。五郎丸さんは、僕のようなちゃらんぽらんな奴とつきあうはずもない、品格漂う清楚な大学生でした。

僕が五郎丸さんのことを今でも忘れられないのは、僕にとって衝撃的な自己紹介があったからです。

「五郎丸ナオミです。よろしくお願いします。私は……」

フレッシュマン・セミナーという初年次必修科目の初回、一人一人の学生に短い自己紹介の機会が与えられました。今では、様々なSNSを通して入学式の前から自己紹介済みなどということも珍しくありませんが、当時はほぼ全員が見知らぬ者同士です。もちろん、大学という場にも慣れていませんから、カチコチに緊張する瞬間だったはずです。順番が回ってきた五郎丸さんは、至極当たり前ですが、まずフルネームを名乗りました。「よろしくお願いします」の部分は「よろしく」だけだった可能性もありますが、品位のある五郎丸さんのことですから、「よろしくお願いします」と言ったに違いありません。でも、今回は、これはどちらでもいい。重要なのは彼女の名前です。

ゴローマル　ナオミ!?

「五郎丸は下の名前、しかも時代劇に出てきそうな男の名前だろ。こいつの苗字、変わってるぅぅぅ!」——たいへん不謹慎かつ失礼な話ですが、世間知らずの若造であった僕はそう感じました。当時の僕のことですから、笑いをこらえるので精一杯だったでしょう。おそらく、表情を読み取られないようにすぐ下を向いたはずです。いくらアホな若造とはいえ、自己紹介をしている人（しかも女子）に向かって、ぷっと吹き出してしまったらダメだということくらいは分かっていたと思います。いや、そう信じたい。

それ以来、しばらくの間――おそらく一～二週間だったでしょう――「五郎丸さん」と呼びかけるたびに「変な名前！」と思っていました。相手はクラスメイト（しかも女子）なのに、江戸時代にタイムスリップして殿様の息子にでも向かって話しかけているような気分が抜けずにいたからです。

でも、そんな感覚は全く長続きしませんでした。入学当初は必修科目が多く、同一の学類（学科に相当します）の学生は多くの授業で顔を合わせます。僕自身はまじめに全部の授業に出ていたわけではありませんが、それでも同じ学類の連中の顔は頻繁に見るわけです。そのような中で、「五郎丸さん、宿題やってきた？」「五郎丸さん、今日の講義よくわからなかったね」「五郎丸さん……」と話しかけているうちに、「五郎丸ナオミさん」は「五郎丸ナオミさん」であって、他の誰でもないし、変でもない、と気づき始めました。と言うより、そもそもの僕の意識が「ゴローマル」という音の集合に向かなくなりました。僕にとって「五郎丸」は当たり前にそこにいる「五郎丸ナオミさん」の姓であり、そこに違和感はみじんもなくなったわけです。

……こんな取るに足らない思い出話を長々としてしまってすみません。

キャリア教育の「キャリア」って何だろう

翻(ひるがえ)って「キャリア教育」ですが、皆さんの周りでは、このような声が聞こえてきませんか?

「キャリア教育」って分かりにくいよね。第一「キャリア」って何だよ。横文字ばっかり多くなっちゃって、ヤだねぇ。

確かに、一九九九(平成一一)年に、日本の教育政策関連の公的文書に[※1]「キャリア教育」という言葉が初めて登場したときは、かなり奇異に響いたはずです。「〇〇教育」という表現自体は当時もごく一般的に使われていましたが、「カタカナ語＋教育」という用語は異例中の異例だったからです。しかも当時は、「キャリア」という日本語は、「キャリア教育」でいう「キャリア」とは違った文脈で使われることが一般的でした。むしろ、本来のキャリア教育の意義や意図についての誤解を生むような使い方しかされていなかったと言えるでしょう。

※1：中央教育審議会『初等中等教育と高等教育との接続の改善について(答申)』(第6章第1節・1999年12月16日)

例えば、国家公務員のうち幹部候補として想定される者（かつての国家公務員試験制度における上級試験やI種試験に合格した者）を「キャリア組」と呼んでいたことや、職務上の待遇や地位の向上を「キャリア・アップ」と呼んでいたことなどが、それに当たります。もちろん、現在でもこういった使い方はごく普通になされていますよね。でも、さすがに提唱から一九年も経過している今では、キャリア教育でいうキャリアと、これらの日常語との混同が至る所で起きているという状況は脱したようです。

それでも、やはり、「キャリア」という言葉がどうもしっくりこない、「キャリア組」のイメージが抜けない等々の声が全くなくなったわけではありません。「もっと分かりやすく、ちゃんとした日本語で言えないの？」という疑問を持つ方もいらっしゃると思います。

でも、これが結構難しいんです。

キャリアを言い換えてみると

釈迦に説法をお許しいただいて、キャリア教育でいう「キャリア」の意味を復習すれば、「生きている間に果たす様々な立場や役割の総称」ですよね。僕個人を例にすれば、大学教員という職業人であることはもちろん、お父ちゃんとしての役割も、夫としての役割も、息子としての役割もあります。さらに細かいことを言えば、文科省等での各種委員としての役割も担っていますし、複数の高校における特定の取組に対する運営指導委員などもさせていただいています。これら諸々が僕のキャリアを構成しており、どの役割にどれだけの時間や労力を振り分けるのかという選択やその後の僕自身の行動が、日々積み重なって僕の人生を形作っていきます。

そして、こういった諸々の要素は、お互いに影響を与え合いながら、積み重なる性質をもっていることも重要です。現在、僕の両親は健在ですが、仮に大きく体調を崩せば、高齢ゆえに長引く可能性があります。そうなれば、息子として、介護に時間を割くことになるでしょう。場合によっては、大学教員としての仕事の仕方だけでなく、他の役割についても再考しなくてはならない事態を迎えるかもしれません。こういった状況への対応の方法によって、僕の将来のキャリアの在り方は変わっていくわけですし、そういった様々な選択・決定とそれに伴う行動が蓄積されたものがいつの間にか「僕らしい生き方」となっていくわけです。このような中で、職に就いて働くこと（＝僕の場合には大学教員であること）だけを切り出して、それだけを対象として「どうあるべきか」を考えることはできませんし、仮にそうした場合には現実から遊離したシミュレーションになってしまうでしょう。

端的に言えば、キャリア教育でいう「キャリア」は、人生そのもの、生き方そのものです。こういった様々な立場や役割を果たしつつ社会生活を営み、社会参画をする上で、ほとんどの人にとって必須となる「力」を培っていこうとするのがキャリア教育というわけです。つまり、「人間関係形成・社会形成能力」「自己理解・自己管理能力」「課題対応能力」「キャリアプランニング能力」という……おっと、こんなことをズラズラと書いていたら、いつまでたっても終わりませんね（このあたりのことは本書第3章第12話において正面から扱いたいと思います）。

とまぁ、こんな具合なので、キャリア教育を直訳的に日本語に置き換えるとなると、「人生教育」とか「生き方教育」とかになるわけです。でも、どうも〝浪花節〟のようなイメージじゃありませんか?

例えば、「人生教育」とした場合、「艱難辛苦（かんなんしんく）に耐え、苦境を乗り越えてこそ人生だ!」というような精神論を語ることに比重が置かれてしまいそうです。「人生勉強」や「人生相談」などにも当てはまりますが、「人生」という言葉はそれ自体が情緒的・心情的な重心をもっているのかもしれません。もちろん、キャリア教育においてもこういった側面は含まれます。ですが、「人生教育」と言い換えてしまうと、キャリア教育の一部分のみが強調されてしまうおそれがありそうです。

また、「生き方教育」とした場合にも、同様に「生き方」という言葉のもつ情緒性が勝(まさ)ってしまう問題が生じます。「いかに生きるべきか」という根源的な問いに常に対峙していなくてはならないような印象を受ける方もいらっしゃるかもしれません。さらに「生き方教育」の場合には、「処世術の伝授」のような含意も若干ながら生じますね。キャリア教育と処世術は無縁か、といえば、そうではないのですが、キャリア教育の中でいわゆる処世術が占める割合は小さなものです（万一、仮に「処世術」を「姑息な世渡り方策」という意味で使うとしたら、キャリア教育においてそれは、高校等でのディベートや議論の対象になることはあっても、指導の範疇には全く入らないでしょう）。

キャリア教育が提唱された頃、その語感の「突拍子もない感じ」や、それまでの日常語との差異などがキャリア教育の理解や普及を妨げるおそれがあるとして、独自の「言い換え」をした自治体がいくつかありました。僕は、そのような措置自体は自治体の創意ある取組として評価されるべきであると考えますし、当時の状況からしてやむを得なかった部分も相当程度あったはずです。そして、その呼称がすでに定着している自治体において、今からそれを変更することは必ずしも得策とは言い難いと思います。先生方にとっても、保護者の皆さんや地域の方々にとっても愛着ある呼称であるならば、それを再び「キャリア教育」と言い換えることによって生じるデメリットの方が大きい可能性は十分にあります。

その一方で、「和語」や「漢語」を使ってキャリア教育を言い換えた場合、特定の側面のみに光が当てられる傾向も否定できないように個人的に感じているところです。もちろん、それは多くの人たち、特に保護者や地域の方々にとって、分かりやすく、使いやすいものであることは確かです。キャリア教育の実践において、家庭や地域の皆さんからの協力は必要不可欠ですから、分かりやすさやなじみやすさが重要であることに疑う余地はありません。

さて、これから本格的に我が校でもキャリア教育を実践していくぞ！　とお考えの校長先生方。あるいは、うちの自治体でもこれから本腰を入れてキャリア教育の拡充を図るぞ！　とご計画の教育委員会の皆様方。「キャリア組」や「キャリア・アップ」の「キャリア」との混同や、外来語の過多を避けるために「キャリア教育」を別の言葉に置き換えましょうか。それとも、言い換え・置き換えによる意味の変容を避けるために「キャリア教育」という呼称のままにしましょうか？

「キャリア教育」を使い続けることが大切

あくまでも僕個人としてですが、「今、キャリア教育の呼称をどうするか」を決定するとすれば、「キャリア教育のままとする」に「賛成」の一票を投じたいと思います。

なぜなら、「キャリア教育」は「五郎丸さん」だと思うからです。

使い続けていれば、当初の違和感は急速に減少すると確信します。保護者の皆さんや地域の方々の中に違和感があるとするなら、その違和感をかき消すほどに使っていけば、キャリア教育という言葉がみんなにとっての「当たり前」になるのではないでしょうか。

新しい学習指導要領の総則が示すように、今日、小・中・高等学校、特別支援学校を問わずすべての学校におけるキャリア教育の充実が必要とされています。このような状況においては、「キャリア教育」を別の言葉に置き換えることよりも、自信を持って使い続けることの方が得策だと考えます。

もちろん、これからも「キャリア組」や「キャリア・アップ」といった表現は使われていくでしょうし、「キャリア教育」でいう「キャリア」との差異が埋まることはないだろうと思います。でも、ちゃんと使い続けていれば、「単なる多義語だよね」という理解が浸透するのに、それほど長い時間はかからないような気がします。

急に話題を転換して恐縮ですが、「去る者は日々に疎し」ということわざがありますね。そのオリジナルは、中国・南北朝時代に南朝の梁で編まれた『文選』に掲載される「去者日以疎　来者日以親」だと言われています。「去る者は日に以て疎く　来る者は日に以て親し」。もともとは、「死に去った者は日に日に忘れ去られ、新たに生を受けた者・生きている者に対しては日に日に親しさが増す」という意味だと思いますが、「去者」を「縁遠くなってしまった人」と解釈するなら、「来者」については「通い来る人」と解釈することができるでしょう。頻繁に顔を合わせている人とは自ずと親しくなる、ということですね。心理学でいう「単純接触効果」[※2]とも重なります。「キャリア教育」という言葉も、同じかもしれません。躊躇せずに使っていきませんか？

そういえば、五郎丸さんは元気かなぁ。卒業以来お会いしていませんが、この歳ですから同窓会の機会もおそらくもうないでしょう。何らかの偶然が重なってお目にかかることができたら、真っ先に大学入学直後の無礼のお詫びをしようと思います。

※2：特定の言葉や、視覚・聴覚上の刺激、実際の人などに繰り返し接触する機会を得ることによって、当初の不快な状態が解消され、好意的な態度が形成されていく現象。

第7話　五郎丸さん（２０１６年10月14日）

※話数、年月日は「キャリア教育学研究室公式サイト」初出時のもの、以下同じ。

第2話　キャリア教育の一九年の歩みを振り返る

日本でキャリア教育の推進が提唱されたのは一九九九（平成一一）年一二月なので、人間に例えればもう一九歳。大学生や社会人として活躍していてもおかしくない年齢です。一九年前に身長五〇cm、体重三kg程度で生まれた「キャリア君」がいるとしたら、今や彼の身長は一七一cm、体重は六三kgくらいになっているという計算です（いずれも平均値[※1]）。まさに光陰矢の如し。一九年間で人はここまで大きくなるのですね（ちなみに、僕自身の身長もほぼこんな感じですが、体重はこの数値よりほぼ一〇kg多い……我が身の「光陰矢の如し」も実感せざるを得ない状況です）。

提唱後、一九年を経る中で、キャリア教育の焦点や役割は大きく変化して今日に至っています。社会自体が急速に変貌を遂げ、学校の教育課程編成の基準としての学習指導要領も改訂を経ているわけですから、キャリア教育だけが変容しないとしたら、そのほうがむしろ奇異な現象と言えるでしょう。けれども、先生方の間では意外に「一九年前のキャリア教育」のイメージが強く残っているようです。一九年前のまま、とまではい

※1：厚生労働省『平成29年度国民健康・栄養調査報告』（2018年）に基づく。

かないにせよ、一〇年程度前のキャリア教育の残像が瞼に焼き付いている先生方は少なくないのが現状かもしれません。

いささか古い話となりますが、二年ほど前に全国規模の教員研修の一部を担当させていただき、「キャリア教育の一層の充実のために」というタイトルで講義と演習を行いました。その折に送っていただいた「受講者の感想一覧」がたまたまパソコンのハードディスクに保存してありましたので、以下、原文のまま、いくつかを紹介します。

・草創期のキャリア教育と今日のキャリア教育との違いがよくわかりました。これまで、草創期の捉えのままだったことがわかり、現場に広めなければと思いました。
・キャリア教育とは、職場体験等だけではなく、もっと広く捉えて実践を行うことがわかりました。きっと誤解している先生方は多いはず……。
・キャリア教育とは何か何度も聞いていたのですが、職場体験や進路のことばかり思っていた。そうではなくて今やっていることが将来につながることを子供たちに伝えていかなければならないことがわかった。

――何事も「第一印象」は大切だと言われますが、キャリア教育についても提唱時の印象がずっと尾を引いているのだなぁと改めて思った次第です。この機会にキャリア教育の一九年の歩みを振り返ってみましょう。

ニート・フリーター対策と「キャリア教育」

日本の教育行政分野の公的な文書で「キャリア教育」という言葉を初めて使用したのは、一九九九（平成一一）年に中央教育審議会[※2]が取りまとめた「初等中等教育と高等教育との接続の改善について（答申）」でした。当該答申の「第六章　学校教育と職業生活との接続」において、次のように指摘されていたことは重要です。ここでの指摘が、後々、「キャリア教育」と言えば、「ニート・フリーター対策」と理解されるようになった主たる背景になっているといえるでしょう。

新規学卒者のフリーター志向が広がり、高等学校卒業者では、進学も就職もしていないことが明らかな者の占める割合が約９％に達し、また、新規学卒者の就職後３年以内の離職も、労働省の調査によれば、新規高卒者で約47％、新規大卒者で約32％に達している。こうした現象は、経済的な状況や労働市場の変化なども深く関係するため、どう評価するかは難しい問題であるが、学校教育と職業生活との接続に課題があることも確かである。

※2：文部科学省内に置かれる審議会。中央省庁等改革の一環として、従来の中央教育審議会を母体としつつ、生涯学習審議会、理科教育及び産業教育審議会、教育課程審議会、教育職員養成審議会、大学審議会、保健体育審議会の機能を整理・統合して、２００１（平成13）年1月6日付けで設置された。
主たる所掌事務は以下の3点である。
（1）文部科学大臣の諮問に応じて教育の振興及び生涯学習の推進を中核とした豊かな人間性を備えた創造的な

若年無業者数の推移（1993-2007年）

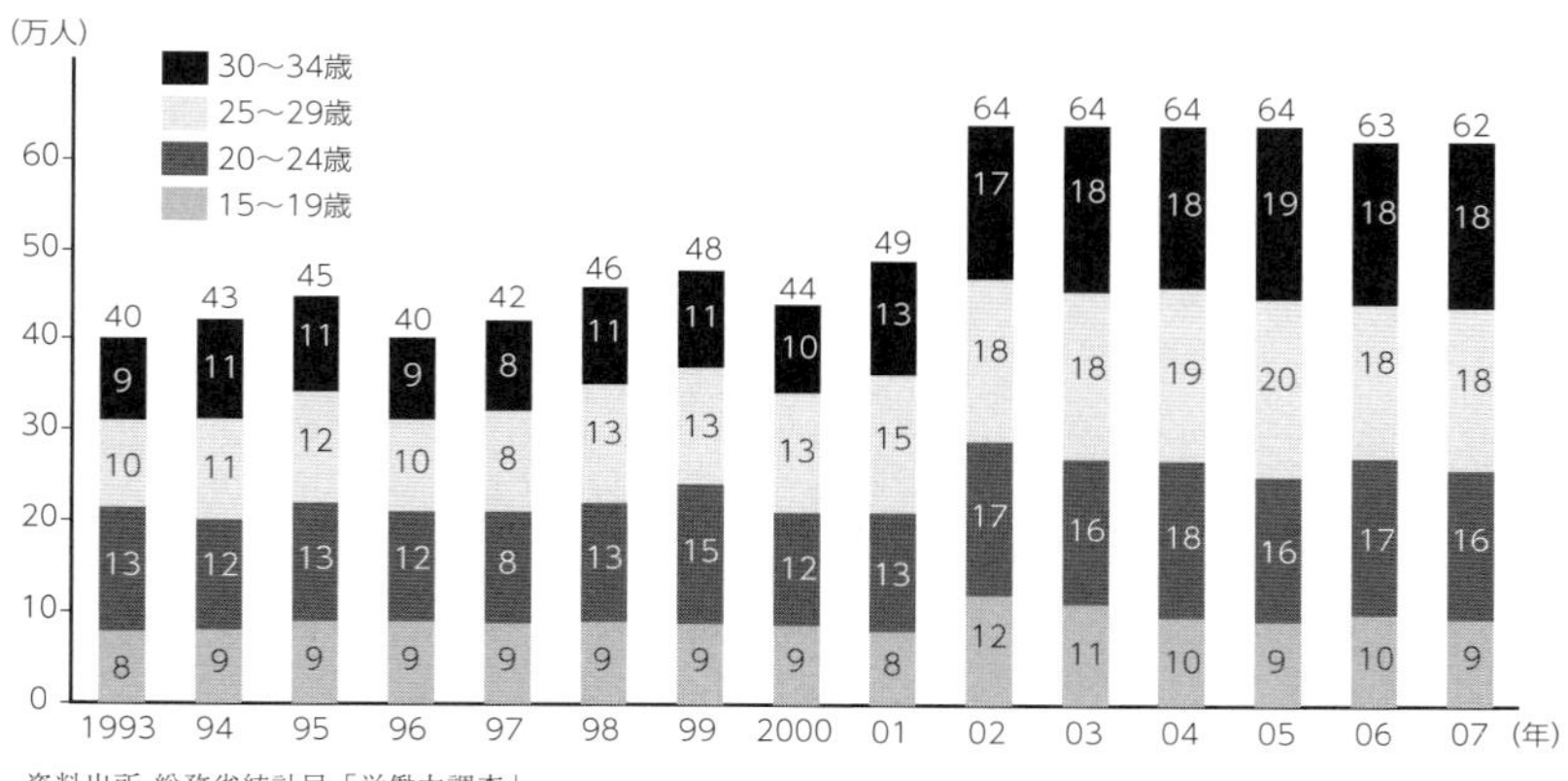

資料出所 総務省統計局「労働力調査」
（注）若年無業者について、年齢を15~34歳に限定し、非労働力人口のうち、家事も通学もしていない者として集計。

——それゆえ、本答申は、「学校と社会及び学校間の円滑な接続を図るためのキャリア教育（望ましい職業観・勤労観及び職業に関する知識や技能を身に付けさせるとともに、自己の個性を理解し、主体的に進路を選択する能力・態度を育てる教育）を小学校段階から発達段階に応じて実施する必要がある」と指摘したわけです。「キャリア教育＝ニート・フリーター対策＝勤労観・職業観の育成」という「草創期におけるキャリア教育三点セット」は、このようにして提示されました。

確かに、当時、フリーターと呼ばれる若者の数の急増に大きな関心が集まっていたことは事実です。具体的には、一九九二年において五〇万人であったフリー

人材の育成に関する重要事項を調査審議し、文部科学大臣に意見を述べること。
（２）文部科学大臣の諮問に応じて生涯学習に係る機会の整備に関する重要事項を調査審議し、文部科学大臣又は関係行政機関の長に意見を述べること。
（３）法令の規定に基づき審議会の権限に属させられた事項を処理すること。

当該審議会は、任期2年の委員30人以内（再任可）によって構成され、教育制度分科会、生涯学習分科会、初等中等教育分科会、大学分科会の4分科会に分かれる。また、必要応じて臨時委員及び専門委員を置くことができる。

ターが一九九七年に一五〇万人を超えるに至り、文字通り社会問題になっていたのです。また、若年無業者（ニート）の数も、一九九〇年代前半まではおよそ四〇万人台で推移していたのですが、一九九九年に四八万人、二〇〇二年には六四万人と急激に増え、こちらにも注目が集まりました。

上述のようなキャリア教育の推進が提唱されたのは、まさにこのタイミングです。急速に増えるフリーターやニートに対して何らかの対応策が強く求められる中で、当時のキャリア教育は社会的な要請に応える形で提唱されたと言えるでしょう。草創期のキャリア教育は、若年者雇用をめぐる新たな問題への緊急対応策として登場したと言っても過言を過ぎた誇張表現ではないと思います。

無論、このようなキャリア教育の提唱が、小学校・中学校・高等学校の先生方から必ずしも歓迎されなかったことは、多くの皆さんが記憶されているとおりです。小学校・中学校の先生方の多くは、「ニート・フリーター対策なら、高等学校でやってくれ」と思っていました。しかも、当の高等学校においても積極的に迎えられたわけではないのです。特に、いわゆる進学校と見なされる高等学校においては、「うちの卒業生はちゃんと進学して、その後もちゃんと就職している。だから、キャリア教育なんて必要ない」という意見が多くを占めていました。大半の先生方にとって、できれば関わりたくない余計な仕事としてのキャリア教育が登場したと言えるのかもしれません。

ニート・フリーター対策は関係各省の連携待ち

通常、中央教育審議会からの答申を受けた文部大臣は、その答申内容を尊重しつつ、具体的な施策を打ち出します。これは、現在の文部科学大臣も同じです。中央教育審議会の答申というのは、それほど大きな意味をもつものなのです。けれども、前掲した一九九九年の答申におけるキャリア教育の推進は、すぐに施策化されたわけではありません。なぜなら、ニート・フリーター問題への対応を、教育行政を担う文部省単独で行っても実質的な効果を期待することができないからです。雇用をめぐる施策を担当する当時の労働省、中小企業の振興等をはじめとして企業への指導・支援を担う当時の通商産業省との連携がどうしても必要だったと言えるでしょう。

当然、文部省は労働省、通商産業省との連携の方途を摸索し始めます。けれども、中央省庁再編の大きな動きに巻き込まれ、三省連携の実現は簡単には進みませんでした。結局、二〇〇一（平成一三）年の改組を経て、文部科学省・厚生労働省・経済産業省の三省連携によるニート・フリーター対策の方向性が示されたのは、二〇〇三（平成一五）年六月の「若者自立・挑戦プラン」においてでした。

この「若者自立・挑戦プラン」が示された二〇〇三年、フリーターの数は二一七万人にのぼっています。このような状況を視野に収めれば、当該プランの冒頭が次のように書き出されていることに違和感を持つ人は多くないはずです。

・今、若者は、チャンスに恵まれていない。高い失業率、増加する無業者、フリーター、高い離職率など、自らの可能性を高め、それを活かす場がない。

・このような状況が続けば、若者の職業能力の蓄積がなされず、中長期的な競争力・生産性の低下といった経済基盤の崩壊はもとより、不安定就労の増大や生活基盤の欠如による所得格差の拡大、社会保障システムの脆弱化、ひいては社会不安の増大、少子化の一層の進行等深刻な社会問題を惹起しかねない。

――このような認識の下で、「若者自立・挑戦プラン」は「教育段階から職場定着に至るキャリア形成及び就職支援」の重要性を指摘し、「勤労観・職業観の醸成を図るため、学校の教育活動全体を通じ、子どもの発達段階を踏まえた組織的・系統的なキャリア教育」を推進すると宣言しています。「キャリア教育＝ニート・フリーター対策＝勤労観・職業観の育成」という「草創期におけるキャリア教育三点セット」が、ここでも再び示されたと言えるでしょう。

「こんなキャリア教育なら、高校でやればいい」と小学校・中学校の先生方が思い、普通科高校、特に進学校の先生方の多くは「いや、うちの卒業生はちゃんと進学して、その後もちゃんと働いているんだからうちでは必要ない」と捉え、専門高校の先生方は「うちでは、こんなことは昔っからずっとやってきている。今さら、何を言っているんだ?」と首をかしげる……。日本に住む大人としては、ニート・フリーターの増加に危機感や違和感を強く抱きつつも、教員としては「うちの学校でやる」ことには賛同しかねるキャリア教育。「若者自立・挑戦プラン」は、その意図とは裏腹に、このようなキャリア教育のイメージを一層強化してしまったのかもしれません。

小学校でもなく高校でもなく中学校が前面に

そして、二〇〇五(平成一七)年、このような「みんなにとってのお荷物」としてのキャリア教育のイメージをガラッと変える動きがありました。

文部科学省によって、単年度当たり四億五千万円もの予算をつぎ込んで実施された「キャリア教育実践プロジェクト」[※3]の登場です。このプロジェクトは「中学校における五日以上の職場体験活動の実施(キャリア・スタート・ウィーク)」を中核に据え、そ

※3：児童生徒の勤労観、職業観を育成するために、各都道府県におい

の後四年間、文字通り全国展開されたのです。

これまで「小学校でニート・フリーター対策をするのは早すぎる」と思っていた小学校の先生方にとってはもちろん、「うちでは必要ない」と思っていた普通科進学校の先生方にとっても、「そんなものは以前からやってきた」と自負されていた専門高校の先生方にとっても、「ほら、やっぱり、うちでキャリア教育なんてものを改めてやる必要はなかったじゃないか」と〝納得がいく〟施策であったと推測します。

文部科学省作成のキャリア・スタート・ウィーク推進用 パンフレットの表紙（2005年11月）

無論、ここで「逃げ場」を失ったのは中学校の先生方です。もはや「やるしかないキャリア教育」が、職場体験活動という具体的な方策を伴って提示されました。しかし同時に、「結局、職場体験活動をやればいいだけじゃないか！　職場体験活動さえやっておけば無

て、地域における職場体験の推進のためのシステムづくり、中学校を中心とした職場体験の5日間以上の実施など、地域の教育力を最大限に活用し、キャリア教育の更なる推進を図るためのプロジェクト。その内容は、次の通り。

（1）キャリア・スタート・ウィーク―地域ですすめるみんなの職場体験―

ア　都道府県・指定都市キャリア・スタート・ウィーク支援会議の設置（地域における職場体験の推進のためのシステムづくり）

イ　市町村キャリア・スタート・ウィーク実行委員会の設置（中学校を中心に、5日間以上の職場体験を実施）

（2）キャリア・スタート・ウィーク地区別協議会の開催（先進的

罪放免なんだな」という曲解さえ許容しかねない施策であったと言えるでしょう。

それにしても、文部科学省が「小学校段階から発達段階に応じて実施する」という方策から、「中学校における職場体験活動を焦点化する」方策へ、突然舵を切ったのはなぜなのでしょうか。

もちろん、それには理由があります。

当時、「キャリア教育」という新たな言葉そのものに違和感をもつ先生方が少なくなかったことに加え、キャリア教育は多くの先生方にとってできれば関わりたくない存在でもあったわけですが、それを一気に進め得るだけの起爆剤が何としても必要でした。「ニート・フリーター対策」が国家的な課題であったにもかかわらず、文部科学省としての対応施策が後手に回ることは避けなくてはなりません。また、この重要な局面にあって、キャリア教育推進施策の第一弾が失敗することは許されない状況です。

そこで文部科学省が注目したのが、兵庫県における「トライやる・ウィーク」でした。阪神淡路大震災や中学生による連続児童殺傷事件を経た兵庫県では、「心の教育」の充実を図ることの大切さを再認識し、「従来のように結論を教え込む」方策から「体験を

・効果的な取組の普及
・情報交換)
(3)職場体験・インターンシップの在り方についての調査研究の実施

通して、子どもたちが自分なりの生き方を見つけられるよう支援していく教育にシフトしていく」ための一環として、一九九八（平成一〇）年度から、県内すべての公立中学校二年生全員が、実社会において職場体験活動や勤労生産活動等に取り組む活動を「トライやる・ウィーク」と名付けて実施しています。

しかも、兵庫県ではすでに、「トライやる・ウィーク」を通して、不登校生徒の登校率の上昇、自己肯定感や自己有用感の向上、人間関係の円滑化、学ぶことや働くことへの理解の深化など、具体的な成果を得ていました（詳しくは、兵庫県「トライやる・ウィーク」評価検証委員会『地域に学ぶ「トライやる・ウィーク」10年目の検証（報告）』（二〇〇八）をご参照下さい。なお、本書34－35ページに、当該報告書の一部を抄出して掲載しました）。

文部科学省として、キャリア教育推進のための最初の施策を実施するに当たり、このような先行成功事例を見過ごすはずはありません。こうして、キャリア教育推進の第一弾として「キャリア・スタート・ウィーク」が開始されました。

当然のことながら、このような施策を推進すれば、「キャリア教育は中学校で行うもの」という誤解が生まれることが懸念されますし、「実質的には職場体験活動を指す」

という曲解を生む危険性さえ生じます。でも、当時は、何としても「ニート・フリーター対策」を前に進めざるを得なかったのです。これによって生じた誤解や曲解は、第二弾・第三弾と続くキャリア教育推進施策によって是正することが企図されていました。

もちろん、その構想通り、第二弾・第三弾に相当するキャリア教育推進施策として、各種の手引きやパンフレットの発行、実態調査に基づく現状把握とその是正促進措置などが講じられてきたのですが、二〇〇九（平成二一）年の「事業仕分け」等の影響もあり、それぞれに充てられた予算は大きく制限されました。豊かな予算の下で推進された「キャリア・スタート・ウィーク」によって形成されたイメージを払拭するまでには至っていないのが、今日の状況なのかもしれません。

変化してきた「キャリア教育」

さて、ここでいったん、これまでの流れを振り返ってみましょう。

キャリア教育はニート・フリーター対策であり、勤労観・職業観の育成を主軸とするもの。……このような捉え方は、今年（二〇一九年）の一二月を迎えれば、二〇歳になろうとする「キャリア君」が生まれたばかりの時から、四歳～五歳頃までの特徴です。

「トライやる・ウィーク」

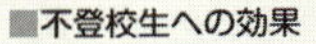

■不登校生への効果

「トライやる・ウィーク」は不登校傾向の生徒にとっても、自分自身の変化を実感できる貴重な機会となっている。

〔調査結果から〕
①全日程に参加した生徒数の割合は、毎年4割を超えている。
②全日程に参加できた生徒の30%～40%の生徒が、実施前に比べて登校率が上昇している。

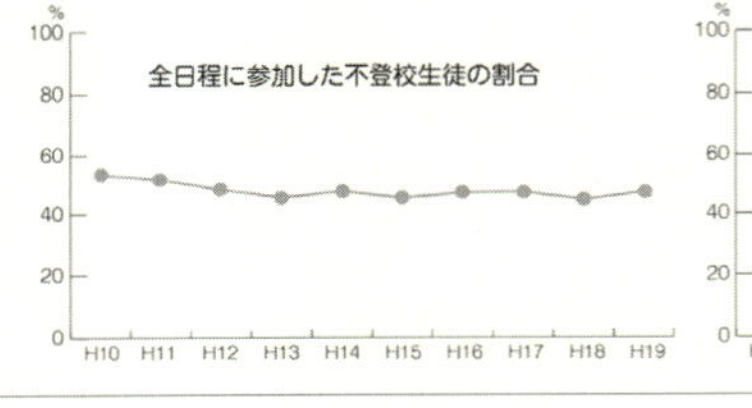

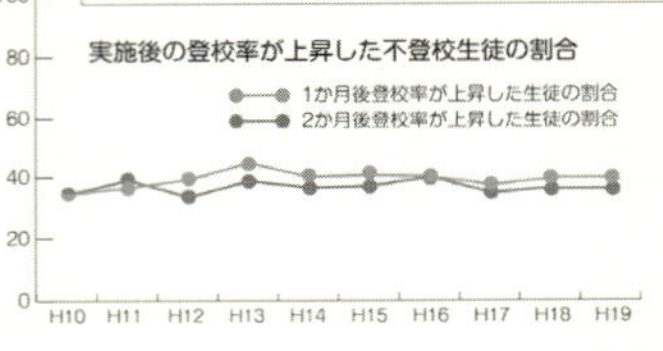

■長期的な影響

平成10年度の体験者は、すでに社会人として活躍している。１期生に「特に印象に残ったこと」を尋ねると「生き方」や「進路」「職業」というキーワードが浮かび上がってくる。

「トライやる・ウィーク」の体験が、彼らの生き方に影響を与え、当時の思いが現在も生き続けていることがうかがえる。

後輩に「トライやる・ウィーク」を勧めるか

	そう思う	どちらかといえばそう思う
中学2年	64.2	27.1
中学3年	64.2	25.1
高校1年	51.7	31.0
高校2年	50.5	34.4
高校3年	53.4	31.0

0 20 40 60 80 100 %
（平成19年1月調査）

１期生：夢を追い続ける原動力は「トライやる・ウィーク」

「おねえちゃん、おはよう。」と、子どもたちの元気いっぱいのあいさつで、一日が気持ちよくスタートした貴重な5日間でした。

私は幼い頃から、「先生」という職業に憧れていたので、「トライやる・ウィーク」は保育園に参加しました。大好きな子どもたちと一緒に活動できることはとても楽しみでしたが、「どのように子どもと接したらいいか…。」と、不安もありました。けれど、私の不安など、消し飛んでしまいました。それは、先生方や子どもたちにとても温かく迎えてもらったからです。そして、気がつけば、私の両手では足りず指一本一本に子どもたちが集まっていました。だから、「ここでがんばれる。」と、私の居場所を実感したことを覚えています。

また、保育園の先生方から様々なことを教えていただく機会もありましたが、何より自由に活動させていただいたことがうれしかったです。中学校では、まだ「子ども」と見なされ、受け身で生活することが多かったのですが、保育園では、自分で考え、臨機応変に心や体を思い切り動かせました。それが、とても新鮮でした。また、園児の前では一人の「大人」として見てもらい、責任感を持って活動させていただきました。だから、自分の可能性や自信といったものに目を向けることができました。

今年から、私は小学校教諭として働いています。そして、一筋に持ち続けた大きな夢を実現させた喜びをかみしめています。けれど、私は何度も挫折に遭い、辛い思いもしてきました。それでも、夢を追い続けられた原動力は「トライやる・ウィーク」で得た「自信」と「教職の魅力」のおかげです。これから、「トライやる・ウィーク」に参加する中学生の皆さんも、充実した体験ができることを願います。そして、もしこの先に失敗や困難なことがあっても、自分の可能性を大切にし、希望や信念を持ち続けてほしいです。

生徒の成長と

■体験した生徒の評価

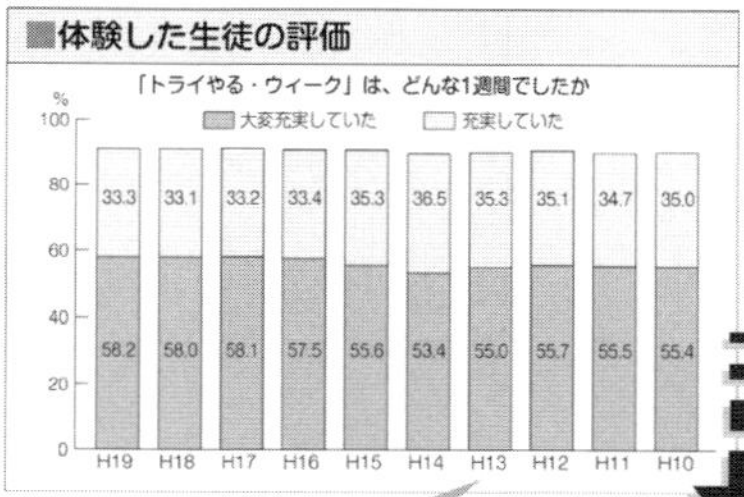

「トライやる・ウィーク」は、どんな1週間でしたか

%	H19	H18	H17	H16	H15	H14	H13	H12	H11	H10
大変充実していた	58.2	58.0	58.1	57.5	55.6	53.4	55.0	55.7	55.5	55.4
充実していた	33.3	33.1	33.2	33.4	35.3	36.5	35.3	35.1	34.7	35.0

■生徒の成長を促す「トライやる・ウィーク」

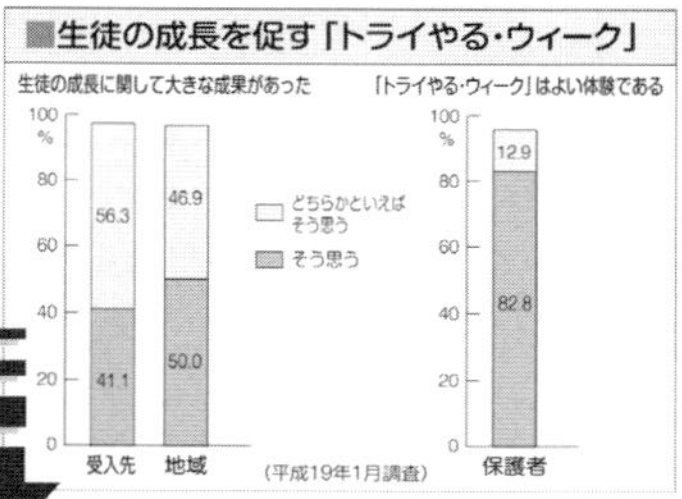

生徒の成長に関して大きな成果があった

%	受入先	地域
そう思う	41.1	50.0
どちらかといえばそう思う	56.3	46.9

「トライやる・ウィーク」はよい体験である

%	保護者
そう思う	82.8
どちらかといえばそう思う	12.9

(平成19年1月調査)

「トライやる・ウィーク」の体験者は
合計50万人を超えている。(平成19年度)

生徒の成長

・自尊感情の高揚
・社会的自立の基礎づくり
・社会活動への参画意識の形成

■生徒の成長への効果

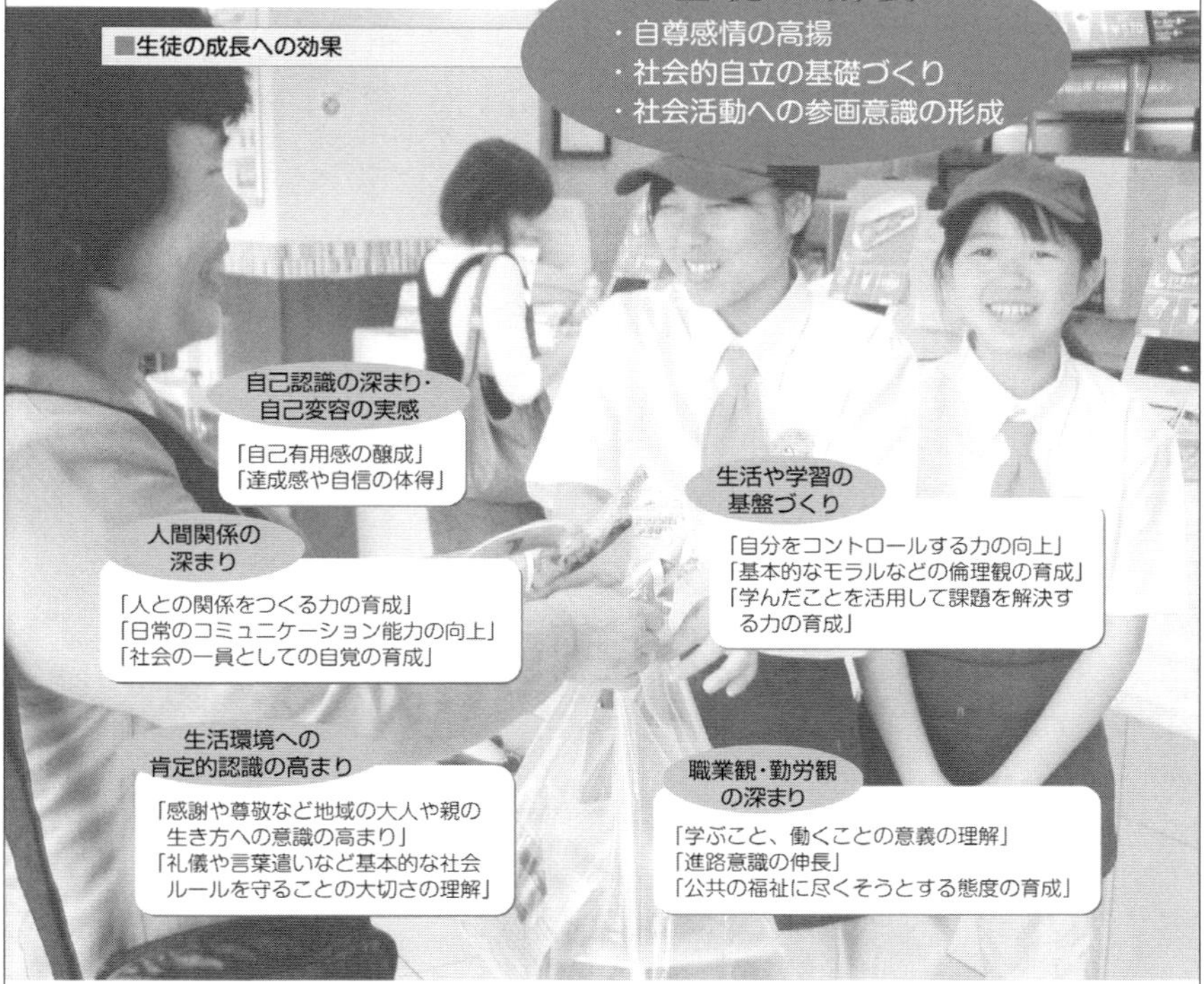

自己認識の深まり・自己変容の実感

「自己有用感の醸成」
「達成感や自信の体得」

生活や学習の基盤づくり

「自分をコントロールする力の向上」
「基本的なモラルなどの倫理観の育成」
「学んだことを活用して課題を解決する力の育成」

人間関係の深まり

「人との関係をつくる力の育成」
「日常のコミュニケーション能力の向上」
「社会の一員としての自覚の育成」

生活環境への肯定的認識の高まり

「感謝や尊敬など地域の大人や親の生き方への意識の高まり」
「礼儀や言葉遣いなど基本的な社会ルールを守ることの大切さの理解」

職業観・勤労観の深まり

「学ぶこと、働くことの意義の理解」
「進路意識の伸長」
「公共の福祉に尽くそうとする態度の育成」

8

※『地域に学ぶ「トライやる・ウィーク」10年目の検証（報告)』p.8-9 を転載

「あなたは幼稚園のころ、よく○○したわよねぇ」と言われて、一九歳の青年が戸惑うのは世の常ではないでしょうか。

キャリア教育は、実質的に中学校の職場体験活動を指す。……これは「キャリア君」が小学校低学年から中学年くらいまでに特に目立った特徴でした。「おまえは小学校の頃、○○だったよなぁ」と言われても、その後「キャリア君」は中学、高校と様々な経験を経て成長を遂げていますから、当時の面影がそのまま彼に残っているとは限りません。

二〇一一（平成二三）年一月に中央教育審議会が取りまとめた答申「今後の学校におけるキャリア教育・職業教育の在り方について」では、「キャリア教育の必要性や意義の理解は、学校教育の中で高まってきており、実践の成果も徐々に上がっている」としつつ、「（キャリア教育についての）一人一人の教員の受け止め方や実践の内容・水準に、ばらつきがあることも課題としてうかがえる」と指摘しています。これに続いて答申が、「このような状況の背景には、キャリア教育のとらえ方が変化してきた経緯が十分に整理されてこなかったことも一因となっていると考えられる」[※4]と述べていることは重要ではないでしょうか。つまり、「キャリア君」は変化しているんだよ！　今の「キャリア君」の姿をちゃんと見てね！　ということですね。

※4：『今後の学校におけるキャリア教育・職業教育の在り方について』（2011年1月）P17－18

「キャリア教育」をおさらいすると

二〇一一年の答申「今後の学校におけるキャリア教育・職業教育の在り方について」が発表されてから後のキャリア教育の姿、つまり、小学校高学年から一九歳を迎えるまでに至った「キャリア君」の成長については、稿を改めて第3章第12話以降で詳しくお話しします。

以下、映画の「予告編」のようで恐縮ですが、第3章をお読みいただく際の前提として重要なことを三点だけ挙げておきますね。

（1）今日のキャリア教育は「ちゃんと職に就かせる」ことのみを支援する教育活動ではない。社会に参画して生きていくために必要な幅広い力を育成することがキャリア教育のねらいであり、それは、いわゆる「四領域・八能力」から「基礎的・汎用的能力」に変容して今日に至っている。

（2）知識基盤社会やグローバル化の一層の進展が見られる中で、「基礎的・汎用的能力」において求められる「今後の成長のために進んで学ぼうとする力」や「学ぶこと・働くことの意義の理解」、及び、「人間関係形成・社会形成能力」としてまとめて示された諸能力の育成はますます重要になる。この点については、新しい学習指導要領において重視される「どのように社会・世界と関わり、よりよい人生を送るか（学びを人生や社会に生かそうとする「学びに向かう力・人間性等」の涵養）」とも大きく重なる部分である。

（3）キャリア教育が提唱された当初、社会問題となっていたフリーターや若年無業者（ニート）は総体として減少傾向にある。また、その内実は大きく変容してきており、「新規学卒者のフリーター志向やニートの急増」をキャリア教育推進の理由として挙げることは時代錯誤とさえ言える。

これら三点はいずれも極めて重要なポイントなのですが、とりわけ（3）については、今日のキャリア教育の姿を正しく理解する上で不可欠だと思います（以下、内閣府『平成二七年版　子供・若者白書』（二〇一五）における第一部第四章第二節「若年無業者、フリーター、ひきこもり」に示されるデータに基づいて概要を整理します）。

まず、フリーターについてですが、二〇〇三（平成一五）年に二一七万人とピークを記録して以来、二〇〇八年まで減少し続け一七一万人までその数を減らしました。その

フリーター数の推移（2002-2014年）

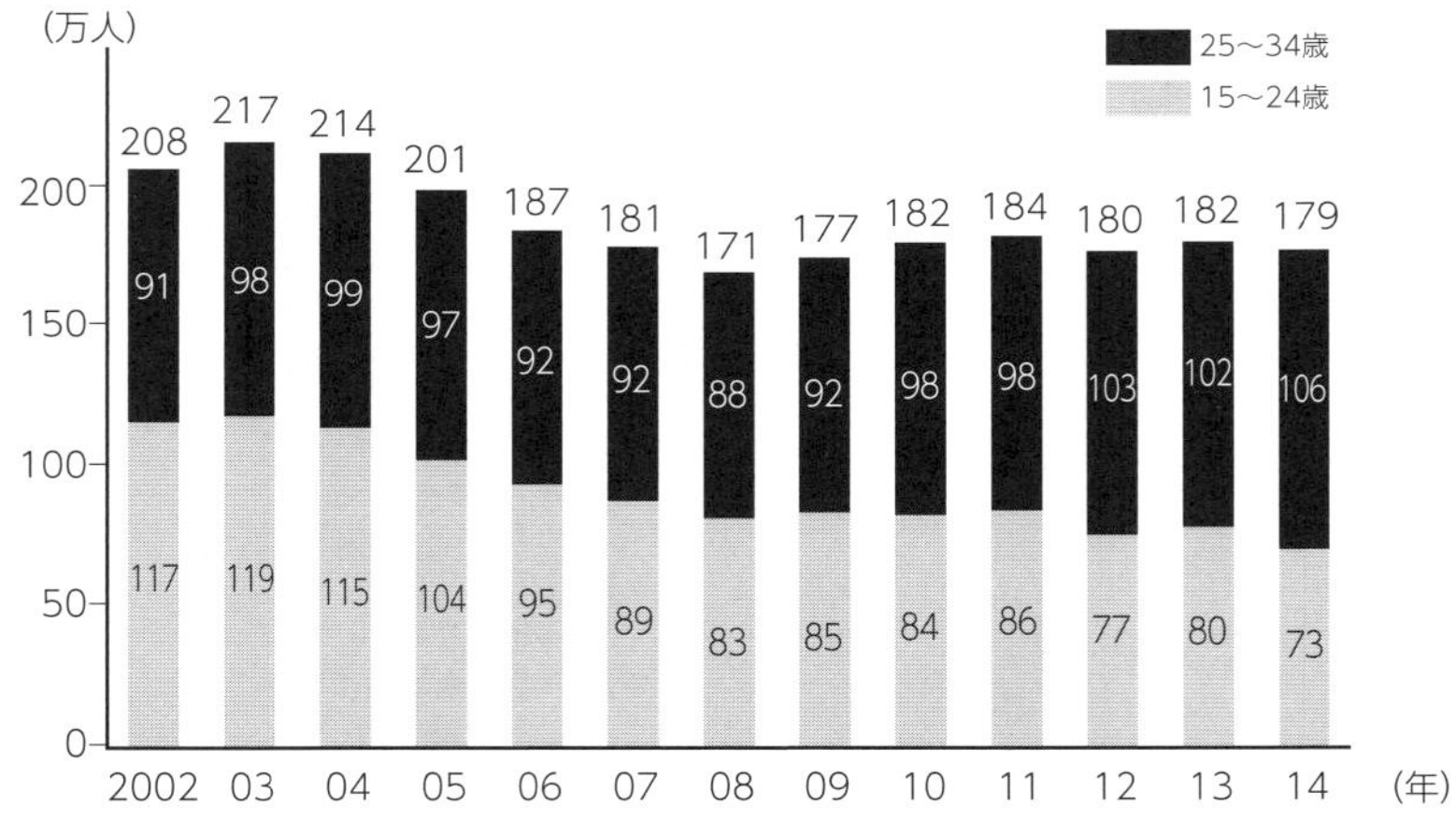

(出典)総務省「労働力調査」
(注)ここでいう「フリーター」とは，男性は卒業者，女性は卒業者で未婚の者とし，1雇用者のうち勤め先における呼称が「パート」か「アルバイト」である者，2完全失業者のうち探している仕事の形態が「パート・アルバイト」の者，3非労働力人口で家事も通学もしていない「その他」の者のうち，就業内定しておらず，希望する仕事の形態が「パート・アルバイト」の者としている。

後、一七〇万後半から一八〇万前半までの増減を繰り返し、二〇一四（平成二六）年には一七九万人となっています。特に、一五歳～一九歳に限定してみれば、二〇〇三年に一一九万人だったものが、二〇一四年には七三万人と大きく数を減らしています。現在、フリーター問題の中心は、いわゆる「年長フリーター」（二五歳～三四歳）の増加、つまり、「フリーター志向」が実態としてあった頃にフリーターとして職業人生をスタートさせ、正社員への移行ができずにフリーターに滞留している層の増加にあるのです。

また、若年無業者（ニート）について当該白書は次のように指摘しています。

若年無業者（一五〜三四歳の非労働力人口のうち、家事も通学もしていない者）の数は、平成一四（二〇〇二）年に大きく増加した後、おおむね横ばいで推移している。平成二六（二〇一四）年は五六万人で、前年より四万人減少した。一五〜三四歳人口に占める割合は長期的にみると緩やかな上昇傾向にあるが、平成二六年は二年連続で低下して二・一％となっている。年齢階級別にみると、一五〜一九歳が八万人、二〇〜二四歳が一四万人、二五〜二九歳が一六万人、三〇〜三四歳が一八万人である（P.38）。

——若年無業者については、二〇〇二年以降の増加は確認されておらず、「おおむね横ばい」というのが現実です。むしろ、二〇一二年以降に限れば、連続で減少して今日（このデータでは二〇一四年）に至っています。また、一五歳〜一九歳に限定した場合、八万人という数値が二〇〇二年以降の最小値であることも重要でしょう。現在の若年無業者問題の中心は、二五歳以上のいわゆる「年長ニート」にあるのです（次ページ参照）。

なお、「平成二八年版」以降の『子供・若者白書』においては、本文からフリーターに関する記述がなくなり、巻末資料にグラフのみが掲載される扱いとなっています。こ

若年無業者数の推移（1999-2014）

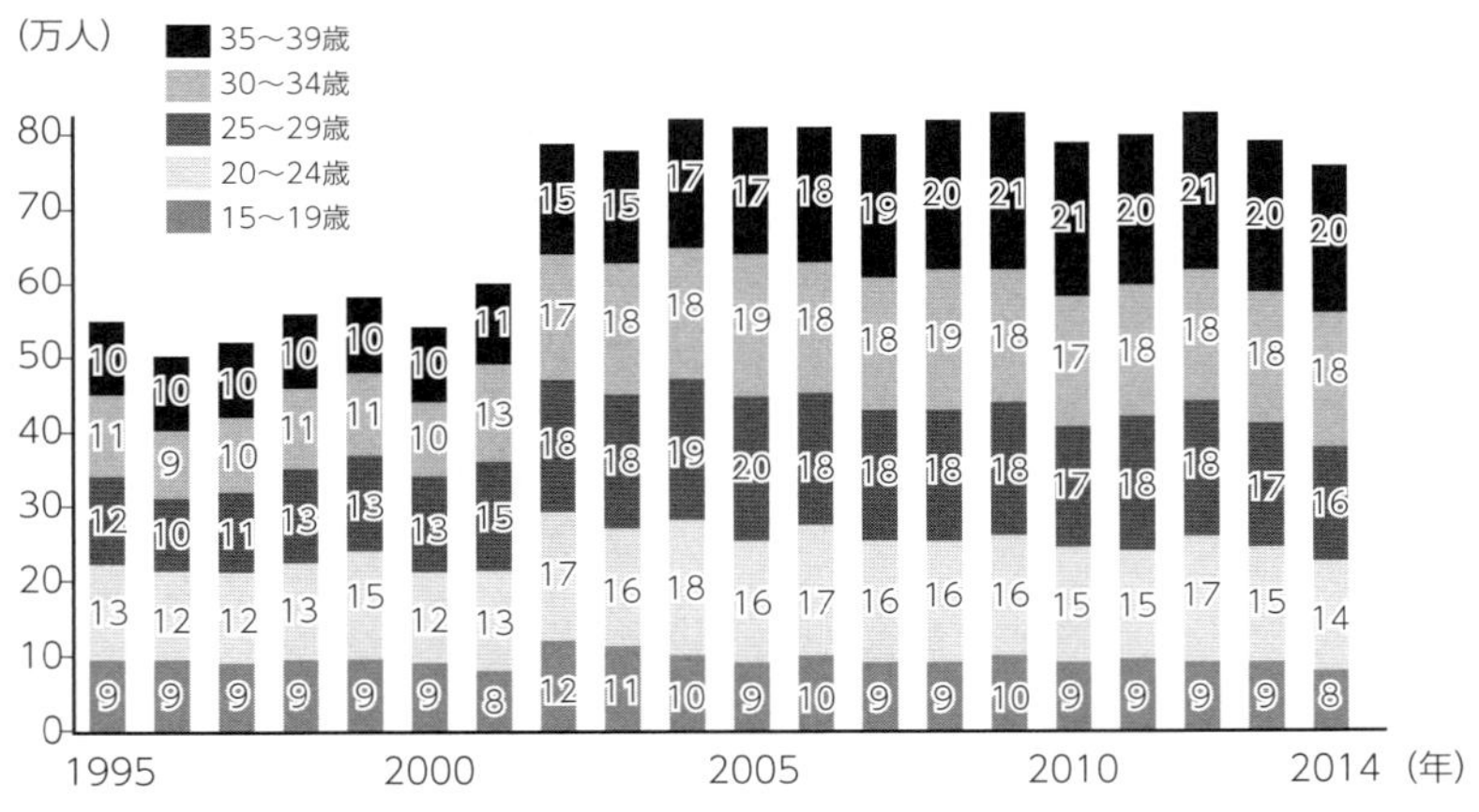

出典：総務省「労働力調査」若年無業者数
(注)1. ここでいう若年無業者とは，15~34 歳の非労働力人口のうち家事も通学もしていない者。グラフでは参考として 35~39 歳の数値も記載。2. 平成 23（2011）年の数値は，岩手県，宮城県及び福島県を除いたものである。

のような側面からも、今日、フリーターや若年無業者を「子供・若者」に特化した事象としてとらえるべきではなくなってきていると言えそうです。

「キャリア教育」への誤解は続く……

もちろん、右に掲げたようなデータは、ちょっとネット検索をすれば誰でもすぐに入手できます。けれども、各種のキャリア教育関連の教員研修にお邪魔すると、冒頭の「ご挨拶」の部分で、「現在、若者のフリーター志向が指摘され、ニートと呼ばれる若年無業者が急増する中で、キャリア教育の必要性がますます高まっております」というような一節がマイクを通して会場に響き渡ることが今日でも稀にあります。

その「ご挨拶」を舞台袖で聴いている身としては、「違います！　若年層ではフリーター志向もニートも増えていませんからぁぁ！　残念！」と叫びたくなる衝動に駆られます（どういうわけか、このときだけは、かつて人気を集めた波田陽区さんの「ギター侍」風の言い回しが、口をついて出そうになります）。さすがに僕も大人になったので実際には叫びませんし、研修中それに触れることもしませんが、悲しいなぁとは思います。もう一九歳となった「キャリア君」本人も、幼稚園時代のエピソードばかり紹介されていると、「勘弁して下さいよ」と言いたくなるかもしれませんね。

第14話　キャリア教育の18年の歩みを振り返る（２０１７年１月29日）

第3話　キャリア教育と進路指導

「キャリア教育と進路指導の目指すものは同じ」――キャリア教育に関心をお持ちの方であれば、よく耳にするフレーズだと思います。でも、同じくらい頻繁に、「キャリア教育と進路指導を混同してはダメだ」という指摘も耳にしませんか?

……どっちなんじゃい！　紛(まぎ)らわしい！

ですよね。実際のところは、先入観に囚われないようにしながら関連図書を読んだり、様々な意見に対して落ち着いて耳を澄ましたりしていれば、「キャリア教育と進路指導の目指すものは同じ」という捉え方に軍配が上がることは自明ですが、それでも、真っ向から対立するような指摘がそこら辺に散らばっているというのも不思議な現象です。また、そもそも「キャリア教育と進路指導の目指すものは同じ」だとすれば、半世紀以上も使われ続けてきた「進路指導」という言葉が存在しながら、わざわざ「キャリア教育」という別の言葉を持ち出してくるのはなぜか、という疑問も生じます。

今回は、知っている人にとっては当たり前であるがゆえに、知らない人にとっては「今さら知らないとは言えないなぁ」と尻込みしてしまうキャリア教育トリビアのひとつ、「キャリア教育と進路指導の微妙な関係」についてお話しします。

「キャリア教育」と「進路指導」の目指すものは同じ

まず、文部科学省の公式見解としても採用されている捉え方をご紹介しましょう。今回引用するのは、中央教育審議会答申「今後の学校教育におけるキャリア教育・職業教育の在り方について」(二〇一一(平成二三)年一月)の一節です。お堅い話ですが、ちょっとだけおつきあい下さい。

> 進路指導は、本来、生徒の個人資料、進路情報、啓発的経験及び相談を通じて、生徒が自ら、将来の進路を選択・計画し、就職又は進学をして、更にその後の生活によりよく適応し、能力を伸長するように、教員が組織的・継続的に指導・援助する過程であり、どのような人間になり、どう生きていくことが望ましいのかといった長期的展望に立った人間形成を目指す教育活動である。
>
> このような進路指導のねらいは、キャリア教育の目指すところとほぼ同じである

（以下略）。

（第3章3（1））

――文部科学省によるこの他の指摘の引用は煩雑になるので控えますが、とりあえず、国の教育行政機関としては「キャリア教育と進路指導の目指すものは同じ」という立場を取っていることを確認したことにしておきますね。また、「日本キャリア教育学会」[※1]という学術団体の旧称が「日本進路指導学会」であったことも視野に収めれば、キャリア教育と進路指導とがほぼ同じ理念を掲げる教育活動であると位置づけることについて、日本では大方の合意が形成されていると言って良さそうです。

※1：キャリア教育、進路指導、職業指導およびキャリア・カウンセリング等に関わる研究と実践の充実・向上を図る事を目的とする学術団体。

両者を混同してはダメな理由とは

では、「キャリア教育と進路指導を混同してはダメだ」という指摘が、結構頻繁に私たちの目に触れるのはなぜなのでしょうか。

先ほど確認したように、本来、進路指導とキャリア教育は同じ理念・目標を掲げた教育活動です。でも、高度経済成長期からキャリア教育の提唱前までの進路指導実践の大半は、本来の進路指導の理念を反映したものではありませんでした。端的に言えば、卒業直後の所属先（具体的には進学先・就職先）に生徒を無事に送り届けることだけに全精力を投入する教育活動が「進路指導」と呼ばれてきたのです。仮に、努力の末に進学した学校で不適応を起こそうが、せっかく就職したにもかかわらず早期に離職しようが、そんなことは二の次にして、とにかく入試や就職試験に「合格させること」を目指す指導や支援が、多くの学校における「進路指導」だった時代が長く続いてきました。

このような「進路指導実践」の問題点について、例えば、一九八九（平成元）年版の『我が国の文教施策』（いわゆる「教育白書」[※2]）は、次のように指摘しています（あぁ、これもお堅い文章ですが、引用します）。

近年、中学校における進路指導については、業者の学力テストによる偏差値が主要な資料として利用され、生徒の能力・適性全般にわたる評価や進路希望等が十分考慮されておらず、また、そのことが高等学校の中途退学の要因ともなっているという指摘がある。高等学校の進路指導についても、大学入試の改革等に対応した的確な進学指導及び就業構造の変化や離職率の増大に対応する就職指導の充実が必要とされている。

また、昭和六三年秋に、文部省は中学校及び高等学校における進路指導に関する

※2：1988（昭和63）年版から2000（平成12）年版までは『我が国の文教施策』、それ以前は『我が国の教育水準』。なお、2001（平成13）年版からは『文部科学白書』と題されている。

総合的実態調査を実施している。その調査結果によると、中学校、高等学校においては、進路指導部など進路指導に関する組織や進路指導の全体計画などを整備して組織的・計画的な活動を行っているが、他方、次のような問題点も明らかになっている。

(1) 中学校、高等学校とも、教員は進路指導に関する技術を修得しているところは少なく、また、校内における進路指導の研修計画もあまり立てられていない。

(2) 特に中学校の進路指導においては、生徒一人一人の個性を十分把握し、これを伸長させるという観点に立って第一学年時から系統的・継続的に行われるものとはなっておらず、第三学年時における学力中心の指導、すなわち、学力に偏った進路先決定の指導になっているとみられる。

(3) 中学校、高等学校とも、進路指導に役立てるために収集している資料としては、上級学校に関するものが極めて多いが、職業観形成の援助に関するもの、新しい環境への対応に関するものは十分収集されてはいない。

(第1部 第2章 第4節2)

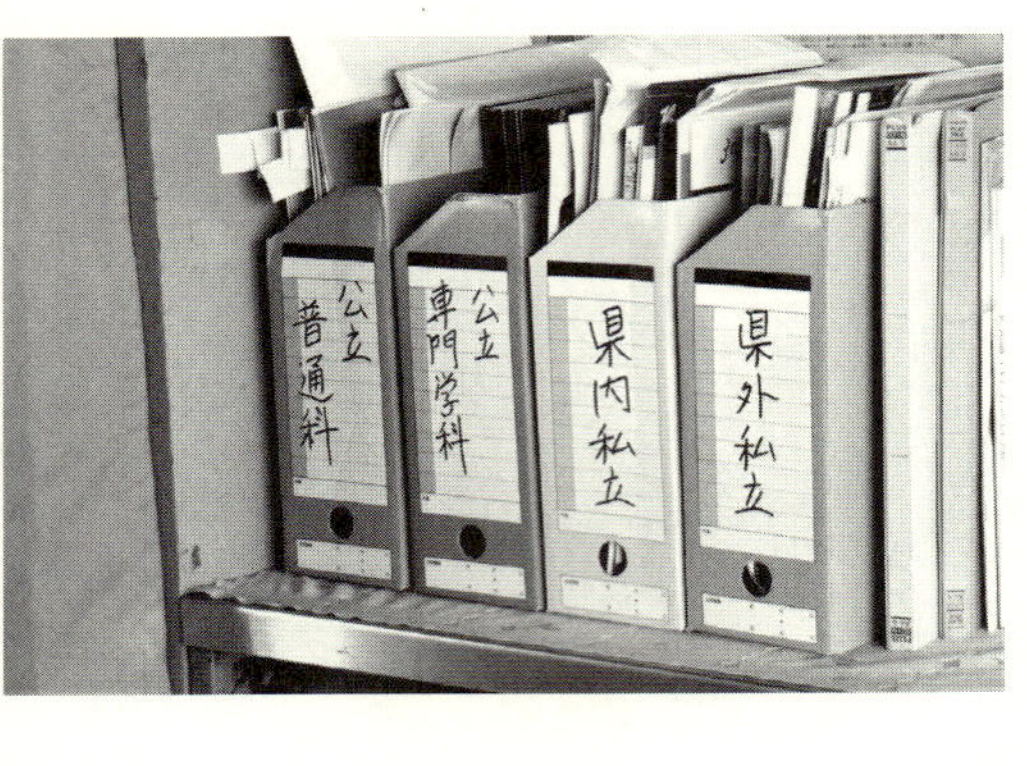

——もちろん、このような進路指導実践は、何らかの悪意に基づいてなされたものではまったくありませんし、先生方が手を抜いた結果でもありません。当時は、良い高校↓良い大学↓良い会社を〝王道〟とした「おやくそく」が広く日本社会に共有されており、実際に、学歴社会・学校歴社会等と弊害を指摘されつつも、高度経済成長を背景とした日本型終身雇用制が確固としてそこにあったわけです。中学校や高校の先生方が、「少しでもいい高校へ・いい大学へ」と生徒の背中を押し続けてきたのは、その後の就職を見越していたからですし、まさに親心であったとも言えるでしょう。

でも、その一方で、入試や就職試験の「突破」にだけに意識を集中させ、それ以外の「余計なこと」を考えさせないようにする指導が、図らずも生み出してきた弊害について「見ないふり」を続けることは、今日もはや不可能です。

つまり、「キャリア教育と進路指導を混同してはダメだ」と指摘される場合、その意図は、「キャリア教育と〝本来の理念とは裏腹に入試や就職試験の合格だけを狙ってきた進路指導実践〟とを混同して理解してはダメだ」というところにあるのです。

「進路指導」という言葉が、「本来の進路指導の理念やその在り方」を指しているのか、あるいは、「かつての主流であった入試突破や就職試験突破を目指す実践（＝理念とは乖離しつつも、進路指導と呼ばれてきた実践）」を指しているのか、その都度、文脈から判断して読み取る必要があるわけですね。

「キャリア教育」と進路指導が併存してしまう理由とは

さて、最後に、「キャリア教育と進路指導の目指すものは同じ」であるにもかかわらず、「進路指導」という言葉が存在しながら、わざわざ「キャリア教育」という別の言葉を用いるのはなぜかという問題について、僕なりの考え方を整理しておきます。あくまでも私見にすぎませんが、その理由は三つあるようです。

【理由1】「進路指導」という言葉の意味が文脈に依存するから

これまでお話ししてきたように、「進路指導」という言葉は、文脈によって意味を変えます。「キャリア教育」という言葉を用いることによって、「進路指導」の文脈依存性に起因する混乱や誤解を回避することができます。

［理由２］「本来の進路指導」への回帰を求めるキャンペーンが功を奏しなかったから

右に引用した『我が国の文教施策』（教育白書）が示すように、ひたすら入試突破や就職試験突破を目指す実践の是正は、以前から重要な課題であるとされてきました。文部省は、本来あるべき進路指導の実践を求めて各種の『進路指導の手引』を刊行しましたし、一九七六年には初等中等教育局長通達、一九八三年には事務次官通知の形で、実践の是正を強く訴えていたのです。

けれども、実際には、あたかも「ハイハイ。理念は分かりましたよ。でも、受からせなくちゃ始まらないというのが現実ですからね。」という声が聞こえてきそうなリアクションだったわけです。「本来の進路指導」への回帰を求めても、その度に受け流されてきたと言えるでしょう。「本来の進路指導を！」というキャンペーンに代わる打開策が必要であり、それが「キャリア教育の推進」であったと考えます。

［理由３］就学前からの系統的・体系的な取組が必要だったから

進路指導は、理念的にも実践上も、中学校・高等学校など中等教育段階の諸学校における教育活動として位置づけられてきました。文部省・文部科学省による一連の『進路指導の手引』や関連通達・通知等をみても、指導の対象となるのはすべて「生徒」であり、「児童」も「学生」も全く登場しません。そこで、幼児期の教育から高等教育に至る実践を嚮導する理念を示す用語として「キャリア教育」が提示されたと考えられます。

もちろん、用語としては「進路指導」を継続使用して、「今後は幼児期から系統的・体系的に取り組みましょう」という方針を示すことも選択可能な方策だったとは思いますが、「進路指導は中学・高校でやるもの」という理解は深く根を下ろしていますし、入試突破や就職試験突破を目指す実践を就学前からやらせるのか？　という誤解すら招きかねません。こういった諸々を勘案して、「キャリア教育」という新たな「看板」を採用し、心機一転の実践を促すことが目指されたのではないかと推測しています。

言葉選びよりまず、実践！

今回はキャリア教育と進路指導との関係について、僕なりに整理を試(こころ)みたつもりなのですが、実は、とっても大きな課題が残されていることにお気づきになったでしょうか。

これまで確認したように「キャリア教育と進路指導の目指すものは同じ」です。また、キャリア教育は就学前段階から高等教育に至るまで系統的・体系的に実践されるべきものです。幼稚園・保育所・認定子ども園や小学校といった就学前及び初等教育機関、あるいは、大学・短大等の高等教育機関については、これらの整理でスッキリします。要は、「キャリア教育の推進と拡充に取り組もう！」ということですよね。

でも、進路指導とキャリア教育が併存する中学校や高等学校等の中等教育機関においては、「目指すものが同じ」である二つの用語をどう使い分けるのか?……これは結構難題です。いっそのこと、キャリア教育に一本化してしまえばよさそうな感じもしますが、法令に基づく様々な仕組み（例えば、中学・高校等に指導教諭や教諭の充て職として「原則必置」とされる進路指導主事など）がありますから、現段階において、そう簡単にはいきません。

学校教育法施行規則

第七一条　中学校には、進路指導主事を置くものとする。

二　前項の規定にかかわらず、第三項に規定する進路指導主事の担当する校務を整理する主幹教諭を置くときは、進路指導主事を置かないことができる。

三　進路指導主事は、指導教諭又は教諭をもつて、これに充てる。校長の監督を受け、生徒の職業選択の指導その他の進路の指導に関する事項をつかさどり、当該事項について連絡調整及び指導、助言に当たる。

この他、「免許状更新講習規則」「文部科学省組織規則」「国立教育政策研究所組織規則」「文部科学省組織令」「公立高等学校の適正配置及び教職員定数の標準等に関する法律施行令」「公立義務教育諸学校の学級編制及び教職員定数の標準に関する法律施行令」「教育職員免許法施行規則」において「進路指導」という用語が用いられています。

たかが「言葉」と侮(あなど)ってはいけませんね。

……「キャリア教育と進路指導」をお題として長々と駄文を書き連ねた後でこんなことを申し上げるのは恐縮なのですが、個々の学校においては、進路指導という言葉を優先するか、キャリア教育の方を優先するかというテクニカルな議論に侃々諤々(かんかんがくがく)と時間を割くことよりも、本来在るべき実践の姿を見失わないようにしつつ、目の前の子供たちに身につけさせたい力とは何かを意識した取組の充実を図ることのほうが、遥かに重要だと思います。皆様はどうお考えですか?

第8話　キャリア教育と進路指導（2016年10月29日）

第４話　「お花畑系キャリア教育」って本当？

僕は、日頃から、いわゆる「若者言葉」を極力使わないようにしています。僕が「若者言葉」として認識する頃には、当の若者たちの間では既に誰も使っておらず、使えば使うだけ時代の流れに取り残されている自分を思い知らされることになるのがオチだからです。

でも、中には、言い得て妙だなぁと感心する表現もありますね。そのひとつが「お花畑」です。言い換えれば、「おめでたい」とか、「能天気」とかになるのだと思いますが、文字通りバラ色の世界観で世の中を捉えていることを指摘し、花が咲き乱れる空間にいるような幸福感や高揚感を本人が抱いていることを含意しつつ、その人の現実離れした思考を批判する力があるなぁと思いました。「お前（の頭の中）はお花畑か？」と言われたら、多くの人は、かなり凹みますよね。ま、僕個人は、悲観論・消極論ばかりを並べ立てる人よりは、「お花畑」系の人のほうが好きかも、ですが……。

それはさておき、これまでキャリア教育の実践に対しては、多くの論者から「お花畑だろ！」という批判が向けられてきました。その典型が「夢ばかり追わせている」という指摘です。他にも「現実離れしたキャリア教育」に対する批判は文字通り枚挙にいとまがありません。

でも、本当に、「お花畑系キャリア教育」の実践は、それほど多いのでしょうか。

確かに、「偏差値輪切り」に社会的な関心が集まった時期――もう、四半世紀も前です――には、「夢と希望を育む」ことを前面に打ち出した「進路指導の在り方是正キャンペーン」が、当時の文部省によって展開されました。けれども、残念ながら、「受験での失敗を何としても回避しつつ、少しでもいい高校へ・いい大学へ」という親心に裏打ちされた徹底的な進学指導（「入試突破」に焦点を絞った学力の向上と進学先の振り分け）はそう簡単に変容しませんでした。学歴社会・学校歴社会を体現した「日本型雇用慣行」と、「偏差値輪切り」型の進路指導が、いわば一衣帯水の関係にあったからです。いや、実際の両者の関係はもっと密接で、トータルとしての「学校から社会への移行システム」を構成し、終身雇用制を支えていたと言ってもいいかもしれません。

経済成長の時代に特化し過ぎていた「進路指導」

日本の場合、企業規模が大きくなればなるほど、「新規学卒者一括採用＋配置決定＋ＯＪＴ[※1]（on the job training）を核とした企業内教育による専門性の付与と人材育成」→「配置転換＋企業内教育」→「配置転換＋企業内教育」→「配置転換……」が繰り返されます。このような中で、新入社員に主に求められるのは、いかなる分野の企業内教育にも対応できる「地頭（じあたま）」の良さや「従順さ」、そして、新たに出会う先輩諸氏や同僚などとうまくやっていける人間性です。

「地頭」の良さについては、入試を突破して「いい高校・いい大学」に入ったことが、「文系科目にも理系科目にも対応できて、言われたことには努力を惜しみません」という証明書みたいなものですから、企業側はまずそこで「ふるい」にかける。企業にとってみれば、自らの労力を費やすことなく、「地頭」の善し悪しがある程度判断できるのですから、まさに「願ったり叶ったり」ですね。そして、その後の面接等で様々な観点から「人柄」を中心とした選抜が行われてきたわけです。

中学校や高校が、「少しでもいい高校へ・いい大学へ」と生徒の背中を押し続けてき

※1：職務現場において日常業務を行いながら、上司や先輩社員が必要な知識・技能等の指導をする従業員教育のこと。

たのは、その後の就職を見越していたからですし、企業内教育による人材育成に力を注ぐだけの企業の「体力」が十分あった経済成長期、少なくともバブル経済の崩壊までは、これで世の中が回っていました。またバブル崩壊後もしばらくは、次なる方向性が模索されつつも、大きく変容することなく、このような慣行が続いていたと言えるでしょう。現在でもなお、いわゆる大企業の一部では、大学生の採用にあたって「学歴フィルター」による「ふるい落とし」がなされているのではないかとの批判や懸念があることは、ご存じの通りです。

そんな中で、「夢と希望を育みましょう」という文部省の声だけが空虚に響き渡った、というのが一九九〇年代の現実に近いのかもしれません。

では、なぜ、多くの論者が、これまでの進路指導やキャリア教育に対して、「お花畑だろ!」と批判してきたのか? それは、「お花畑系キャリア教育」が多く実践されてきたから、ではなくて、中学や高校において、系統的なキャリア教育と呼べるような実践がなされてこなかったから(あるいは、極めて不十分だったから)なのではないでしょうか。

今までの「王道」が通用しない時代なのに

多くの中学校・高等学校では、入学初年度において「将来の夢」「就きたい仕事」などに関心を向けさせる教育実践をします。いわゆる「進路講演会」などでも、一年生対象の場合には、「夢を諦めない」などが定番のテーマと言えます。でも、こんなことばかりガッツリやっているか、と言えば、実は全くそうではありません。

特に普通科高校では、次年度から理系・文系に分かれることが通例ですから、夏休みの後くらいからそのためのオリエンテーションや個人面談は必須となります。総合学科では次年度の履修プランを秋までに立てなくてはなりません。

専門高校では、各種の資格取得に向けた取組もなされます。「将来に思いを馳せる」のは、数あるプログラムのごく一部に過ぎません。一年生の段階から「当面しなくてはならないこと」は意外に多いのです。これらの「当面の課題」と、「将来の夢」や「就きたい仕事」との関係性について、社会の実際に照らし合わせつつ吟味するための機会が十分設けられていないのが多くの学校での現実と言えるでしょう。

二年生になると、思いを馳せた将来のことは、さらに脇に置かれはじめます。いわゆる進学校では「受験シフト」の体制が強化されますし、就職希望者の多い高校では就職を意識した指導が一気に加速しはじめます。中学校でも同様です。何しろ二年生は「職場体験活動がメイン」の学校が圧倒的に多いので、つつがない職場体験活動のための事前指導が念入りになされますし、体験活動後は、体験発表会や体験文集づくりに比重が置かれます。

そして三年生では、中・高ともに、背に腹は替えられない「合格支援」モードに突入です。進学にせよ、就職にせよ、卒業直後の進路希望の達成のために全力が傾けられるわけです(もちろん、そうではない学校もたくさんあります。数にすれば、百や二百を遥かに超える学校が、系統的・体系的なキャリア教育実践に真摯に取り組まれていると確信します。けれども、全国でほぼ一万校ある中学校、五千校の高等学校全体から見れば、未だ少数派に過ぎないのが実態だと感じます)。

学年が進むにつれ、卒業直後の進路――つまり高校や大学等の上級学校、あるいは就職先――のことだけに意識を集中させ、それ以外の「余計なこと」を考えさせないようにする指導が、他を圧倒してしまうことが問題なのではないでしょうか。

問題とすべきは「お花畑系キャリア教育」の過剰ではない、と個人的に思います。問題なのは、右肩上がりの経済成長を前提として形成された従来の「日本型雇用慣行」が、現在でも確固として存在しているかのような教育実践、つまり「いい高校・いい大学」に生徒を送り込めばそれだけで生徒も幸せになるはずという信念と親心に基づく指導なのかもしれません。

無論、第一志望校に合格すれば、第一希望の企業に入社できれば、本人も保護者も嬉しいですし、それは指導している先生方にとっても大きな喜びです。当然、「受からなくちゃ始まらない」ことも事実です。また、受験勉強にがむしゃらに取り組むことそれ自体に一定の価値があることは、多くの先生方が実感なさっていることだと思います。

でも、それが生徒の生涯にわたる幸せをかなりの程度まで保障した仕組み自体が、大きく揺らいでいることも視野に収めるべきでしょう。

進学・就職と目の前に差し迫った事に懸命に取り組んで、入社後は配置された部署で与えられた仕事に懸命に取り組んで、気づいたら定年だった。こんなかつての「王道・男性型キャリア」を歩める人は、もはや多数派とはなり得ません。同じように、結婚や出産までは働いて、その後は専業主婦として家庭を守るというような、かつての「典型

・女性型キャリア」も典型とはなり得ない。もはや、従来の王道や典型が「良い」とか「悪い」とか議論をしているだけでは済まされません。

日本経済の相対的な後退は否定し難い事実ですし、日本では世界中のどの国よりも急速に少子高齢化が進んでいることも明白です（極めて単純に考えれば人口増加は経済成長を支える要因の一つですから、このままでは、日本の経済が後退する傾向は一層加速しかねません）。いわゆる生産年齢人口の減少と高齢者の増加によって、慢性的な労働力不足に陥っていながら、それを非正規雇用で埋め合わせようとしているのが今日の日本の姿ですし、今後は低賃金でも雇用可能な外国人の労働力に頼ろうとする方向に舵が切られようとしています。こんな状況において、稼ぎ手一人で家族を養っていけるような人は少数ですし、国にとっても納税者をいかに増やすかが重要課題となって久しい状況ですから、高度経済成長期の王道や典型を模倣しようとすること自体が現実離れした発想であると言えそうです。

未来を「明るいもの」として見通す力を育もう

もちろん、以前通用したやり方に固執していたら何も解決できないのは、日本だけの現象ではありません。急速な社会的変容は地球規模で進行していますから、過去の経験や慣習にのみ依存していたのでは生きていけない現実に世界が直面しています。

このような中で、目先の喜び（＝卒業直後の進路決定）だけを、万世不易の価値であるかのように追い求めていていいはずがない。あたかも、競走馬の意識をレースに集中させ、周囲からの影響に惑わされずに走らせるためのブリンカー（遮眼革）を装着させているかのような実践の今日的な価値・意義・限界・問題等について省みる必要があると思います。その際には、「お花畑」との批判を恐れずに、幅広い視野を養いながら、「その先の未来」に眼を向け、未来を創ろうと努力しなきゃダメな時代に私たち自身も子供たちも生きていることを視野に収めなくてはなりません。

以下、ちょっと長くなりますが、正確に言い直しますね。

今日、将来に眼を向けようとすると、一気に悲観的・厭世的な気分になるようなデータや言説があふれています。先に挙げた少子化と日本経済の停滞、非正規雇用率の上昇やそれに伴う低賃金労働の増大などがその典型でしょう。また、人工知能（ＡＩ）の高度化によって多くの仕事が人間から奪われるという指摘は、複数の異なるシミュレーションの結果に基づきつつ、ほぼ確定的であるように捉えられています。さらに、二〇四五年頃にはＡＩが人間の知能を超える「技術的特異点（シンギュラリティ）」が到来し人間がＡＩを制御できなくなる、というような指摘すらあります。

一方、日本国内をちょっとだけミクロに捉えれば、人口減少、とりわけ若年層の減少による「消滅可能性都市」のリスト化など、もうなんだか、お先真っ暗という感じです。「こんな状況で将来に眼を向けようだなんて、お前はお花畑か！」というお叱りが聞こえてきそうですね。

でも、将来は必ずしも真っ暗ではありません。もう二年近くも前になりますが、ＣＮＮを見ていたら、人口急増のアフリカ各国での化粧品の販売が飛躍的に伸びていて、大きなビジネスチャンスだというレポートが繰り返し放送されていました。

現に日本のあるメーカーは、アフリカの女性たちの間で支持されている「付け毛」に着目し、爆発的な売り上げをたたき出しているそうです[※2]。また、薄型軽量太陽光パネルの開発によってアフリカ諸国における街灯を増やし、夜間治安率の改善に貢献している企業もあります[※3]。国内市場だけを見れば先行きの明るくないニュースにあふれていますが、世界的には人口は増加していますから、ビジネスチャンスは山ほどあるのです。

他にも「お先真っ暗」論とは異なる未来展望はたくさんあります。僕の下手な解説は

※2：渡辺清治「カネカの付け毛、アフリカで大ヒットのなぜ」（東洋経済オンライン・２０１６年9月2日）https://toyokeizai.net/articles/-/133746

※3：「佐賀からアフリカへ　厚さ1ミリの太陽光シートで世界を照らせ」（Forbes JAPAN・２０１８年12月1日）https://forbesjapan.com/articles/detail/24180

最小限にしつつ、そのいくつかをご紹介します。

例えば、厚生労働省内に設置された「『働き方の未来２０３５：一人ひとりが輝くために』懇談会」は、「技術革新は、大きなチャンスをもたらす」をはじめ、巷の悲観論とは一線を画した展望を示しています。[※4]

また、そもそも「シンギュラリティ脅威論」自体がおかしいよね、という対談が研究者によってなされてもいます。[※5]

さらに、「少子高齢社会、労働力不足であるからこそ、日本には他国にはない大きなチャンスが隠れていることがわかってくる」と指摘する本も公刊されました。[※6]

仮に、こういった肯定的・積極的な現状認識や未来展望を「お花畑」と一括りにするのであれば、「お花畑、大いに結構」です。現在指摘される社会的変容に潜在する危険性や脅威を捉えるまなざしが重要であると同様に、それらの変容の持つ可能性や内在する希望の側面をとらえるまなざしも重要です。これらの多様な見方を、これからの社会の担い手である中学生や高校生が「自分ごと」として捉え、多様な見解間の矛盾や対立に悩みつつ、自らの視野を広めながら未来を展望し、未来を構築しようとする意欲を高

※4：『働き方の未来２０３５～一人ひとりが輝くために～』（２０１６年８月２日）https://www.mhlw.go.jp/file/05-Shingikai-000-Seisakutoukatsukan-Sanjikanshitsu_Shakaihoshoutantou/0000132302.pdf

※5：中島秀之・松原仁「シンギュラリティで人類はどうなるのか」（nikkei BPnet・２０１６年８月８日）https://www.nikkeibp.co.jp/atcl/column/16/ai/080300003/?i_cid=LfTop

※6：村上由美子『武器としての人口減社会：国際比較統計でわかる日本の強さ』（光文社・２０１６年８月17日）

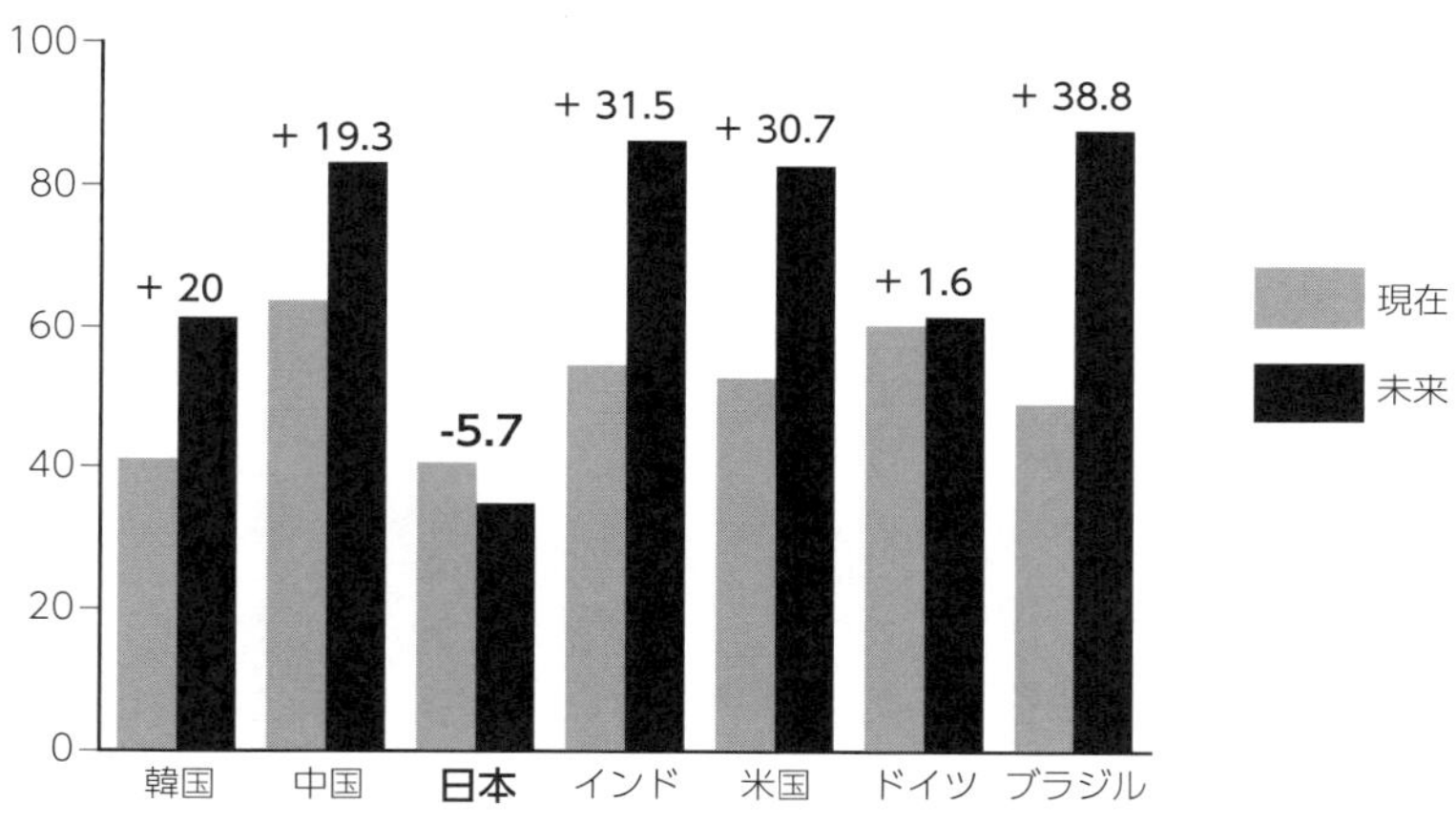

出典：「未来に絶望しか持てない『日本の若者』」（クーリエ・ジャポン・2016年5月23日）
https://courrier.jp/news/archives/52222/

める支援が不可欠なのではないでしょうか。

当然のことながら、想定される危険や脅威から自らを守り、また、そういった危機に陥った場合にそこから脱する術を身につけることは必須です。残念ながら、現状ではこの側面に関する実践すら十分ではありません。けれども、そのような「対策」にのみ終始し、未来を切り拓き・創造するための力を培うことを軽んずるキャリア教育であってはならないと思うのです。

現在の満足、未来への期待が低い日本の大学生

韓国の若者文化等を中心に調査研究活動を行っている民間機関「대학내일20대연구소（20代研究所）」が取りまとめた報告書[※7]「글로벌7개국대학생가치관비교２０１６

※7：「대학내일20대연구소「글로벌7개국대학생가치관비교２０１６」・https://20slab.naeilshot.co.kr/archives/12344　なお、クーリエ・ジャポンが当該報告書の概要を整理した記事を発信している。「未来に絶望しか持てない『日本の若者』」（クーリエ・ジャポン・２０１６年５月23日）https://courrier.jp/news/archives/52222/

（世界7カ国の大学生の価値観比較2016）」によれば、韓国・中国・日本・インド・アメリカ・ドイツ・ブラジルの大学生のうち、日本の大学生は「現在の人生についての満足度」「未来への期待度」のいずれもが最も低い結果となっています。しかも、日本を除く六ケ国では「現在の満足度」よりも「未来への期待度」の方が高い値を示すのですが、日本だけは「未来への期待度」の値の方が低い。日本の大学生は、明るい未来像を全く描けていないと言えるでしょう。

繰り返しになりますが、現在の問題は「お花畑系キャリア教育」の過剰にあるのではないと考えます。入学当初の一定の時期を例外としつつ、差し迫った進路決定に焦点を絞り込んだ指導がなされることによって、将来の社会の在り方についても自らの未来についても思考を停止し、閉塞的な社会の空気感だけを感じ取っている中学生・高校生の姿こそが問題なのではないでしょうか。そして、大学生になってもその閉塞感から抜け出せずにいる。

フランス人哲学者のアラン[※8]は、一九二五年に出版した著書『Propos sur le bonheur（幸福論）』において、「Le pessimisme est d'humeur ; l'optimisme est de volonté」という有名な言葉を残しています。単純に訳せば「悲観は気分であり、楽観は意志である」となります。あるいは「悲観主義は気分によるものであり、楽観主義は意志によるもの

※8：エミール＝オーギュスト・シャルティエ（Emile-Auguste Chartier）1868年3月3日生、1951年6月2日没。アラン（Alain）はペンネーム。

である」とも訳せます。いずれにしても、僕個人は、まさにアランさんの言うとおり！だと思います。

キャリア教育を通して、未来を何としても今よりも良いものにしたい、という強い意志を持てる子供たちを育てたいですし、自分もまたそうありたいと思っています（……こういうことを言っていると、「お前はお花畑か！」と指摘されてしまいますね。でも、どうぞ。僕は「お花畑」が嫌いではないので）。

第6話　「お花畑系キャリア教育」は言われるほど多いか？（2016年10月1日）

第5話　職場体験活動再考

今回は、中学校教育にほぼ定着したと言える職場体験活動[※1]の在り方について、改めて考えてみましょう。大多数の中学校では、二年生の恒例行事化が進み、実施方策等については「前年度踏襲」の慣行が浸透しているようですが、個人的には、そうであるがゆえの心配もあるなぁと感じているところです。ま、老婆心ならぬ「老爺心」による余計なお世話ですが、おつきあい下さい。

まず気になるのは、職場体験活動のねらいの希薄化（あるいは形骸化）に伴う事前指導の形式化（形骸化、空洞化）です。毎年、キャリア教育関連の研修会にお邪魔する機会を多く与えていただいており、職場体験活動の実践報告等をお聞きすることも年に複数回あるのですが、現在でも「遅刻はしない」「挨拶はしっかり」「返事は大きな声で」等々に焦点を絞った事前指導が主流だなぁと実感します。

無論、これらの「ちゃんとした行動」を求める事前指導は必要ですし、不可欠とも言

※1：中学生以下の児童・生徒が、実社会の現実に迫るための体験の一環として、企業等において一定期間仕事を体験すること。高校生や大学生等が、学校から職業への移行を前提としつつ企業等において一定期間仕事を体験することをインターンシップと呼ぶ。

えるでしょう。でも、これらの「ちゃんとした行動」は、修学旅行の時も、体育祭の時も、さらに言えば日常の学校生活においても重要なことです。職場体験活動に臨む上では、「何のために職場にお世話になり体験をさせていただくのか」という、職場体験活動ならではのねらいに即した事前指導がこれらに付加され、むしろそれが主軸になるべきではないのかなぁと思います。

また、拝聴する機会を与えていただく複数の事例報告で、毎年少なくとも一回くらいの頻度で伺うことになるのは、事前指導の一環に「ビジネスマナー」を取り入れているケースです。その中でも定番は、お辞儀の全員一斉練習ですね。皆さんご存じの「会釈＝一五度」「普通礼＝三〇度」「最敬礼＝四五度」のそれぞれの意味・意義を学び、全員で「さぁ、やってみよう」というタイプの事前指導です。

もちろん、接客や販売の場面を経験するであろう生徒にとっては意味のある指導となりますが、そうではない職場——例えば、鮮魚等の卸売市場とか、農家とか、保育所とか——ではどうでしょう。まして、そこに名刺交換のマナーを付け加えるケースもあり、これが本当に中学生の職場体験の事前指導として

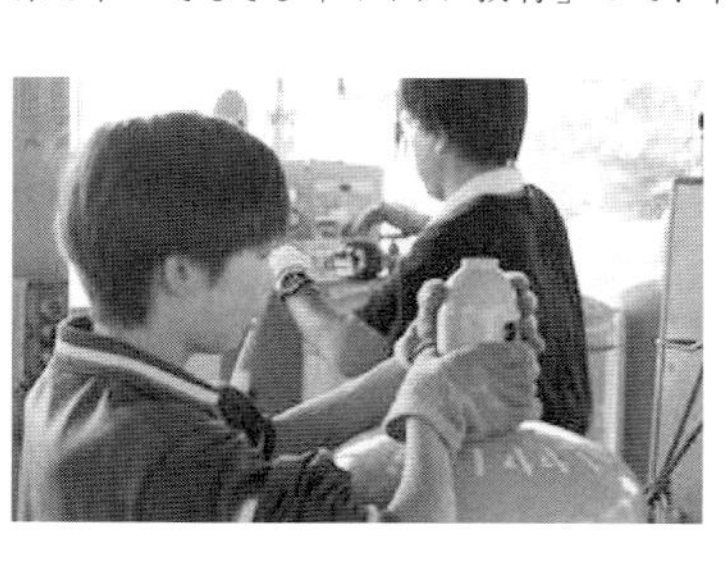

必要なのかなぁと考えさせられます。もちろん、商業高校での授業の一環であったり、そういったマナーが不可欠な企業等での新入社員研修であれば、全く違和感はないのですが。

職場体験活動の「ねらい」は何か

いや、お辞儀の一斉練習を「悪者扱い」するつもりは毛頭ありません。お辞儀や名刺交換という「型」を底から支える礼節や感謝の気持ちの重要性を学ぶことは意味のあることですし、その後、全員で一斉に何らかの行動（＝この場合はお辞儀など）を揃って練習すれば、生徒の皆さんはもちろん、先生方の間でも「おぉ、事前指導をしたなぁ」という気分が高まることは間違いないでしょう。それに、職場体験活動を「大人の世界への短期デビュー」と捉えれば、大人の常識の一端に触れることは全く悪いことではありません。でも、職場体験活動の事前指導としてお辞儀の一斉練習を最優先するべきか、事前指導の中心的な位置に置くべきか、といえば、違うなぁと思いますが、皆様はどうお感じになりますか？

職場体験活動に限りませんが、事前指導の中核には「ねらい」に即した指導が位置づくべきです。当該学年におけるキャリア教育を通して生徒に身につけさせたい力や、気づかせたい事柄のうち、職場体験活動ではどの部分を引き受けるのか（焦点化するのか）を明確にして、その「力」を確実に身につけさせるために、事前に知らせておかなくてはならないこと、体得させておかなくてはならないことが、事前指導の中核となるはずです。その「力」を身につけることの重要性を伝え、それが学校内の諸活動のみでは身につきにくいことを確認し、その「力」を獲得する事への意欲と関心を高めないと、事業所の皆さんから提供していただく貴重な時間と労力が十分に活かされません。

「遅刻はしない」「挨拶はしっかり」「返事は大きな声で」等々の「ちゃんとした行動」を求める事前指導に終始してしまう学校が多いのも、お辞儀の全体練習が事前指導の中心に来てしまう学校が散見されるのも、その「根っこ」は同じかもしれません。つまり、何のために生徒たちに職場での経験をさせていただくのか、というねらいが曖昧になってしまっていることが原因なのではないでしょうか。長年、職場体験活動を実践しているがゆえに「○月の第○週は職場体験活動」という慣行が定着し、それに伴って目的やねらいが形骸化し、「やるべき時期が来たからやる」だけの恒例行事（＝当該学年のノルマ）になってしまっているのかもしれないなぁと推察しますが、この駄文をお読みいただいている皆様の身近な、あるいは勤務されている中学校での実状はどうでしょう。

受け入れ先の企業の声は

職場体験活動は、いわば、学校と受け入れ事業所とのティーム・ティーチングです。無論「T1」は中学校の先生ですし、「T2、T3、T4……T10……T20……」は受け入れ事業所の皆さんです。「T1」と「T2、T3、T4……」とが、ねらいについての共通認識を持たなければ、どんなティーム・ティーチングも成功しません。まして、そもそもねらいが曖昧だったり、それが実質的に設定されていない状態では、ティーム・ティーチングは成立すらしないと考えます。

ちょっと古い資料となりますが、東京商工会議所の教育・人材育成委員会が二〇一三（平成二五）年二月に公表した『二〇一二年「企業による教育支援活動」に関する調査集計結果』（都内の五千社を対象とした郵送法による調査：回答数九八七社）において、「中学生・高校生の職場体験についてご意見、ご要望などございましたらご記入ください」との設問（教育支援実施企業のみ対象）への回答が次のように取りまとめられています。僕の恣意的な抽出を避けるため、当該報告書に掲載されるすべての意見を以下に引用します。※2

※2：『企業による教育支援活動に関する調査集計結果』（2012年）P22

・インターンシップを受け入れているが学校・生徒共に熱意が感じられない。（建設業、サービス業）
・中学生の現場作業等については、安全衛生面であまり賛成できない。（製造業）
・学校や生徒が職場体験を望んでいるのか、何を学んでもらいたいのか、何を学びたいのか、教育の意図がはっきりしないと企業の対応も難しい。（建設業）
・職場体験が勤労観、職場観の育成に一層役立つよう、フォローアップ学習を行ってほしい。（製造業）
・何の目的で企業に訪問するかについて、学校側が生徒にしっかりと考えさせるようにしてほしい。事前に職場体験に対する生徒達への動機付けができているとより効果的になる。体験前の学校側の準備教育をしっかり行ってもらいたい。（小売業、卸売業、製造業、建設業、サービス業、その他）
・若年の就職状況が厳しくなっており、学生に進路選択の知識を与えることは、企業や社会の責任ではないかと思う。（その他）
・高校生の職場体験では多くの費用がかかっているが、全て自社で負担している。より良い環境をつくるためにも、関係機関で費用を補助してほしい。（建設業）
・キャリア教育を中、高、大、企業が連携して行うことで真の目的が達成されると思う。一層の連携強化が必要。（製造業）

――「学校や生徒が職場体験を望んでいるのか、何を学んでもらいたいのか、何を学びたいのか、教育の意図がはっきりしないと企業の対応も難しい」「何の目的で企業に訪問するかについて、学校側が生徒にしっかりと考えさせるようにしてほしい。事前に職場体験に対する生徒達への動機付けができているとより効果的になる。体験前の学校側の準備教育をしっかり行ってもらいたい」という事業所側の意見に私たちは真摯に耳を傾けるべきであると感じます。

生徒の希望しない職場を体験させてみる

さて次に、中学校の先生方を悩ませる難問、「生徒が希望する職種にあった事業所等を確保したいが、学校の周辺にその職種にあった事業所等がない」について考えてみましょう。文部科学省が二〇一〇（平成二二）年度末に全国の中学校からランダムに抽出した五一八校を対象として実施した調査[※3]によれば、「職場体験活動を実施していくにあたっての課題」として選択された項目のダントツ一位が、「生徒が希望する職種にあった事業所等を確保したいが、学校の周辺にその職種にあった事業所等がない」でした。

また、一五年以上も前に実施された調査[※4]の結果で恐縮ですが、二〇〇三（平成一五）年度における中学校の職場体験活動では、九一・七％の中学校が「生徒の希望」を優先

※3：文部科学省『学校が社会と協働して一日も早くすべての児童生徒に充実したキャリア教育を行うために』（2011年）巻末資料P54

※4：国立教育政策研究所 生徒指導研究センター『職場体験・インターンシップに関する調査研究 報告書』（2007年）P39

して職場体験活動の受け入れ先を決定していると回答しています。これは全国悉皆調査の結果ですので、当時の状況をかなり正確に反映した数値であると言って良いでしょう。

圧倒的多数の中学校では、生徒の希望にできるだけ沿うように職場体験先を確保しようと努力なさっている一方、それ自体が大きな負担になっていると言えそうです。

いささか乱暴な言い方になってしまいますが、個人的には「だったら、職場体験先は学校が割り振ってしまえばいいのに……」と思います。無論、職場体験活動のねらいは、学校や当該学年におけるキャリア教育の目標・ねらいに即し、また、生徒の実態等に即して学校ごとに決定されるべきものですから、そのねらいに照らして「生徒の希望を反映した体験先でなければならない」と判断される場合には、多少の困難が伴っても「生徒が希望する職種にあった事業所等を確保する」ことは忽(ゆるが)せにできないことです。

けれども、キャリア発達の観点から「社会的移行準備の時期」とされる高校生とは異なり、中学生は「暫定的選択の時期」に当たります。高校生のインターンシップにおいて「将来進む可能性のある仕事や職業に関連する活動をいわば試行的に体験すること」は重要ですが、中学生の職場体験活動では「ある職業や仕事を暫定的な窓口としながら職業や仕事を知ると同時に、働く人の実際の生活に触れて社会の現実に迫ることが中心的な課題[※5]」となるとされるわけです。それゆえ、「生徒は、体験する職業が自らの将来に直接結びつくか否かを気にしがちであるが、（中略）事前に体験先を決定する際、本人の希望を第一優先条件とする方策が必ずしも最善とは限らない[※6]」とも指摘されているところです。

僕個人は、更に一歩踏み込んで、「体験先割り振り型」の職場体験活動のほうがむしろ望ましいのではないかと考えています。あくまでも個人的な感覚ですし一般論に過ぎませんが、その理由を三点、箇条書きにして記しますね。

（1）「〇〇さんは第一希望の職場に行けたのに、私はそうじゃない」という不公平感が出にくい

・第二希望、第三希望の職場に行く生徒のモチベーションをどう高めるかは難しいところ

・「なぜうちを選んだの？」と生徒に質問して、「ここには第三希望で回されました」と聞かされる事業所側のショックも相当なもの

（2）本来的な事前指導が実践できる（実践せざるを得ない）

・なぜ君たちの希望を尋ねないのか。希望しないような職場にあえて振り分けるのはな

※5：文部科学省『中学校 キャリア教育の手引き』（2011年）P27

※6：文部科学省『中学校 キャリア教育の手引き』（2011年）P101

ぜか。ここを生徒が納得しない限り「選ばせない職場体験」は始まらない
・「ねらいの不在」のまま、「体験させること」に終始する実践からの脱却

（3）自ら生まれ育った地域の良さを再発見する契機となる
・とりわけ、農村地域や中山間地域においては、生徒の希望をとっても「そんな職場はこの地域にはない」という状況が生まれがち。田舎だから「しかたない」という無言の共通理解が成立してしまう可能性も否定できない
・そこに集落があって、子どもたちがそこで生まれ、育ってきたということは、その集落の存続を支えている誰かがいるということ（＝子供たちの狭い視野や未熟な生活経験の中では、そのような存在には気づきにくいし、気づいていなければ体験してみたいという希望も生まれない）

まったくの舌足らずですが、「職場体験活動もマンネリ化してきたなぁ」とお感じになっている中学校の先生方にとって、何らかの「視点の転換」のきっかけになれば幸いです（宣伝めいてしまうのですが、拙著『キャリア教育基礎論』（実業之日本社：2014）の第五章では、このあたりのことを詳述しています。機会があればご高覧下さい）。

第11話　職場体験活動再考（2016年12月18日）

コラム

職業興味検査は使い方が肝心

二〇一六（平成二八）年の夏、ほんの数日を隔てて、全く異なる地域の高校に勤務されている二人の先生とそれぞれ別の場でお話しする機会に恵まれました。偶然としか言いようがありませんが、お二人ともホランド[※1]が提唱した理論に基づく「職業興味検査」「適職診断」（お二人の実践で使われていた言葉です）を、生徒の自己理解を支援するツールとして活用されていました。

本題に移る前に、ほんの少しだけホランドの理論について説明しておきますね。

ホランドは、「人間は、自分の持っている技能や能力が生かされ、価値観や態度を表すことができ、自分の納得できる役割を引き受けさせてくれるような環境を求める」という前提に立ち、個々人のパーソナリティとその人を取り巻く環境（特に働く際の環境）の双方を六つのタイプ（現実的、研究的、芸術的、社会的、企業的、慣習的）に区分して捉えました。一人一人のパーソナリティのタイプと職業のタイプとが一致するこ

※1：アメリカ合衆国の心理学者。John Lewis Holland。1919年10月2日生、2008年11月27日没。

職業レディネス・テスト（VRT）で用いられる六つの職業興味領域と三つの基礎的志向性

《六つの職業興味領域》

領域名	内容
現実的興味領域 (Realistic：R 領域)	機械や物体を対象とする具体的で実際的な仕事や活動の領域
研究的興味領域 (Investigative：I 領域)	研究や調査のような研究的、探索的な仕事や活動の領域
芸術的興味領域 (Artistic：A領域)	音楽、芸術、文学等を対象とするような仕事や活動の領域
社会的興味領域 (Social：S 領域)	人と接したり、人に奉仕したりする仕事や活動の領域
企業的興味領域 (Enterprising：E 領域)	企画・立案したり、組織の運営や経営等の仕事や活動の領域
慣習的興味領域 (Conventional：C領域)	定まった方式や規則、習慣を重視したり、それに従って行うような仕事や活動の領域

《三つの基礎的志向性》

向性の名称	内容
対情報関係志向 (Data Orientation:D志向)	各種の知識、情報、概念などを取り扱うことに対する志向性
対人関係志向 (People Orientation:P志向)	人と直接関わりを持つような活動に対する志向性
対物関係志向 (Thing Orientation：T志向)	機械や道具、装置など、いわゆる「モノ」を取り扱う活動に対する志向性

出典：独立行政法人 労働政策研究・研修機構による解説
（https://www.jil.go.jp/institute/seika/tools/VRT.html）を基に作成

とが、その人にとってふさわしい職業選択になると考えたわけです。

　このようなホランドの理論に基づいて現在では様々なツールが開発されていますが、日本では大学生・短大生向けの「VPI職業興味検査（日本版）」、中学生・高校生向けの「職業レディネス・テスト（VRT）」が多く活用

ジョハリの窓

自分自身と他者から見た自己の領域を表す。

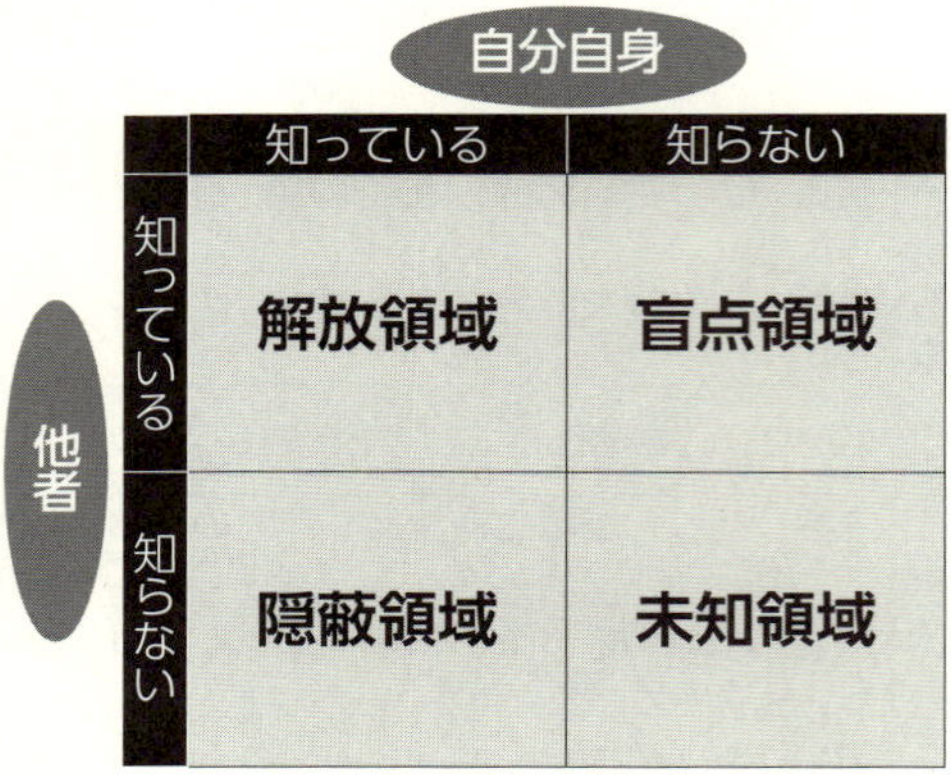

	自分自身：知っている	自分自身：知らない
他者：知っている	**解放領域**	**盲点領域**
他者：知らない	**隠蔽領域**	**未知領域**

自分自身は認識していないけれども他者には把握されている「盲点領域」もあれば、自分自身も気付かずいて他者にも把握されていない「未知領域」もある。

この概念を提唱したジョセフ・ルフトとハリー・インガムの二人の名前にちなんで「ジョハリの窓」と名付けられた。

参考：中島義明他編『心理学事典』有斐閣（1999）

されているようです。

これらのツールを用いることにより、六つの職業的な興味領域（現実的、研究的、芸術的、社会的、企業的、慣習的）に対する興味の程度と、基礎的志向性をプロフィールで表示することができます。しかも、比較的短時間で実施することが可能な上に、使用者（受検者ではなくて、指導や支援する立場の人）に求められる資質や能力もいっけん高度ではないようにも見えることから、いわば「定番化」しているのが実状かもしれません。

自分の外見の特質は鏡に映してみれば容易に分かりますが、自分の内面を把握するのはそう簡単ではありません。

自らの職業的な興味や傾向・志向性を、分かりやすく信頼性を伴って示してくれるVPIやVRTが広く受け入れられているのも頷けます。それまでの自己認識の偏り（例えば、「ジョハリの窓」を想起してみて下さい）に気づくきっかけにもなりますね。

でも、これらの使い方を誤ると、結構危険だなぁとも思います。

最悪のケースとして想定されるのは、例えば、〝実施して、自己採点させて、関連する資料を配った後に「はい、よく検討してみよう」と言い渡して終わり〟というパターン。これでは、ホランドという権威性、学校という場で先生の指導の下で実施するという信頼性、表示される結果の分かりやすさ等々がすべて裏目に出ます。たとえて言うなら、脅威の的中率と評判の占星術師から運勢を宣告された状態に近いかもしれません。

このような実践では、「俺って、人と接する仕事には向いていないんだ」「私は研究や調査のような研究的、探索的な仕事の才能はないんだ」……こんな、とんでもなく誤った理解さえ是正することはできないでしょう（VPIやVRTで示されるのは興味等の傾向であり、適性や才能の有無ではありません）。

また、六つの職業的な興味領域（現実的、研究的、芸術的、社会的、企業的、慣習的）について正しく理解した上で結果を捉えたとしても、人が成長・発達・変容等を常に遂げる存在であり、それらの変容等は徐々に（なだらかに）生起するとは限らない、という事実を視野に収めた上で活用されなくては意味がありません。

人は、様々な学習（いわゆる座学に限らず、体験を含めた広い意味での学習）を経つつ刻々と変わって行きます。運動会・体育祭・合唱祭・文化祭等々の学校内での行事、児童会活動や生徒会活動、各種校内委員会での経験、ボランティア活動・職場体験活動・インターンシップなどの社会での体験はもちろん、恋愛や失恋、映画や本との出会いなど、人が「見違えるように変わる」契機は数多くあります。ある時期に受けたＶＰＩやＶＲＴの結果は、その特定の時点での「自分の職業的な興味等の傾向」を示すのであって、それ以上でもそれ以下でもない。無論、「三つ子の魂百まで」と言われるとおり、経験等からの影響を受けにくい部分もあるに違いありませんが、それすらも不変ではあり得ないのです。ＶＰＩやＶＲＴの結果が、「所詮俺は……」「どうせ私は……」という否定的な自己理解や、「俺はこういう人間だから、こっちの方向しか考えない」という固定的な自己理解を助長するようでは、本末転倒甚だしい。

日本ならではの事情も考慮する

さらに、ＶＰＩやＶＲＴは、もともとアメリカ合衆国での就職・就業を前提として開発されたという点を視野に収めて活用することも忘れてはならないと思います。もちろん、日本で使われているのは日本向けに改訂されたものですが、それでも、日本の就業は「就職ではなく〝就社〟」であることが多く、そこで求められるのは「特定のジョブを遂行するための知識・スキルではなく、会社という組織のメンバーとなる上で求められる資質・能力」であることが多いという事実を視野に収めないまま、六つの職業的な興味領域等に基づいて就くべき（就きたい）職種を絞り込んでいくことを促すような活用のみがなされるとすれば、それは、日本の現実と乖離した作業を強いることにつながりかねません。

日本における雇用制度の詳細については、すでに第４話でもお伝えしたとおりですが、ここでは、参考図書として以下の二冊を挙げておきます。

・菅山真次『「就社」社会の誕生』名古屋大学出版会（２０１１）
・濱口桂一郎『日本の雇用と労働法』日本経済新聞出版社（２０１１）

日本の場合、企業規模が大きくなればなるほど、「一括採用→配置転換＋ＯＪＴによる人材育成と市場対応」が行われます。関連企業などへの出向等までを視野に収めればなおさら、〝就社〟の前段階において自らが携わる具体的な仕事（ジョブ）を予見することは困難であるとさえ言えるでしょう。無論、こういった「大企業型終身雇用制」が大きく揺らいでいることは事実です。けれども、雇用にあたってジョブ・ディスクリプション（職務記述書）を明示した上で契約を取り結ぶケースは未だに少数です。日本において「会社で働く」ということは、「特定の職務のプロとして生きていく」ことを必ずしも意味しません。その時々のニーズによって、「いろんなこと」をやりながら、みんなで社会という荒波を乗り越えていくのが日本の企業の姿かもしれません。

ちなみに、冒頭でご紹介した先生方にお目にかかって間もないある朝、布団の中でスマホをいじっていたら、こんな記事に出会いました。[※2]

（崎陽軒の）シウマイ弁当は御飯詰め以外は殆どが手作業だそうですが、実は中でも手がかかるのがこの掛け紙を紐で結わえる作業で、工場には紐掛けの職人がいて、中には一時間で三百個を結わえるほどの達人もいるそうですが、それでも横浜分を賄うだけで限界なんだそうです。

それどころか、春と秋の運動会シーズンや連休等で大量の出荷がある際は、一般

※2：「横浜駅の定番「シウマイ弁当」の崎陽軒には、社員全員が習得している特殊スキルがあった！」（ハーバー・ビジネス・オンライン　２０１６年7月30日）

職の社員が工場に入って社員総出で結ぶこともあり、そのため、崎陽軒の社員は研修で必ず「シウマイ弁当」の紐掛けをマスターするそうです。いざとなれば、社員なら全員出来るとか、ちょっと格好いいですね。

――「ジョブ型」の就労を前提とする欧米では、こういった光景はまず発生しないでしょう。紐掛け職人さんが忙しかろうと何だろうと、他の役割を担う従業員は自分の職務（仕事・ジョブ）が終われば帰宅しますし、当の紐掛け職人さんだって終業時刻が来れば帰宅するのが通例です。雇用契約時に署名したジョブ・ディスクリプションに時間外勤務を命じる条件について予め記載されていなければ、紐掛けの終わっていない弁当についてどうするかは会社が考えることであって、職人さんが悩むことでも、責任を負うことでもないのです。

ここでは、こんな働き方が良いか・悪いかを論じるつもりはありません。でも、ホランドの理論はこういったジョブ型の就労を前提として構想されたものであることは踏まえておくべきだと思います。

……では、日本においてＶＰＩやＶＲＴは意味がないのか？

もちろん、意味はあります。前述したとおり、把握するのが容易ではない自らの職業的な興味や傾向・志向性を分かりやすく示してくれるこれらのツールは、自己理解を深める上でも、職業の世界の広さの一端を知る上でも極めて重要な機会を提供してくれます。

ポイントとなるのは、使い方です。英語には「Everything comes in handy when used right.」という言い回しがありますが、使い方を誤れば、どんなに素晴らしい道具も役立ちません。役に立たないばかりか、むしろ害を及ぼすこともあるでしょう。VPIやVRTの実施にあたっては、使用者の力量が大いに問われると同時に、実施後の個別支援（キャリア・カウンセリング）の在り方がカギを握ると言えそうです。

第1話　職業興味検査は使い方が肝心　（2016年7月31日）

第2章

学びの意味……世界の潮流と大学入試改革が問うものとは？

第6話　将来（おそらく）使わないものを勉強する理由

皆さんは、高校生の頃、「なんで微積分なんか勉強するのかなぁ」って思いませんでしたか？　僕個人は、微積分に至るよりも遥か手前、球の体積のあたりで「勉強する意味がわからん！」と投げ出してしまいました。そんな頃、数学の先生が授業中におっしゃった一言は忘れません。

「今日は先生が特別にいいことを教えます。球の体積の求め方を一生忘れない方法です。よく聴いてください。『身の上に（3の上に）、心配あるの惨状（4πr^3）は、窮（球）したときの体を知る』……どうですか？」

「どうですか」も何も、数学の時間以外ではおそらく絶対に使わない公式をゴロ合わせで暗記してどうするの？

こうして、僕の数学転落人生は始まったわけです。毎回の定期試験では「連続赤点記

録」を伸ばし続け、その度にクラスメイトから「短期集中指導」を受けて追試を乗り切って高校は卒業できましたが、心優しい友人たちがいなかったら、僕は今頃どうなっていたのか想像もつきません。

高校生の頃の僕にとっては、すべての教科のすべての授業が無味乾燥でした。例えば、戦いの生々しさもまったく感じないまま覚える「戦国の七雄（中国・戦国時代の有力七諸侯国）」もその典型のひとつです。普段は使う機会もない漢字を七つ暗記して、試験の解答用紙に再生して、点数もらって、結局何なの？

でも、圧倒的多数の同級生たちは、黙々と勉強している。カリカリとノートをとっている。……みんなスゴいなぁ。でも、僕には無理。授業中に感じ続けていた疎外感は、今でも蘇ってきます。

翻って、現在、TIMSS[※1]やPISA[※2]における意識調査によれば、日本の中学生・高校生の学習意欲は世界でも最底辺層をさまよっています。高校時代の僕のような思いで

※1：国際教育到達度評価学会が実施する国際数学・理科教育動向

授業中の先生方の説明を聞いている中学生・高校生は、今でも少なくないのでしょう。にもかかわらず、ＴＩＭＳＳもＰＩＳＡも成績は世界のトップクラス。

「こんな勉強、どうせ将来は役に立たない。意味もない。つまらない。だけど、今は、歯を食いしばって頑張らなきゃ。だって、高校受験、大学受験があるでしょ」おそらく、こうして中学生・高校生の多くは耐えているのだと思います。偉いよ。君たちは。高校の頃の僕にはできなかった（けっして、小馬鹿にしているわけでも、揶揄しているわけでもありません。忍耐力と呼ぶべきか、自己統制力と呼ぶべきか、あるいは、単に従順なのかもしれませんが、その実態が何であれ、高校時代の僕にはまねできなかった行為であることは紛れもない事実です）。

学んだ知が剥落してしまう日本

でも、そこには大きな問題が潜んでいることを見逃すべきではないでしょう。

すべての勉強は受験に通じる。だから先生方も保護者の皆さんも必死に生徒たちの背中を押すし、生徒さんたちも歯を食いしばって耐える。——つまり、教科の学びが入試に合格するための方便に成り下がっているのです。大学受験が終わるまで耐えきれるか

調査（Trends in International Mathematics and Science Study）。4年ごとに実施。2015年調査では、日本から小学校4年生約4400人、中学校2年生約4700人が参加。

※2：OECDが実施する生徒の学習到達度調査（Programme for International Student Assessment）。15歳児を対象に、読解力、数学的リテラシー、科学的リテラシーについて3年ごとに実施。2015年調査では、日本から高校1年生約6600が参加。

どうかの我慢大会とすら言える状況かもしれません。

……で、大学受験が成功裏に終わった後、教科の学びで身につけたはずの知はどうなるのか？ 断言することは当然できませんが、剥落する可能性が極めて高い。合格するための方便ですから、合格後には「ご用済み」です。しかも、そもそも学びに対する意欲も関心も醸成されてきていないので、学びに背を向ける大学生が大量生産されてしまう危険性とも表裏一体です。

無論、学びを「志望校合格のための一時的な苦役」として捉える認識が、実社会の現実から大きくズレていることは言うまでもありません。

知識が急速に進展し、技術革新が絶え間なく生まれ、旧来のパラダイムがかつて無い頻度で転換を遂げる社会において、学び続けることは不可避です。また、それらの変化を幅広い知識と柔軟な思考力を伴って受け止め、分析し、次の一手を打つことが求められます。学びを入試突破の手段として捉え、合格後には学びに背を向けるようになってしまっては、その後の社会的な不適応は免れないでしょう。

まして、森林資源や地下資源、あるいは、農作物等の輸出に頼った豊かさを享受できない日本において、頼れるのは「知」を基盤とした付加価値のみです。技術力や発想力で世界をリードし続けることは、日本の宿命であると言っても過言ではないと思います。各教科等での学びが一人一人のキャリア形成や社会づくりにつながっていることを実感しつつ、「なるほどなぁ」「面白いなぁ」「もっと知りたいなぁ」と思える子供を育成しなければ、子供たち自身も、その子供たちが支えることになる日本社会も不幸になってしまうのではないでしょうか。

さらに、社会そのものが知識基盤社会に突入したと言われて久しく、ＩｏＴ、ビッグデータ、ＡＩなどの技術革新による第四次産業革命が目前とされる今日、新たな知の枠組みを創り出すことが求められる中で、受験勉強からの解放による虚脱状態とも呼べるような大学生活を送るデメリットは計り知れません。

学びは「社会」につながっている

だからこそ、本書第3章で詳述するとおり、新しい学習指導要領では「各教科等での学びが、一人一人のキャリア形成やよりよい社会づくりにどのようにつながっているのかを見据えながら、各教科等をなぜ学ぶのか、それを通じてどういった力が身に付くのかという、教科等を学ぶ本質的な意義を明確にすること」が求められるわけです。

「でも、球の体積を求める公式も、微積分も、ましてや『戦国の七雄』なんて、キャリア形成にも社会づくりにもつながらないよ。だって実際、そんな知識、使わないもん！」……おそらく、高校生の頃の僕が新しい学習指導要領を読んだらこう叫んだでしょう。

さすがに僕も、その後、四半世紀以上も生きてきたので、高校生時代の自分に向かって「そこの高校生、視野が狭いなぁ」と言うことができます。仮に、日々の暮らしを営んでいく上で必須となる知識（＝サバイバルのための知識）だけが有用であるとするなら、ひらがな・カタカナ・ローマ字・常用漢字・単純な四則計算のみが「価値ある知」と見なされ、その他はすべて不必要になってしまいます。

ただし、こうしたサバイバルのための知識を超えた知について、これまで学校教育がその価値や意義を伝えてこなかったこと、むしろ有無を言わさぬ受験圧力に任せて押しつけてきたケースが圧倒的多数を占めてきたこと、そして、それ自体の改善が必須であるという見方そのものについては、現在の僕自身、高校生の頃から一貫して保持していることを改めて自覚しています。そうであるからこそ、新学習指導要領が示した方向性は価値あるものであると信じているのです。

子供に「学び」の意義を伝えるには

では、どうすれば良いのか。

答は極めてシンプルです。——子供を煙に巻かない。これに尽きると言っても良いでしょう。

例えば、「先生、どうしてこんなこと勉強するんですか？」と問われたとします。先生方は、普段、どのように答えていらっしゃいますか？

「大人になれば勉強の大切さが身にしみるよ」「口を動かしている暇があったら、手を動かしなさい」「今は問題を解く時間でしょ。やるべきことに集中しなさい」「そんな余計なことを考えている場合か？　受験は目の前だぞ」

私たち大人は、こうして、いつでもどこでも誰にでも使える便利な言い回しで、子供を煙に巻いて逃げようとします。無論、その場で生徒からの質問に正対する時間的余裕がないケースは圧倒的に多いでしょう。でも、別の機会を設けてその質問に真正面から答えようともせず、うやむやにしたまま、やり過ごしてしまうことが続いてきたのではないでしょうか。

「先生、どうしてこんなことを勉強するんですか？」――この問いは、「先生、どうしてこんなことを僕たちに教えようとするんですか？　教えてて楽しいですか？　意義を感じながら教えてるんですか？」という問いと同義です。

つまり、「他でもない、あなたの考えを聞きたい」という生徒の願いが、「先生、どうしてこんなことを勉強するんですか？」という言葉で表出されているに過ぎません。模範解答でなくて良いのです。そもそも、模範解答なんてないかもしれません。「今、私は、君たちにこれを伝えたくて、この授業をしているんだよ」この気持ちを、子供たちの発達の段階を視野に収めながら、真摯に素直に伝えればいいだけのことです。

こうした場合、子供たちにとって未経験の上級学年・上級学校での学びや、当該知識の社会における必要性などに言及せざるを得ないことも多いでしょう。そのため、伝えたいことの全容が詳細な部分まで子供たちに伝わるとは限りません。でも、そこを懸命に伝えようとする教師の姿勢と熱意から、子供たちは「自分たちの手持ちの度量衡では推し量れない〝何か〟が確実にあるらしい」ということを感じます。そして何より、

「この人は、授業が大切だと真剣に思っているし、僕たち・私たちの知の枠組みを押し広げる必要があると信じているんだなぁ」ということは実感できるものです。

とりわけ、中学校・高等学校の先生方は、ご自身の中学時代あるいは高校時代に、今ご担当されている教科が「楽しい！」と実感されたわけです。そして、大学での卒業論文や大学院での修士論文等で、今教えていらっしゃる教科と何かしら強い関わりのある領域について深く検討され、それ自体にワクワクする知的興奮を感じたわけです。だったら、「三年間の数学の授業の中で、実は、この単元を教えるのが一番楽しいし、みんなにこの楽しさを伝える機会を待ってたよ」と言えば良いのです。

数学の先生も、英語の先生も、理科の先生も、ある特定単元が「楽しい」と言う。僕にとって、私にとっては見るのもイヤなこの教科だけど、これを楽しいと言い、その楽しさの根源を懸命に伝えてくれようとする人が今、目の前にいる。これは極めて重要なことです。

この点に関連して、かつてＴＢＳ系列のテレビ番組『わくわく動物ランド』や『どうぶつ奇想天外！』に出演し、親しみやすいお人柄がにじむ分かりやすい解説で知られた千石正一氏の言葉を引用します。千石氏は、あるインタビュー記事（『環境教育と生物

観察のコツを語る』）の中で次のように指摘しています。※3

まずは大人自身が興味を持つことです。大人が自然に接し、感動していれば、それが子どもたちに伝ぱします。たとえば、空き地で誰かが嬉々として野球をやっていれば、何もいわれなくても「自分もやってみたい」と思うでしょ。それと同じ。

——教員が嬉々として授業を展開しつつ、その「秘密」を生徒たちに伝えることは、果たして授業時間の無駄遣いでしょうか。僕は全くそう思いません。むしろ、「そんな余計なことを考えている場合か？　受験は目の前だぞ」などと言うことの方が、よっぽど時間の無駄使いかもしれません。受験が近づいた時期に、それを敢えて指摘する必要性に迫られるケースがどれほどあるのか、私たち自身が省みるべきであるように思います。

中学校・高等学校の先生方。先生方が今なさっている授業の一部は、かつて先生がおまとめになった卒業論文や修士論文等につながる接点を持っています。その接点の醍醐味と、卒業論文等の執筆の過程で感じた知的興奮を生徒たちに伝えて下さい。そして、先生方が論文末に記した「今後の課題」についてもぜひ言及して下さい。生徒たちの「今の学び」は、将来の学びにつながり、そして、今日でも未解明の課題にもつながっ

※3：千石正一『環境教育と生物観察のコツを語る』（内田洋行教育総合研究所「学びの場.com」・2009年9月15日）https://www.manabinoba.com/interview/11357.html)

ています。そして、その未解明の課題に取り組み、私たちの社会を根底から支える知を一歩前に進めるのは、他でもない、今目の前にいる生徒たちの世代です。

「……いや、うちの子たちは、将来、研究者になるような層の生徒じゃないんですよ」

このようにお感じになった先生方も少なくないでしょう。でも実際に、今、生徒たちが取り組んでいる単元は、大学での学びにつながっていますし、社会を支えている知の基礎的な部分を構成する要素ですし、今後解明すべき課題にも連なる一端を内包していることは事実です。このような体系的な知の全容が生徒たちには見えていない（＝それを生徒たちに見せようとしてこなかった）からこそ、生徒たちは「こんな勉強、どうせ将来は役に立たない。意味もない。つまらない」と砂をかむような思いをしているのではないでしょうか。それゆえに、教科の学びを受験の方便として誤解してしまっているのではないでしょうか。

現在の知の体系の形を変えるような貢献をする可能性のある若者は、ごく少数です。いわゆる進学校と呼ばれる学校ですら、例外的な存在でしょう。でも、今の学びと大いなる知の体系とが連綿とつながっており、その体系の先端には、未だ解明されていない課題が誰かを待っているのだという事実は、どんな子供も実感する必要があるように思います。険しい山道を、その先にある山の全容や頂から見える景色を全く知らされないまま、ひたすら上り続けることができる人はどれほどいるのか。おそらく、その数は極めて限られるのではないかと思います。

目の前の子供たちに伝えるべきこと

「小学校に勤務する私が教員になった理由は、教科の醍醐味などではなく、子供にかかわる仕事がしたいと思ったからです。しかも、担当している教科は数多い。私にはそれぞれの教科の学びの体系を伝えることはできません」

ここまでお読み下さった小学校の先生方の多くは、このような感覚をお持ちになったかもしれません。

もちろん、ご心配には及びません。先生方が既にご認識の通り、小学校までの学びのほとんどは、子供たちの手持ちの度量衡でその価値が量れる範囲にとどまります。圧倒的多数のケースでは、日常の生活の中での有用性や意義を伝えることによって、子供たちは「なるほどね」と納得するでしょう。

でも、すべて子供たちの日常感覚にばかり訴えていると、せっかくの学びの体系の入り口を見落としてしまうことにもつながります。例えば分数がそうですね。日常生活では、分子が分母より小さい「真分数」はある程度使いますが、分子が分母より大きいか等しい「仮分数」はそれほど出番がなく、整数と分数の和の形をとる「帯分数」に至ってはほとんど使いません。第一、分母の数が違う分数を足したり引いたりする必要性など、日常生活ではめったに発生しませんよね。ましてや、それらを掛けたり割ったりすることはまずない。

では、なぜ、学ぶのでしょうか。ここを省略してしまうと、いつの間にか、「分数の割り算は、分母と分子をひっくり返す！」というような有無を言わさぬ力技の授業になってしまいます。こういった授業では、なぜひっくり返すのか分からないまま正解にたどり着いてしまうので、子供たち自身も「できた！」と錯覚してしまいます。

こうなると、早ければ小学校高学年、遅くとも中学校くらいで、数学ができない→数学が嫌い→さらにできなくなるという負のスパイラルに巻き込まれるでしょう（同じような落とし穴は、「速度（速さ）」「時間」「距離」の関係を求める計算の際にも顔を出します。「ハ・ジ・キ」と呪文のようにして公式を覚え込ませてしまうと、「分からないけれど、できる」子供が大量に発生します）。

こういったとき、「なぜ、私はこの子たちにこの授業をしているんだろう」と立ち止まってみることが大切なんだと思います。幸いなことに、小学校での学びの意義について言及している様々な書籍が出版されていますし、ネット上からも多様な情報が得られます。無論、その真偽や価値を判断するのは先生方ですが、「目の前のこの子たち」に何を伝えるべきかというブレない問いをフィルターにすれば、それほど迷われることもないと推察します。

第24話　将来（おそらく）使わないものを勉強する理由　（２０１７年８月６日）

第7話　学びの先にあるもの

ずいぶん前の話になりますが、スマホに配信される情報に目を通していたら『ノーベル賞大隅氏が説く、「役に立つ」の弊害』（小長洋子『ノーベル賞大隅氏が説く、「役に立つ」の弊害―「面白いから研究する」という人が減っている』東京経済オンライン（２０１６年10月28日　https://toyokeizai.net/articles/-/142256））という記事に出会いました。

記事のメイン・タイトルだけを見ると、学校での学びと実社会とのつながりなんかを考えさせるのはやめておけ、というメッセージのように見えますが、実際は違います。この記事で大隅先生が問題としてご指摘になっているのは、短期間で成果を出し、その成果の社会的な有用性を示すことが求められる現在の研究費の在り方です。例えば、大隅先生は次のような指摘をなさっています（実際には、記者である小長洋子さんが、インタビューをもとにしてお書きになったものですが、ここでは、大隅先生ご本人のご指摘であると理解しておきます）。

成果を二年後に出すことを求められると、二年でできることしかやらなくなる。達成できないとおとがめを受けるからだ。おとがめとは、次の研究費をもらえなくなる、あるいは減らされるということ。そうなると研究は続けられなくなる。一度失敗するとネガティブスパイラルに陥ってしまう。そのせいで大きなチャレンジができなくなっている。基礎研究には失敗はつきものだから、敗者復活ができる社会でないといけない。

基礎研究には二〇年くらいの時間が必要で、せめて一〇年かけてもかまわないという余裕のある企業トップがいてくれれば、と思うが、難しい。このままでは日本の科学研究が空洞化してしまうのではないかと大変心配している。

――大隅先生がおっしゃっているのは、基礎研究には数十年単位での長期的なビジョンが必要だということであり、「研究者は研究の先にあるものを見据えなくて良いのだ」ということではありません。事実、この記事において大隅先生は、ご専門のオートファジーの研究が、がんや神経変性疾患などの治療に道を開く可能性があること、基本的な生命機能や高齢化にも重要な関わりをもつことをご説明になっています。

その一方で、大隅先生が、「そもそも研究というものは、最初から何かはっきりした目的があって始めるものではない。私自身も、医学領域に必ず役立てようなどと考えて始めたわけではない」「人と違う研究をやりたいと思い、酵母で液胞の膜輸送の研究を始めた」とおっしゃっていることも重要なポイントだと思います。

ノーベル賞を受賞した大隅先生のような方を例にして何かを申し上げるのは、僭越極まりないことですが、大隅先生のように知的な関心に基づいて学びや研究のスタートが切れるのは、それだけで素晴らしいとしか言いようがありません。中学生や高校生の頃の大隅少年に、「理科をなぜ学ぶのか、それを通じてどういった力が身に付くのかという、理科を学ぶ本質的な意義を明確にすること」が必要かと言えば、そうではないでしょう。

学びの神様・研究の神様に愛された大隅少年のような中学生や高校生に対して、当該領域に関する学習意欲の向上を狙ったキャリア教育がしゃしゃり出る必要はありません。いずれ大学生・大学院生となったときに、必ず自らの研究と社会との接点を見据えざるを得ませんから、その機が熟すまでは、あふれる才能の開花を応援しましょう。無論、そういった子供たちはごく例外的であるからこそ、今の学びと将来とをつなぐキャリア教育が必要なのだと思います。

子供たちは気づきにくい「学びの価値」

とはいえ、学びが「役に立つ」というロジックそのものが矛盾をはらんでいると指摘する研究者もいます。例えば、フランス現代思想を軸としつつ、様々な分野で私たちの思考の脆さや矛盾をスパッと指摘してくれる内田樹先生は、次のように指摘しています。※1

学校教育の場で子どもたちに示されるかなりの部分は、子どもたちにはその意味や有用性がまだよくわからないものです。当たり前ですけれど、それらのものが何の役に立つかをまだ知らず、自分の手持ちの度量衡では、それらがどんな価値を持つのか計算できないという事実こそ、彼らが学校に行かねばならない当の理由だからです。

教育の逆説は、教育から受益する人間は、自分がどのような利益を得ているかを、教育がある程度進行するまで、場合によっては教育過程が終了するまで、言うことができないということにあります。（傍点省略）

——その通りですよね。言葉の選び方や論の進め方を含めて僕自身が内田先生のファ

※1：内田樹『下流志向―学ばない子どもたち、働かない若者たち』（講談社・2007年）P46

ンだから賛同しているわけではないのですが、本当にその通り。僕個人としては、だからこそキャリア教育なのだと思います。

子供の「手持ちの度量衡」では、学校での学びが「どんな価値を持つのか計算できない」からこそ、君たちの度量衡では捉えきれない価値があるんだよ、ということを伝える必要があるのだと思うのです。

子供の「手持ちの度量衡」に阿て学びの価値を伝えようとすれば、学びは矮小化せざるを得ません。いきなり専門的な話になって恐縮ですが、一九七〇年代のアメリカにおけるレリバンス（リアルな社会や生活との関連性）を重視した教育や、その流れの中でも特に職業との関連性を重視した当時の「キャリア教育運動（career education movement）」が、その後「反アカデミックである」と批判を受けるようになったのは、子供たちの「手持ちの度量衡」に訴えかけることに焦点を絞りすぎたことも大きな原因になっていると思います（このあたりのことにご関心のある皆様方は、拙著『キャリア教育基礎論』第四章をご高覧下さい）。

そもそも、学校での学習は子供の「手持ちの度量衡」を更新する営みです。視野を押し広げ、認識を深める（高める）ことによって、新たな「知（＝その中核となるのは知識ですが、それを基盤とした技能・技術、規範等々を含みます）」の習得に自ら進んで取り組もうとする子供を育成することが、学習指導の役割だと言っても良いでしょう。

当然のことですが、「知」は、誰かがどこかで意志を持って創り出したものであり、それぞれの知は別の誰かによって受け継がれ、向上・改善・修正等が加えられつつ蓄積されて、今日の社会をその基盤から支えています。私たちは、脈々と受け継がれてきた「知」の上に乗っかって生活をしているのです。しかも、往々にして、その事実にすら気づかないまま日々を送っています。

これまた当たり前ですが、これまでの人類の歴史とともに蓄積されてきた「知」の上で暮らしている私たち一人一人には、それぞれが可能な範囲と程度で、その「知」に新たな蓄積を加え、次の世代に渡していく道義的な責任があります。いわば、「知のバトン」を受け取って、次の世代に渡していくことが求められているわけです（自分たちだけ、先人たちの「知の蓄積」の上で快適に暮らし、その蓄積を消費する一方ではズルいですよね）。

このような中で、自らが「知のバトン」の受け手であり、次の世代に受け渡していく主体であることに気づかないまま、多くの子どもたちが「一過性の苦役」として学校での学びを捉え、砂をかむような思いで勉強しているとすれば、一刻も早く改善しなくてはなりません。

デューイ[※2]が人類の歴史的発展を支えた人間の活動を再評価し、それを基に学校の未来を築くカリキュラムの開発を目指したように、また、ヴィゴツキー[※3]が「発達の最近接領域」という概念によって、子供の「手持ちの度量衡」を押し広げる必要性を訴えたように、キャリア教育によって、学校での学習の対象となる「知」と社会との接点を伝える必要性は高いと強く思います。

人は、個人個人がもっている「自分の世界」との何らかのつながり（文脈［コンテクスト］）を見出し、自分なりに意味を見つけ、役立つと判断したときに自ら学ぼうとするものだという「コンテクスチュアル・ラーニング」の考え方に立って換言すれば、子供たちの「自分の世界」を捉える視野自体を社会との接点の中で拡大することこそがカギを握ると言えそうです（……すみません。デューイとかヴィゴツキーとか、コンテクスチュアル・ラーニングなどを詳しく論じていたら、大学の授業になってしまいますよね。大学教員の悪いクセです。この辺で切り上げます）。

※2：アメリカ合衆国の哲学者。ジョン・デューイ（John Dewey）。1859年10月20日生、1952年6月1日没。

※3：旧ソビエト連邦の心理学者。レフ・セミョノヴィチ・ヴィゴツキー（Лев Семенович Выготский）1896年11月17日生、1934年6月11日没。

「学び」と「強者の論理」

繰り返しとなり恐縮ですが、新しい学習指導要領においては、「各教科等での学びが、一人一人のキャリア形成やよりよい社会づくりにどのようにつながっているのかを見据えながら、各教科等をなぜ学ぶのか、それを通じてどういった力が身に付くのかという、教科等を学ぶ本質的な意義を明確にすることが必要」になります。その実現のために、キャリア教育が果たす役割は極めて大きいと確信します。

ただし、「学びの先にあるもの」を見据え、そこから「教科等を学ぶ本質的な意義」を認識させようとするような考え方自体が「強者の論理」であり、「強い個人」となり得る資質や環境に恵まれた子供を社会的に一層有利な立場とする結果を招き、同時に、そのような認識を持ちにくい子供（そうならざるを得ない環境や状況に置かれた子供）を切り捨てているのではないかという懸念や危惧が出されていることも事実です。

確かに、その可能性を完全に否定することはできないでしょう。教育は、歴史的に見て、ほとんど常に「強者」の側に立ってきましたし、社会的格差の再生産装置であると批判されてもきました。教育的な行為に、常に「強者の論理」が内在することは不可避のだと考えます。

とも言えます。だからこそ、そうならないための仕組みや支援を並行させる必要がある

さらに言えば、「学びの先にあるもの」を認識させようとすること自体が「強者の論理」であるとする批判には、一定の階層の子供たちを「あいつらにそんなことは無理」とひとくくりに捉え、一層残酷に切り捨ててしまうロジックは内包されていないのでしょうか。その可能性がゼロであるとは言い切れないような気がしてなりません。

第9話　学びの先にあるもの（２０１６年11月14日）

第8話　強者の論理

進展する教育改革に対して、「強者の論理」に基づくものであるとの批判が出されたのは一九九〇年代末頃からだったと記憶しています。それらの批判を僕なりに整理すれば、以下の二つの流れに区分けできそうです。

（1）学校選択制を典型とする「市場的競争原理主義」に基づく諸改革に対して示された、それが「強者の自由権的要求」を満たすことに終始するのではないかという批判

（2）学ぶ意欲や興味・関心を育てることを重視する方針に対して示された、意欲・興味等それ自体に「出自による格差」があることを等閑視しているという批判

前者の批判をクリアに提示した研究者の代表は藤田英典先生（現在、共栄大学教授・東京大学名誉教授［光栄なことに同姓ですが、残念ながら血縁関係はありません］）でしょう。例えば次の「ちくま新書」などが手に取りやすいかもしれません。

・藤田英典『義務教育を問いなおす』筑摩書房（2005）

後者の批判を提示した研究者の代表としては、苅谷剛彦先生（現在、オックスフォード大学教授）や志水宏吉先生（現在、大阪大学教授）等のお名前が挙げられます。僕自身、授業等でしょっちゅう紹介する著作としては、

・苅谷剛彦『階層化日本と教育危機―不平等再生産から意欲格差社会へ』有信堂（2001）

・苅谷剛彦、志水宏吉他『調査報告「学力低下」の実態』（岩波ブックレットNo.578）岩波書店（2002）

があります。

ここでは、教科等を学ぶ本質的な意義を伝え、学びに向かう力を育てようとするキャリア教育の在り方を考える意図から、後者の批判（右記（2））に焦点を絞ることにします。まずは、紹介した苅谷先生の単著から少しだけ引用することによって当該批判のエッセンスを「おさらい」しておきましょう。[※1]

（一九九八（平成十）年版学習指導要領が前提としたものを［引用者］）図式的に示せば、つぎのようになる。子どもに意味もわからず無理やり知識を詰め込むので

※1：『階層化日本と教育危機　不平等再生産から意欲格差社会へ』

はなく、子どもの意欲や興味・関心を高めるように教育を変えていくことで、「自ら学び、自ら考える」個人、「主体的・自律的」に行動できる個人を育てることができるという理解である（P.171）。

だが、意欲や意欲の源泉とされる興味・関心は、各人の心の中だけに存在するのではない。それらは社会的な真空のなかにあるものでもない。各人を取り巻く生育環境やその変化によって影響を受けるものである（P.181）。

意欲を生み出す「自己」、実現される「自己」は、個人をとりまく社会的・文化的環境によっても刻印されている。この事実を忘れると、意欲の低下した人びと、自己実現に失敗した人びとは、その失敗を自己の責任として引き受けなければならなくなる。個性尊重の名のもとで、個人の意欲、興味・関心を中心に「生きる力」を育てようとする教育改革は、自己責任・自己選択の原理を教育の世界に持ち込もうとしている。だが、そうした教育改革の進行と同時に、意欲や興味・関心の階層差の拡大が生じているのである（P.186）。

――ここでの最後の引用（P.186）に至る過程で、苅谷先生は、一九七九年と一九九七年に実施した高校生対象の調査結果をエビデンスとして提示しています。また、一九八九年と二〇〇一年に小・中学生を対象として実施した調査結果の分析を行った『岩波ブックレットNo.578』においても、「学習意欲・学習行動・学力の階層格差」を実証するデータが示されています。

……ということは、「今後の成長のために進んで学ぼうとする力」を育成し、「学ぶこと・働くことの意義」の認識を高めようとするキャリア教育なんてものは、それを実践すればするほど、階層間の格差を押し広げる〝諸悪の根源〟となってしまうのでしょうか?

格差を補うキャリア教育の役割

いいえ。全くそうではありません。

例えば、先に紹介した『岩波ブックレットNo.578』では、在学する児童生徒の「家庭の文化的階層や通塾率」の側面において中位(=普通の学校)でありながら、国語、算数・数学の全般的な成績がとても良い学校(調査対象となった小学校一六校・中学校一一校中、小学校・中学校それぞれ一校)を「がんばっている学校」と捉え、学校の「がんばり」によって高い教育成果(ここではいわゆるペーパー試験での好成績)が得られること、つまり、学校からの働きかけが「階層のカベを突き破る」可能性を十分に持つことを示しています。そして、これら二校の「関係者」へのインタビュー等から、両校の教育の特徴を次のように整理しているのです。※2

（1）「学習意欲」や「自学学習」をキーワードとする指導が行われている。

（2）「個別学習・少人数学習・一斉指導」を柔軟に組み合わせた授業づくりが推進されている。

（3）子どもの集団づくりを大切にし、「わからない時はわからないと言える」学習環境を作っている。

（4）家庭学習にも活用できる「習得学習ノート」をつくり、子どもたちが学習の見通しをもち、学習の振り返りができるようにしている。

（5）「総合学習」等で、子どもたちが「進路」や「生き方」を考えることを重視し、学習に対する動機づけを促している、等。

家庭学習をしっかりやり、きちんと教えることをいとわない半面、総合学習による学習の動機づけにも成功している。まさに、「全力型」の授業を展開するなかで、学力の下支えが可能になっているのである。

「がんばっている学校」では、学級内の「集団づくり（＝基礎的・汎用的能力で使われ

※2：『岩波ブックレットNo.578 調査報告「学力低下」の実態』P65

る用語に置き換えれば「人間関係形成」）」に意識的に取り組み、学びの振り返りと見通しを繰り返しながら、「進路」や「生き方」を考えさせることを通して「学習意欲」の向上を図っている（＝「キャリアプランニング」の観点から「学びの先にあるもの」を捉えさせ、各教科等での学びが一人一人のキャリア形成やよりよい社会づくりにどのようにつながっているのかを見据えさせている）と言えるのではないでしょうか。

「意欲を生み出す『自己』、実現される『自己』は、個人をとりまく社会的・文化的環境によっても刻印されている」からこそ、学校が「階層のカベを突き破る」努力をする必要があるのであり、キャリア教育はその原動力の一つとなり得ると考えます。

変化が激しく将来の予測が困難な時代に生きざるを得ない子供たちは、その社会的階層を問わず、主体的に学びに向かい、必要な情報を取捨選択し、多様な人々と協働しつつ試行錯誤をいとわずに問題を発見・解決していく力を身につける必要があります。社会的階層によって「意欲や意欲の源泉とされる興味・関心」における差があるのであればなおさら、その差を放置しておいてはならないのではないでしょうか。むしろ、不利な立場の階層の子供にこそ、学習に対する意欲を高め、将来的にも主体的に学びに向かう基盤となる力を高める支援が丁寧に提供される必要があると思います。

全くの個人的な経験にしか過ぎませんが、僕の知る限り、キャリア教育に真摯に取り組んだ学校で「学力（いわゆるペーパー試験学力）が下がった」事例は一つもありません。むしろ、「学力の向上」を実感している学校が圧倒的に多いのです。もともと「できる子」の多い地域のみならず、「しんどい子」が少なくない地域でも、キャリア教育の実践は学習意欲の向上に寄与し、結果として学力の向上につながっていると言えそうです（その一例として、大阪府高槻市立第四中学校区の実践があります。詳しくは、同校区が公刊した『ゼロからはじめる小中一貫キャリア教育』実業之日本社（２０１５）をご覧下さい）。

無論、『岩波ブックレットＮｏ．５７８』が紹介する「がんばっている学校」のみならず、右に挙げた高槻市立第四中学校区においても、「各教科等での学びが一人一人のキャリア形成やよりよい社会づくりにどのようにつながっているのかを見据えさせる」ことのみ単独で〝結果〟を出しているわけではありません。でも、「こんな勉強なんて、やっても仕方ないし、どうせ役に立たないし、面白くないし、気が重い」という子供たちの声を耳に入れず、ひたすらに知の断片を子供たちに押しつけるような実践には自ずと限界が生じると考えます。

「学びの先」にあるものは地域それぞれに

先日、ある地域にお邪魔した折に、「このあたりは漁業と林業が盛んです。いわば〝とる（獲る・採る）産業〟ですね。だから、勉強なんてがんばらなくても大丈夫、という考え方がどうも強くて……」とおっしゃる方にお会いしました。このような地域では「学びの先にあるもの」を実感させることが難しいという趣旨のご発言です。

僕は、その方に次のように申し上げました。

「漁師さんの中には、海底の地形を捉え、海流や潮の満ち引きを計算し、魚の特性の分析を行うことによって、これまで受け継がれてきた経験則による知恵をシステム化して確実に漁獲高を上げている方がいるはずです。また、林業の場合には、林業試験場を中心として長期的ビジョンに立った戦略とその基盤となる研究が蓄積されていると思います。そういった「知」が地元を支え、カネも生み出している事実に触れる機会を子供たちにぜひ提供して下さい。大人ってスゴいな、知識って必要なんだな、自分たちが学校で学んでいることはこんなところにつながっていくんだな、という実感を持てるようなチャンスは、学校が窓口となって集積しないと子供たちの手に届くところにやってこないのかもしれません」

地元の方々のお話は、そのままの形では「学びの先にある姿」として立ち現れないことも多いでしょう。だからこそ、先生方の本領発揮です。事前の打ち合わせを通して、社会を実際に支えている「知」と学校での学びとの接点を探り、両者の「つながり」を子供たちの既習事項や理解力にあわせて「翻訳」するのは先生方の役割だと思います。その「翻訳結果」を伝えるのは、地元の方でも結構ですし、その部分について先生方が引き受ける方策も可能でしょう。

もちろん、先生方と地元の方との「コラボ」によるトークセッションや実験なども考えられますよね。ほとんどの学校で実施される「社会人講話」の機会はもちろん、小学校での工場見学、中学校での職場体験活動、高校でのインターンシップなど、今すぐにでも活用できる教育活動は数多くあるはずです。地域の方々による「出前授業」などをすでに実践している学校では、ぜひとも、あとひと工夫を加えてみて下さい。

どのような地域においても、また、どのような階層の子供であっても、キャリア教育を通して教科等を学ぶ本質的な意義に気づき、学びに向かう力を獲得することは可能であり、同時に、すべての学校にはそのようなキャリア教育を提供する義務があると言えるのではないでしょうか。

第10話　強者の論理（2016年11月30日）

第9話　世界的に問い直される「学びの本質的な意義」

二〇一六年度から科研費（科学研究費補助金）を受けた二件の研究プロジェクトの代表をしている関係で、年に数回、海外調査の機会を得ています。今回は、まず、教科を学ぶ意義が世界的に問い直されているのだなぁと実感したマレーシア調査（二〇一七年七月）とデンマーク調査（同年九月）のお話をしたいと思います。無論、ここで詳しいご報告をすると、それこそお堅い情報の羅列になってしまい、いつものグダグダ話が「小難しい上に長い」という救い難い状況に陥りますので、思い切って話を端折りつつ、要点のみお伝えしますね。

大学生の資質能力を評価するマレーシア

まずはマレーシアから。

二〇一一年、マレーシア政府は、義務教育段階終了時から高等教育、継続教育、職業技能訓練等を貫いて育成すべき資質能力の八領域を確定し、「全国資格枠組（MQF：Malaysian Qualification Framework／Kerangka Kelayakan Malaysia）」の中に明示しました。[※1]

（1）知識（knowledge／Pengetahuan）

（2）実際の職場等で活用できる専門的な力（practical skills／Kemahiran Praktikal）

（3）社会で他者と関わりながら生活する上で必要な力及び責任感（social skills annalresponsibilities／Kemahiran dan tanggungjawab kemasyarakatan）

（4）価値観、態度、及び、プロ意識（values, attitudes and professionalism／Etika, profesionalisme dan kemanusiaan）

（5）コミュニケーション能力、リーダーシップ、及び、チームの一員として役割を果たす力（communication, leadership and team skills／Kemahiran komunikasi, kepimpinan dan kerja berpasukan）

（6）問題解決能力、及び、科学的根拠に基づいて判断する力（problem solving and scientific skills／Kemahiran penyelesaian masalah, pemikiran kritikal dan kemahiran saintifik）

（7）情報処理能力、及び、生涯にわたって学び続けるために必要な力（information management and lifelong learning skills／Kemahiran pengurusan maklumat dan

※1：Malaysian Qualification Agency (2011) *Malaysian Qualification Framework: Point of Reference and Joint Understanding of Higher Educational Qualifications in Malaysia*

pembelajaran sepanjang hayat)
（8）管理・運営的な力、及び、新たなことに挑戦し既存の考え方や慣習などを変革しようとする力（managerial and entrepreneurial skills／Kemahiran mengurus dan keusahawanan）

このような「全国資格枠組」[※2]自体は、国際的にみて珍しいものではありません。とりわけ、イギリス、ニュージーランド、オーストラリアを含めたイギリス連邦構成国では、ほとんどの国で類似の「全国資格枠組」を設定しています。

マレーシアのケースで注目しなくてはならないのは、マレーシア政府が、大学教育はもはや特定分野の知識・技能の育成のみを担うだけでは不十分であるとする姿勢を明確に打ち出し、具体的な高等教育改革に踏み切った点です。

マレーシア教育省は二〇一四年に「高等教育改革十年計画（Pelan Pembangunan Pendidikan Malaysia [Pendidikan Tinggi] 2015-2025）」を公表し、十項目の達成目標を設定しました。その第一目標が、「起業的な発想力を持ち、全人格的にバランスのとれた卒業生の輩出（Graduan Holistik, Berciri Keusahawanan dan Seimbang）」です。当該目標達成のため、教育省は各大学に対し、すべての授業科目において、当該科目が社会で

※２：National Qualifications Framework のこと。国家による公的な学位や職業資格等のレベル認定制度。国家資格フレームワークとも呼ばれる。

マレーシア高等教育改革 10 年計画における達成目標（2014 年）

広く求められる資質能力（＝「全国資格枠組」が提示した八つの資質能力）の向上にどのように寄与するかを明示することを求めました。同時に、授業担当者に対しては、一人一人の学生が授業を通して獲得すべき資質能力をどの程度身につけたかを評価する義務を課したのです。つまり各大学は、それぞれの授業を通して、社会で他者と関わりながら生活する上で必要な力、コミュニケーション能力、問題解決能力、生涯にわたって学び続けるために必要な力などの汎用的な力を育成しなくてはならず、その成果（＝個々の学生が、それらの資質能力をどの程度身に付けたか）を評価することも必須とされたわけです。

まさに、本書第３章第13話、第14話でお話しすることになる「学ぶことと自己の将来とのつながりを見通しながら、社会的・職業的自立に向けて必要な基盤となる資質・能力を身に付けていくことができるよう」「各教科等の特質に応じて、キャリア教育の充実を図る」ことを目指す日本の状況と軌を一にした施策と言えるでしょう。

教科の学びと将来を結びつけるデンマーク

一方、デンマークでは、二〇一六年に「高等学校教育法（Lov om de gymnasiale uddannelser）」が改正され、二〇一七年八月の入学生から全面適用されています。これを機に多様な側面での改革が一気に進められており、高等学校現場は大慌て、というのが実際のところなのですが、ここでは、同法における、これまでの授業の在り方そのものの転換を迫る条項に注目します。僕のへたくそな翻訳だけだと誤解が生じるかもしれませんので、原文もお示ししますね。

第二九条第二項

（高等学校の）授業は、その特質に応じて、高等教育への移行やそれに伴う各種の選択を適切になし得るための生徒の能力の向上に資する教科内容や学習活動を包含しなくてはならない。また生徒は、このような授業を通して、各教科の活用をめぐる知識と経験を獲得しなくてはならない。よって、各授業は、生徒が自らの可能性を省察する能力を高め、かつ、その後の学習とキャリアの展望及びパーソナルな側面の展望に基づく諸選択をなし得る能力を成熟させることに寄与するものとする。

§29. Stk. 2.
Undervisningen skal, hvor det er relevant, indeholde forløb og faglige aktiviteter, der styrker elevernes evne til at håndtere valg og overgange i uddannelsessystemet. Eleverne skal gennem undervisningen opnå viden om og erfaringer med fagenes anvendelse, der modner deres evne til at reflektere over egne muligheder og at træffe valg om egen fremtid i et studie-/karriereperspektiv og et personligt perspektiv.

——つまり、どの授業においても、その教科が生徒の将来にどのように生きるのか、どのように役立つのかという内容を含みなさい、と明言されているわけです。デンマークにおける「高校」は大学進学を前提とする教育機関なので高等教育への移行が前面に出されていますが、それぞれの学問体系だけに関心を向けた授業ではだめですよという方針は極めてクリアです。

これまでデンマークの高校では、進学を軸としたキャリア形成支援は、学校外に設けられた専門機関（地域ガイダンスセンター(Studievalg)）から派遣される専門職員が一手に引き受けてきたこともあり、個々の授業において生徒の将来との関連性について言及することは求められてきませんでした。先生方にとって、今回の法改正は一大方針転換といってもよいでしょう。

　だとすると、デンマークでは、国に対して「具体例を示せ」「ガイドブックを出せ」「教員に丸投げするな」等々の声が渦巻いていそうな感じもしますが、実はそうでもないのです。もともと、デンマークでは、教科書は「あってなきがごとし」で、教員個々の自由が尊重されてきました。生徒が到達すべき水準に達しさえすれば、教える方法や重点の置き方はそれぞれの教員次第。国からあれこれ細かく指示されることは、教員の専門性の冒瀆であるというのがデンマークの先生方の信念ですので、常にアウトカム・コントロール[※3]が教育行政の中心を占めてきました。

デンマーク：地域ガイダンスセンター (Studievalg) による国外大学進学説明会の様子（ランケール高等学校の多目的室にて/2017年9月）

　であれば、「高等学校教育法」第二九条が求める「生徒が自らの可能性を省察する能力」や「その後の学習とキャリアの展望及びパーソナルな側面の展望に基づく諸選択をなし得る能力」の評価規準などが示されていて

※3：設定された目標に対して、どれほど達成したかを事後的に検証することを通して、対象となる事業等の質的な保障を行うこと。

当然……と期待して調査を進めたのですが、これは「当面の重要課題」だそうです。

あぁ、デンマークらしいなぁと思いました。人口が五五〇万人程度しかいない小さな国であることもけっして無縁ではないと思いますが、デンマークでは、よく言えば「走りながら考える」、悪く言えば「とりあえず始めてみる」という教育施策が珍しくありません。それでもどうにかなっちゃうのは、みんなであれこれ情報交換しながら、創意工夫を重ねることを常とする教員文化が底支えしているからかなぁと推察しているところです。

いずれにしても、デンマークの高等学校改革の目指すものは、日本の新学習指導要領に基づく教育実践の理念、すなわち「各教科等での学びが、一人一人のキャリア形成やよりよい社会づくりにどのようにつながっているのかを見据えながら、各教科等をなぜ学ぶのか、それを通じてどういった力が身に付くのかという、教科等を学ぶ本質的な意義を明確にする」[※4]と軌を一にすることは言うまでもありません。

世界で同時に教育改革が起きた理由

マレーシア、デンマーク、日本という地理的に離れた三つの国で、日々の授業と社会

※4：中央教育審議会『幼稚園、小学校、中学校、高等学校及び特別支援学校の学習指導要領等の改善及び必要な方策等について（答申）』（２０１６年）Ｐ32

参画やキャリア形成とのつながりを強く意識した教育改革が、ほぼ同時に起きているのはなぜなのでしょうか。

まずは「釈迦に説法」とのお叱りを覚悟で、基本事項のおさらいをしておきますね。

一九九八（平成一〇）年版の学習指導要領は、一九九六（平成八）年の中央教育審議会答申「二一世紀を展望した我が国の教育の在り方について」が示した「生きる力」を理念としています。

「いかに社会が変化しようと、自分で課題を見つけ、自ら学び、自ら考え、主体的に判断し、行動し、よりよく問題を解決する資質や能力であり、また、自らを律しつつ、他人とともに協調し、他人を思いやる心や感動する心など、豊かな人間性である」として示された「生きる力」は、もともと、変化の激しい社会を担う子どもたちに必要な力として構想されたことを確認しておくことは重要です。

もちろん、子供たちは未来永劫「児童・生徒・学生」等として学校にとどまっているわけではなく、成長し、社会を支えていく存在ですから、変化の激しい社会の担い手として求められる力に関心が注がれることは当たり前な訳ですが、それでもなお、「生きる力」が「社会の担い手」として求められる力を前面に打ち出したものであることは特記すべき点です。

なぜなら、この「生きる力」が提示された一九九〇年代後半においては、人間が手にした知の急速な進展と並行して競争と技術革新が絶え間なく生まれる「知識基盤社会」の到来への関心が世界的に高まり、「社会の担い手」として求められる力に強い関心が示されたからです。

例えば、経済協力開発機構（ＯＥＣＤ）が、一九九七年から研究プロジェクトを立ち上げ、「知識基盤社会」の時代を担う子どもたちに必要な能力を「主要能力（キーコンピテンシー）」として定義付けました。この「キーコンピテンシー」は、当該機構が二〇〇〇年から開始したＰＩＳＡ調査の基盤とされています（ＯＥＣＤが示した「キーコンピテンシー」とは、①社会・文化的、技術的ツールを相互作用的に活用する力、②多様な社会グループにおける人間関係形成能力、③自立的・自律的に行動する能力、という三つの区分によって示される資質能力であることは、多くの皆さんがご存じの通りです）。

どんな時代になっても、基礎的・基本的な知識・技能が必要であることは当然でしょう。けれども、未知の課題に直面することが不可避なだけでなく、その頻度が一層高まる「知識基盤社会」においては、知識・技能を活用して課題を解決するための思考力・判断力・表現力等が必要であり、同時に、知識・技能が陳腐化しないよう常に学び続け、更新する必要があります。また、国内外を問わず人や情報が行き交い、相互に影響を与え合う社会ですから、独り殻の中に閉じこもったような生き方しかできなければ大きな不利益を被る可能性が高まります。

つまり、ＩＣＴをはじめとする様々な手段を用いて情報を集め、真偽を判断し、取捨選択する力や、文化や社会的背景の異なる他者と協力しつつ課題に対応し、最終的には自らの責任の下で行動できる力が必要なわけですね。

その後、二〇〇〇年代に入ると、このような議論はますます世界的な関心を集めるようになります。二〇〇四年の国連総会において、二〇〇五年からの十年間を「持続可能な開発のための教育（Education for Sustainable Development）の十年」とすることが決議されたことはその典型的な事例と言えるでしょう。世界が直面する環境問題や各種の紛争の解決、経済格差の改善、人口の急増への対応（日本や韓国など一部の国では少子化・高齢化が焦眉の課題ですが……）などを図りつつ持続可能な発展を遂げるため、教育が極めて重要であることが再認識されたのです。

これから必要とされる四つの資質能力

そして、二〇一〇年代において、人工知能（ＡＩ）の急速な開発や、ＩｏＴ、ビッグデータなどの活用が現実のものとなり、第四次産業革命なども予測されるようになって、状況は新たな局面を迎えました。例えば、国際団体「ＡＴＣ21ｓ（The Assessment and Teaching of 21st-Century Skills）」が提示した「二十一世紀型スキル」などがその一例となります。

・考えるための方法（Ways of Thinking）
　創造力とイノベーション
　根拠に基づく多角的な思考（クリティカル・シンキング）、問題解決、意思決定
　学び方の学習、メタ認知[※5]（認知プロセスに関する知識）
・働く上で必要なツール（Tools for Working）
　情報リテラシー
　情報通信技術（ＩＣＴ）に関するリテラシー
・働くための方法（Ways of Working）
　コミュニケーション

※5：自分の認知活動（知覚、記憶、学習、言語、思考など）を、より高い視点から客観的に捉え、その特質や課題などを認識すること。

コラボレーション（チームワーク）

・世界で生きていくための方法（Ways of Living in The World）

地域社会及び国際社会における市民性

人生とキャリア形成

個人と社会における責任（文化に関する認識と対応）

「ＡＴＣ21ｓ」はもともと、インテルやマイクロソフトなどのＩＣＴ企業をスポンサーとして開始されたプロジェクトでしたが、二〇一〇年にはオーストラリア、フィンランド、シンガポール、アメリカ等の政府の支援を受けた団体として発足しています。そのため「デジタル時代のリテラシー」などとも言われますが、高度に発達した知識基盤社会に参画し、そこで生きていくために必要な資質能力に高い関心が向けられていることは明らかです。

そして、このような動向を決定的な世界的潮流としたのは、ＣＣＲ（Center for Curriculum Redesign）だと言えるでしょう。ＣＣＲは今日、ＯＥＣＤ・ユネスコ・世界銀行などの国際機関、ハーバード大学・スタンフォード大学などの研究機関、シンガポール・フィンランドなどの政府機関、ＩＢＭ・インテル・マイクロソフトなどの企業など、多様な機関から協賛や推薦を得つつ世界的な影響力を発揮しています。

このCCRが、二〇一五年に発表したのが[※6] *Four-Dimensional Education:The Competencies Learners Need to Succeed* です。ここでは、これからの学校のカリキュラムを構想する上で、次の四つの資質能力が不可欠であるとしています。

知識
Knowledge
"What we know and understand"
Interdisciplinarity
Traditional (i.e., Mathematics)
Modern (i.e., Entrepreneurship)
Themes (i.e., Global Literacy)

スキル
Skills
"How we use what we know"
Creativity
Critical Thinking
Communication
Collaboration

21st Century Learner

人間性
Character
"How we behave and engage in the world"
Mindfulness
Curiosity
Courage
Resilience
Ethics
Leadership

メタ認知
Meta-Learning
"How we reflect and adapt"
Metacognition
Growth Mindset

©Center for Curriculum Redesign

- 知識：何を知っているか
- スキル：知っていることをどう使うか
- 人間性：社会にどのように参画し、行動するか
- メタ認知（メタ学習）：どのように自分自身を省察し、学び続けるか

この著作については、OECDのアンドレアス・シュライヒャー教育スキル局長も推薦文を寄せており、また、同氏による推薦メッセージが

※6：本書の日本語訳が2016年に公刊されている。C・ファデル・M・ビアリック・B・トリリング著、岸学監訳、関口貴裕・細川太輔編訳、東京学芸大学次世代教育研究推進機構訳『21世紀の学習者と教育の4つの次元：知識、スキル、人間性、そしてメタ学習』（北大路書房）

YouTubeでも公開されるなど、ＯＥＣＤとＣＣＲとの緊密な関係性は明示的です。

もう説明するまでもないことですが、新学習指導要領に基づいて育成されるべき資質・能力の三つの柱である、

①「何を理解しているか、何ができるか（生きて働く「知識・技能」の習得）」
②「理解していること・できることをどう使うか（未知の状況にも対応できる「思考力・判断力・表現力等」の育成）」
③「どのように社会・世界と関わり、よりよい人生を送るか（学びを人生や社会に生かそうとする「学びに向かう力・人間性等」の涵養）」

が、ＣＣＲが示した四つの資質能力から強い影響を受けていることがおわかりいただけると思います。

学びの転換期が来ている

さらにＣＣＲは、二〇一七年、公式ウェブサイト上で次の図を公開しました。

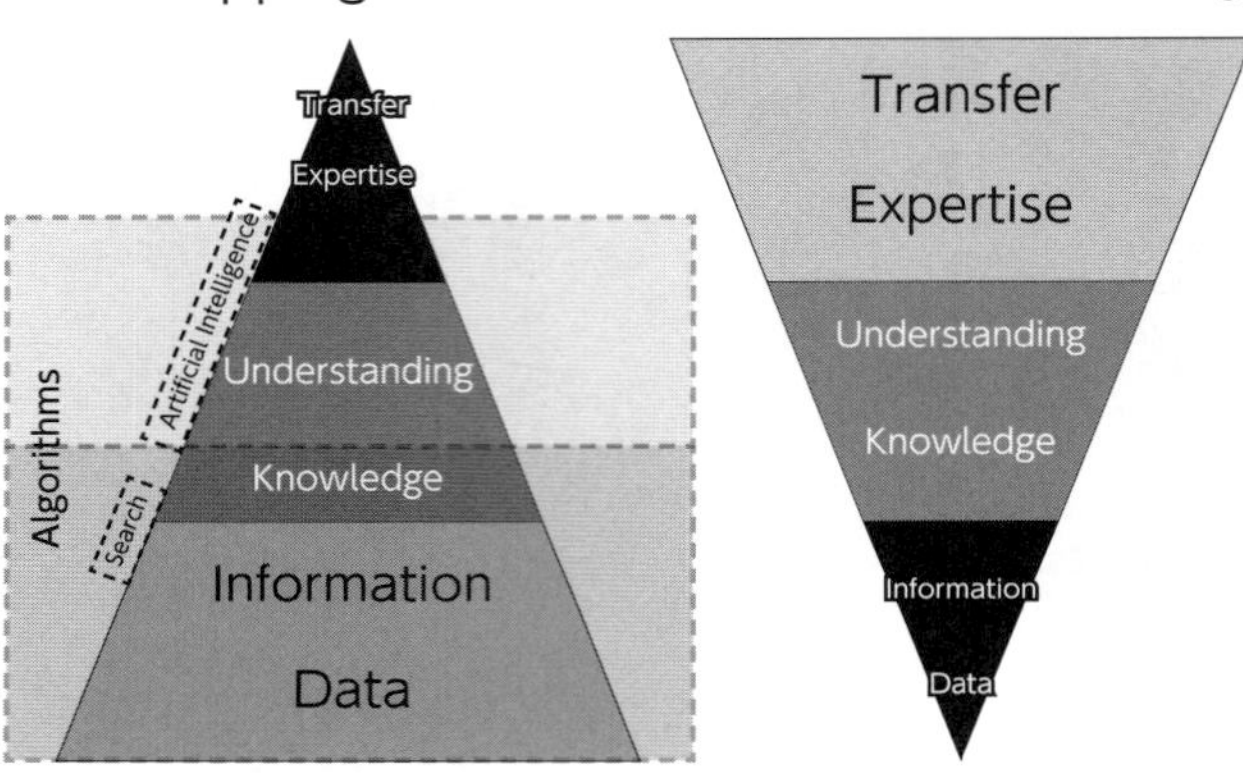

この図は、単なるデータや情報はインターネット検索でカバーでき、知識の集積やその理解はもちろん専門的な知識・技能の一部でさえも人工知能（ＡＩ）によって処理され、それらは手順を定式化したアルゴリズムの守備範囲となることを示しています。この前提にたって、左側のような従来型の教育ではなく、右側に示されたような教育へ転換すべきであると提言しているわけです。

つまりこの図は、学習の転移（＝身につけたものを未知の状況へ適用し、学びを人生や社会に生かすこと）こそが、今後さらに重要となることを示していると言えるでしょう。

断片的な知を、自らとは無関係なものとして捉え、それを苦役のようにして記憶していく学びからの脱却を図ろうとする流れは、世界的なものです。当然ながら、日々の授業と社会参画やキャリア形成とのつながりを強く意識した教育改革は、日本のみにとどまる施策ではありませんし、マレーシアやデンマークにおいて偶発的に生起した動向でもありません。それは、明白な世界的潮流なのです。

第18話　子供たちの変容・成長をどう評価するか（2017年3月26日）
第27話　世界的潮流としての「教科を通したキャリア教育」の実践（2017年10月1日）
第28話　世界的に問い直される「学びの本質的な意義」（2017年10月29日）

第10話　大学入学共通テストの方向性が示すもの

二〇一七年七月。文部科学省は、高大接続改革の一環として「高校生のための学びの基礎診断」実施方針及び「大学入学共通テスト」実施方針を策定しました。大学入試センター試験が二〇一九年度（二〇二〇年一月）の実施をもって廃止され、これに代わって二〇二〇年度から「大学入学共通テスト」が開始されることが正式に発表されたわけです。国語と数学で記述式問題が加えられ、英語では民間の資格・検定試験を活用して四技能（読む・聞く・話す・書く）を評価する方策が示されたことなどについて、マスコミでも大きく報じられました。

では、そもそも、なぜこのような大改革に着手することになったのでしょうか。この点について、中央教育審議会「新しい時代にふさわしい高大接続の実現に向けた高等学校教育、大学教育、大学入学者選抜の一体的改革について（答申）」（二〇一四年一二月二二日）が詳しく論じています。

まず、当該答申の冒頭部「はじめに」が、次のように書き出されていることはとても重要だなぁと思います。

本答申は、教育改革における最大の課題でありながら実現が困難であった「高大接続」改革を、初めて現実のものにするための方策として、高等学校教育、大学教育及びそれらを接続する大学入学者選抜の抜本的な改革を提言するものである。

将来に向かって夢を描き、その実現に向けて努力している少年少女一人ひとりが、自信に溢れた、実り多い、幸福な人生を送れるようにすること。

これからの時代に社会に出て、国の内外で仕事をし、人生を築いていく、今の子供たちやこれから生まれてくる子供たちが、十分な知識と技能を身に付け、十分な思考力・判断力・表現力を磨き、主体性を持って多様な人々と協働することを通して、喜びと糧を得ていくことができるようにすること。

彼らが、国家と社会の形成者として十分な素養と行動規範を持てるようにすること。

我が国は今後、未来を見据えたこうした目標が達成されるよう、教育改革に最大限の力を尽くさなければならない。

――詩的とも言える格調のある文ですね。……「キャリア教育大好きおっさん」としては、どう読んでも、教育改革においてはキャリア教育の充実こそが重要であると読めてしまうのですが、これは僕自身が「キャリア教育フリーク症候群」に冒されているからかもしれないので、これ以上の言及は控えておきます。

けれども、本答申が「高大接続改革の意義」として記した次の部分は、個々のキャリア形成と高大接続との重要な関係を明示しており、特筆に値します。キャリア教育に傾斜した自らの贔屓目を可能な限り抑制したとしても、今後の大学入試の在り方とキャリア教育が目指すものとが軌を一にしていると判断するに十分な指摘であると思った次第です。※1

特に、一八歳頃における一度限りの一斉受験という特殊な行事が、長い人生航路における最大の分岐点であり目標であるとする、我が国の社会全体に深く根を張った従来型の「大学入試」や、その背景にある、画一的な一斉試験で正答に関する知識の再生を一点刻みに問い、その結果の点数のみに依拠した選抜を行うことが公平であるとする、「公平性」の観念という桎梏（しっこく）は断ち切らなければならない。大学入学者選抜は、一時点の学力検査によってその後の人生を決定させるためのものではない。先を見通すことの難しい時代において、生涯を通じて不断に学び、考え、予想外の事態を乗り越えながら、自らの人生を切り拓き、より良い社会づくりに貢献

※1：中央教育審議会『新しい時代にふさわしい高大接続の実現に向けた高等学校教育、大学教育、大学入学者選抜の一体的改革について（答申）』（2014年12月22日）P7〜8

していくことのできる人間を育てることが高等学校教育及び大学教育の使命であり、これからの大学入学者選抜は、若者の学びを支援する観点に立って、それぞれが夢や目標を持ち、その実現に必要な能力を身に付けることができるよう、高等学校教育と大学教育とを円滑に結び付けていく観点から実施される必要がある。

——「先を見通すことの難しい時代において、生涯を通じて不断に学び、考え、予想外の事態を乗り越えながら、自らの人生を切り拓き、より良い社会づくりに貢献していくことのできる人間を育てることが高等学校教育及び大学教育の使命」……まさにその通りであると強く思います。

だからこそ、「大学入学共通テスト」においては、「各教科・科目の特質に応じ、知識・技能を十分有しているかの評価も行いつつ、思考力・判断力・表現力を中心に評価を行」い、その後の各大学における個別選抜試験において「主体性・多様性・協働性」を中核とした多様な能力を評価の対象とするという構造が考案されたのだと思います。

当該答申が、各大学の個別選抜試験について「小論文、面接、集団討論、プレゼンテーション、調査書、活動報告書、大学入学希望理由書や学修計画書、資格・検定試験などの成績、各種大会等での活動や顕彰の記録、その他受検者のこれまでの努力を証明する資料などを活用することが考えられる」[※2]と示したことは、高等学校でのキャリア教育の充実を要請するものに他ならないと考えます。今後の更なる議論の展開に注目する必要がありますね。

キャリア教育が重要になる理由

そして、二〇一七年六月。大学入試センターから「『大学入学共通テスト』における問題作成の方向性等と本年一一月に実施する試行調査（プレテスト）の趣旨について」が公表されました。ここでは、僕自身が「やっぱり、キャリア教育は重要だよなぁ」と実感した事柄のいくつかをピックアップして、皆さんと共有したいと思います。

まず、これまでの「センター試験」とは大きく異なる「問題作成の方向性」に関する記述を抄出してみましょう。[※3]

1．問題作成の方向性

（3）「どのように学ぶか」を踏まえた問題の場面設定

・共通テストでは、高校等における「主体的・対話的で深い学び」の実現に向けた

※2：中央教育審議会『新しい時代にふさわしい高大接続の実現に向けた高等学校教育、大学教育、大学入学者選抜の一体的改革について（答申）』（2014年12月22日）P12

※3：『「大学入学共通テスト」における問題作成の方向性等と本年十一月に実施する試行調査（プレテスト）の趣旨について」P3

授業改善のメッセージ性も考慮し、授業において生徒が学習する場面や、社会生活や日常生活の中から課題を発見し解決方法を構想する場面、資料やデータ等をもとに考察する場面など、学習の過程を意識した問題の場面設定を重視することとしています。

・問題の中では、教科書等で扱われていない初見の資料等が扱われることもありますが、問われているのはあくまで、高校等における通常の授業を通じて身に付けた知識の理解や思考力等です。初見の資料等は、新たな場面でもそれらの力が発揮できるかどうかを問うための題材として用いるものであり、そうした資料等の内容自体が知識として問われるわけではないことに留意してください（傍点は引用者）。

——本章第9話でも引用してご紹介したとおり、新しい学習指導要領の基盤となった中央教育審議会答申「幼稚園、小学校、中学校、高等学校及び特別支援学校の学習指導要領等の改善及び必要な方策等について」は、「子供たちに必要な資質・能力を育んでいくためには、各教科等での学びが、一人一人のキャリア形成やよりよい社会づくりにどのようにつながっているのかを見据えながら、各教科等をなぜ学ぶのか、それを通じてどういった力が身に付くのかという、教科等を学ぶ本質的な意義を明確にすることが必要になる（P.32）」と指摘しています。

「大学入学共通テスト」で新たに導入される「問題の場面設定」とは、「教科等を学ぶ本質的な意義」が会得できているかどうかを問うことを主眼とするものであり、まさに、キャリア教育の本領発揮が期待されていると言えそうですね。

今後求められるのは、「こんな勉強、意味がない」と嘆きながら「でも、入試で問われるから仕方ない」と諦め、ひたすら暗記を重ねていくような受験対策ではありません。「各教科等をなぜ学ぶのか、それを通じてどういった力が身に付くのか」をしっかりと認識しつつ、学校での学びを自分自身が参画することになる社会において生かすことができるよう、主体的に深く学ぶことが求められるのです。

「入試に出るから大切」と言い続けてきた時代は過去のものとなり、「社会に出てからも必要な大切な力だから入試でも試される」と捉えるべき時代に移行すると言ってもいいですね。

このような「大学入学共通テスト」の特性は、各教科等の「作問のねらい」にも明確に反映されています。例えば、数学では、「日常生活や社会の問題における事象の数量等に着目して数学的な問題を見いだすことができる」や「日常生活や社会の問題における事象の特徴をとらえて数学的な表現を用いて表現する（事象を数学化する）ことができる」（マーク式）、「日常生活や社会問題を数学的にとらえた際に設けた条件等を説明することができる」（記述式）が「作問のねらい」の一部として明示されました。また、歴史では「習得した歴史的概念を活用し、現代的課題に応用することができる」ことが「作問のねらい」の一部とされています。

変化する社会と学びと入試

高度経済成長期以降の長い間、「期末試験に出すぞ！」「入試で狙われるぞ！」「センター試験で必ず出るぞ！」等々と、事実上の脅しをかけて勉強に向かわせる慣習が、日本の中学校や高等学校に深く根付いてきました。

そんなことを言われるまでもなく易々と学習課題をクリアできる子、何につけ求められることにカッチリ応えることができる子、いわゆる「学校知」と自らの興味関心がマッチしている子……こういった少数の「できる子たち」を除いて、大多数の子たちは「なぜこんなことをやるんだろう。意味ないよ」と嘆きながら、「でも、悪い点を取りたくないし……。入試で失敗したくないし……」と砂をかむ思いで耐えてきたわけです。

ごく少数の「もともとできる子たち」と、苦役としての学びに疲弊しつつも入試が終わるまでの辛抱だと自らに言い聞かせてどうにか乗り越えることができた子たちだけが、大学に進むことを許され、学歴社会における「勝者」になるための切符を手に入れることができる……先生方も、子供たちも、保護者も、そう信じてきました。確かにバブル経済崩壊前までの日本では、こういった中学・高校での指導と日本の企業社会における人事慣行とが調和的・互恵的に結びつき、その変革を試みようとした教育改革がことごとく失敗してきたことは事実です。

けれども、「良い高校→良い大学→良い企業→一生安泰」という高度経済成長期の王道であった道筋が、それを支えていた終身雇用制や採用後の年功序列制とともに大きく揺らいでいることは誰しもが認めざるを得ないでしょう。同時に、出生率の低下も加わって、受験圧力という「虎の威」を借りるような手法によって勉強させることが困難になってきていることは、多くの先生方がすでに実感されているとおりです。

しかも、教育にかかわる私たち自身、断片化した知識を大量に暗記させ、試験時間内にそれらを一気に吐き出させて点数を稼ぐような方策では、高度に発展した情報社会を生きる子供たちにとって意味ある学びにならないことを実感しているのではないでしょうか。

「学校での学びそれ自体の意味・意義なんて考えるな。耐えよ。その忍耐が報われる」……こう生徒に言い続けることは、二重にも三重にも時代錯誤的です。

第一に、上述したとおり、終身雇用制や年功序列制を典型的な特質とした日本型雇用が大きく揺らいでいることを見落としている点が最大の謬錯（びゅうさく）と言えるでしょう。

第二に、学校での学びの意味・意義それ自体を正しく認識し評価する力を培うという、極めて重要な教育行為を放棄している点が挙げられます。生徒たちが、現在の社会に参画する上で必要不可欠な論理的な思考力も、重箱の隅をつつくような些末な暗記物も、一緒くたにして「無意味だけど、入試に出るからしょうがない」と捉えているとしたら、それは本当に悲しいことです。

第三に、自分が取り組んでいることそれ自体の意味・意義を問わずに頑張ってしまうという行為の危険性を看取する感性を麻痺させる点が指摘できます。自ら思考し判断することを放棄させ、一定の行為の続行を求める手法は、帝国主義・軍国主義下の軍隊や、現在のテロ集団等に共通する常套手段です。

無論、今日の多くの企業等においても、新人のうちの短期間に限定すれば「言われたことに専念して慣れる」ことは必要でしょう。でも、与えられた業務に慣れた後も「言われたこと」しかできないとすれば、職能成長はありませんし、企業内での評価も得られません。「言われたこと」の意味・意義を、できるだけ広い視野から捉え、解釈し、自ら可能な効率化を図ることはすべての企業において不可欠ですし、今日の多くのケースでは、その業務自体の在り方はもちろん、必要があればその改廃にかかわる提案をすることも求められます（そういった提案を許さずに、「言われたことを黙ってやっていればいいんだ」という企業があるとすれば、その企業自体の中長期的な成長はおろか存続も望めないと感じますが、皆さんはどう思われますか?）。

「学習観」の転換＝キャリア教育の出番

今回ご紹介した二〇一四年の中央教育審議会答申や、二〇一七年に示された「大学入学共通テスト」における問題作成の方向性を見る限り、大学入試を自らの人生や生活と切り離し、高校生活の大半を犠牲としながらひたすら耐え忍ぶ苦行として捉えるような旧態依然の（＝すなわち、私たち大人の）「受験観」を大幅に刷新することが必要となるようです。同時に、学校での学習に自らの将来との関係で意義が見いだせずにきた中学生・高校生の「学習観」の転換を図ることも、これまで以上に重要となると言えそうですね。各教科等を通したキャリア教育の実践に本腰を入れることに躊躇してきた学校があるとするなら、早急にギアをチェンジしたほうがいいかもしれません。

第31話　年の瀬の大風呂敷（２０１７年12月28日）

第38話　大学入学共通テストの方向性が示すもの（２０１８年7月8日）

コラム

AI時代に求められる力

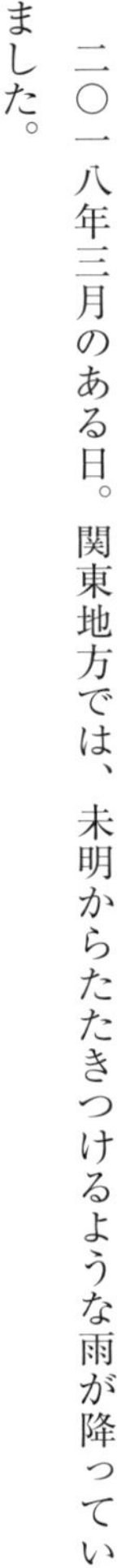

二〇一八年三月のある日。関東地方では、未明からたたきつけるような雨が降っていました。

さしている傘は何の役割も果たさず、僕はずぶ濡れになったまま、自宅の最寄り駅に向かっていました。やっとの思いで駅に到着し、ほっと一息つきつつ、自動改札に向かって歩いていたその時、改札のうちの一つにつながる点字ブロックの上に右足を乗せてしまったらしく、僕は大きく滑って転んでしまったのです。尻餅をつく寸前に右手で体を支えた結果、僕の全体重は右手首に集中し、かなりの衝撃を感じました。「たいしたことはないだろう」とそのまま電車に乗ったのですが、左手で右手首を支えなければ耐えられない痛みが継続的に発生し、

徐々に手首が腫れてくるのがわかりました。額には妙な汗も浮かんでくるし、右手がしびれてくるような感覚も生じてきます。

ずいぶん迷ったのですが、途中で電車を降り、会議欠席の連絡を行い、自宅最寄り駅に引き返してきました。そこでタクシーを拾い、診察時間外の診療が可能な整形外科のある病院に向かいました。

診察結果は、右手首の複雑骨折。利き手である右手が使えない、という状況に突然遭遇し、この歳になって新たな体験ができたことは、貴重な学習経験でもありました。例えば、音声入力で文章が作成できることを身をもって体験できたのも、この怪我のおかげでした。これまでは「音声入力なんて誤変換が多くて使いものにならないはず」と決めてかかっていましたが、実際はそうではないのですね。

すみません。前置きが長くなりました。今回は怪我をしたという不幸自慢をするつもりではありません。今回の出来事は、人間でなくてはできないこと、つまりＡＩ（人工知能）ではおそらく難しいことについて考えるきっかけとなりました。今回はこの点についてご報告しようと思います。

優しさを自然に分け与えられるのが人間

まず、初めに乗ったタクシーの運転手さんです。「○○病院の救急窓口までお願いします」と告げると、「お怪我ですか？　できるだけ空いている裏道で行きましょうね」と声をかけてくれました。実際にそれで時間短縮につながったかどうかはわかりませんが、僕は心から安心しました。

病院に到着すると、おそらく患者を搬送したばかりの救急救命隊の方が建物の外にいました。「すみません。急患窓口はこちらでよろしいのでしょうか？」こう尋ねた僕に対し、「そうです。どうされましたか？」と対応してくださいました。その後、不在の窓口職員に代わって僕の状況を聞き取り、その情報を中で対応していた医師に伝えてくれたのは、この救急救命隊の方です。

処置を待っている僕に対して、三角巾で手首を安定させ、冷却材で痛みを和らげてくれたのは看護師さんでした。おそらく、治療明細書の項目名には反映されない対応だったと思います。けれども、このおかげで痛みは随分楽になりました。

骨折の判断がなされ、後日の入院に備えて様々な検査をしている際に、僕は背広とワイシャツを脱ぐよう指示をされました。当然のことですが、一人で背広の着脱ができるような状況ではありません。看護師さんや検査技師の皆さんが手伝ってくれました。しかも、脱いだワイシャツと背広は、帰宅時にはきちんとたたまれ、持ち手がついた紙袋に入った状態で戻ってきました。簡易ギプスのため右袖を通すことができないワイシャツは、外の雨に配慮してくれたのでしょう、透明なビニール袋に入っていました。

ここに記した事の他にも、今回の怪我を通してたくさんの優しさに触れました。すべての皆さんは「赤の他人」ですし、業務として行なったことではありません。困っている第三者に対して、今何をすべきなのか、何をしたらその人の助けになるのか、皆さんが配慮し行動に移してくださったことを、本当にありがたく思いました。

ある夜の出来事

今回の怪我を通して、思い出した出来事が一つあります。

それは、今からおよそ十年前、四月下旬の夜のことでした。文部科学省に赴任したばかりの僕は、帰宅するため文部科学省の近くの交差点を渡っていました。横断歩道の幅の分は、道の向こう側の歩道の縁石も車道面との段差が出ないように完全に切り下げてあるはず……疑いもなくそう思っていた僕は、横断歩道の左端を歩いていました。気づくと、縁石に右足のつま先が当たり、慌てて出した左足のつま先も同じ縁石に引っかかって、そのまま前に倒れてしまいました。両手に荷物を持っていた僕は、わけのわからないまま、顔面をアスファルトの歩道にたたきつけてしまったわけです。どうにか起き上がったのですが、視界がほとんどありません。僕は極度の近視なので、メガネが吹き飛んでしまうと、数メートル先の物の輪郭さえ判然としないのです。しかも、夜間は裸眼で見える範囲が一層狭まります。

まもなく歩道から「キャーッ」という女の人の悲鳴が聞こえました。ほぼそれと同時に、「額から出血しています。大丈夫ですか?」という男の人の声が近くでします。その数秒後、少し離れたところでは「今の時間、開いている病院はどこだ?」「虎の門病院までの道順わかる人、いる?」という声が聞こえます。そして、次の瞬間には、「これはあなたのメガネですね。割れてしまっていますがワイシャツの胸ポケットに入れておきます」「歩けますか? 僕の肩に手を回してください」「これはあなたのカバンですよね。私が持ちます。病院まで一緒に行きますね」……と幾人もの人が助けの手を差し伸べてくれました。

虎の門病院に到着すると、急患窓口の職員に誰かが手短に僕の状況を伝えてくれました。僕がとりあえずソファーに座るよう指示を受けると、その人たちは「では、僕たちはこれで失礼します。お大事になさってください」と言ってその場から立ち去っていきました。交差点から病院まで、実際に何人の方が付き添ってくださったのか分かりません。けれども、僕はその後、傷の縫合をされ、深夜には病院から出ることができました。

夜遅い時刻、誰もが家路を急ぐ中で、急に歩道に倒れ込んだ誰とも知らない男を、お互いに見知らぬ者同士が瞬時に連携を取って手助けをする。その瞬間には、単にありがたいなぁとしか思いませんでした。けれども、よく考えてみると、僕にとっては奇跡のような出来事でした。当時僕は、虎の門病院の存在すら知りません。おそらく一人ではメガネすら拾えず、血を流して途方に暮れていたはずです。あの日の出来事は、東京での仕事の不安を一気に掻き消してくれました。「東京の人は冷たい」――そんなステレオタイプに身構えていましたが、そんなことは全くありませんでした。

人には優しくしよう。困っている人がいたら助けよう。……徳目主義だと批判する人もいますが、僕は全くそう思いません。あの日、僕は本当に救われました（その後、頭に包帯を巻いた顔に傷のある男が、割れたメガネをかけて真夜中にやってきたにもかかわらず、何の躊躇もなく宿泊させてくれたカプセルホテルの従業員の人にも、感謝しなくてはなりません)。

人間にしかできないことがある

今後、ＡＩの開発が進んだとしても、繊細に相手の感情やニーズを感じ取り、心の通ったコミュニケーションに発展させ、適切な行動に移すスキルは、ＡＩが代替できるものではありません。人間としての直感や情動に基づく意思決定は、ＡＩが人間を凌駕することができない領域であると考えます。

まったくの「例えば」ですが、将来、列車の運転手の仕事はＡＩに代替される可能性が高いかもしれません。けれども、仮にそうであったとしても、列車内の乗客の様々なニーズに対応する車掌の業務はＡＩには代替できない、と言われています。人々のニーズや要望は、論理性や合理性に根拠づけられたものばかりとは限りません。またそれらの中には、外形的に認知できる行動や、辞書的な語義に基づく文意には現れないものも多くあります。車掌はそれらを瞬時に解釈し、自らの対応可能性やその他の状況の判断のもとで、適切な行動を選択・決定して、乗客の対応にあたるわけです。ＡＩにそれら膨大なデータを学習させ、俊敏に適切な行動をとらせようと、現在の車掌の人件費を大幅に超えるコストを費やしたとしても、おそらくその実現は難しいだろうと予測されています。

僕の右手の怪我は、ＣＴやＭＲＩなどによる精緻な診断や、持続性がありながら消化器への負担の少ない鎮痛薬など、最先端の研究成果に支えられて治療が進んでいきました。一方で、今回ご紹介したような多くの皆様方の人間らしく細やかで配慮ある言動によって、僕の心身は癒され、支えられました。今後ＡＩがどれほど高度になったとしても、人間相互の豊かで温かなコミュニケーションの価値はけっして失われることはないと信じています。

第34話　ＡＩ時代に求められる力（２０１８年3月11日）

第3章

新学習指導要領が導くものとは?

第11話　金太郎飴

皆さんは「四領域・八能力」という言葉をお聞きになったことがありますか？「聞いたことがあるどころか、うちの学校では『四領域・八能力』をベースにして全体計画を立てているよ」とおっしゃる先生方もいる一方で、「なんだそれ？」という感想をお持ちの方も少なくないかもしれません。

今日、キャリア教育を通して中核的に育成すべき力の基本的な考え方は、本章第12話で詳しくお話しすることになる「基礎的・汎用的能力」によって示されていますが、その前身とも呼べるのが「四領域・八能力」です。正確には、国立教育政策研究所生徒指導研究センターが、二〇〇二（平成一四）年に発表した「職業観・勤労観を育む学習プログラムの枠組み（例）―職業的（進路）発達にかかわる諸能力の育成の視点から」によって示された「職業的（進路）発達にかかわる諸能力」を意味します。ここでは、四つの「能力領域」と、各領域二つずつの「能力」によって「職業的（進路）発達にかかわる諸能力」が構造化されているため、多くの場合、「四領域・八能力」と呼ばれてきたわけです（その一覧を次ページに掲げました）。

「四領域・八能力」についてガッツリ詳しくお知りになりたい方は、次の国立教育政策研究所生徒指導研究センターによる報告書をぜひご参照ください。

・キャリア発達にかかわる諸能力の育成に関する調査研究報告書（二〇一一年三月）第二章第一節（http://www.nier.go.jp/shido/centerhp/22career_shiryou/22career_shiryou.htm）

「四領域・八能力」がもたらした問題

で、この「四領域・八能力」なのですが、発表当時からつい数年前まで、学校への強い影響力を発揮していました。発表当初は、まだ目新しく、つかみ所がなかったキャリア教育の指導計画の作成において、金科玉条なみの基本資料とされたと言ってもいいでしょう。「小学校低学年では、これとこれ」「中学校段階ではこれとこれ」と、育成すべき能力が具体的かつ詳細に提示されたことが、大ヒットを生んだのだと思います。無論、「例」だと明示されてはいたものの、全国の大多数の学校が、「本校の児童生徒に身につけさせたい力」のほとんどを「四領域・八能力」からコピー&ペーストしたわけです。

達にかかわる諸能力の育成の視点から

中学校	高等学校
現実的探索と暫定的選択の時期	現実的探索・試行と社会的移行準備の時期
・肯定的自己理解と自己有用感の獲得 ・興味・関心等に基づく職業観・勤労観の形成 ・進路計画の立案と暫定的選択 ・生き方や進路に関する現実的探索	・自己理解の深化と自己受容 ・選択基準としての職業観・勤労観の確立 ・将来設計の立案と社会的移行の準備 ・進路の現実吟味と試行的参加
育成することが期待される具体的な能力・態度	
・**自分の良さや個性が分かり，他者の良さや感情を理解し，尊重する。** ・自分の言動が相手や他者に及ぼす影響が分かる。 ・自分の悩みを話せる人を持つ。	・**自己の職業的な能力・適性を理解し，それを受け入れて伸ばそうとする。** ・他者の価値観や個性のユニークさを理解し，それを受け入れる。 ・互いに支え合い分かり合える友人を得る。
・**他者に配慮しながら，積極的に人間関係を築こうとする。** ・**人間関係の大切さを理解し，コミュニケーションスキルの基礎を習得する。** ・**リーダーとフォロアーの立場を理解し，チームを組んで互いに支え合いながら仕事をする。** ・新しい環境や人間関係に適応する。	・自己の思いや意見を適切に伝え，他者の意志等を的確に理解する。 ・**異年齢の人や異性等，多様な他者と，場に応じた適切なコミュニケーションを図る。** ・**リーダー・フォロアーシップを発揮して，相手の能力を引き出し，チームワークを高める。** ・新しい環境や人間関係を生かす。
・**産業・経済等の変化に伴う職業や仕事の変化のあらましを理解する。** ・**上級学校・学科等の種類や特徴及び職業に求められる資格や学習歴の概略が分かる。** ・**生き方や進路に関する情報を，様々なメディアを通して調査・収集・整理し活用する。** ・必要に応じ，獲得した情報に創意工夫を加え，提示，発表，発信する。	・**卒業後の進路や職業・産業の動向について，多面的・多角的に情報を集め検討する。** ・就職後の学習の機会や上級学校卒業時の就職等に関する情報を探索する。 ・**職業生活における権利・義務や責任及び職業に就く手続き・方法などが分かる。** ・調べたことなどを自分の考えを交え，各種メディアを通して発表・発信する。
・**将来の職業生活との関連の中で，今の学習の必要性や大切さを理解する。** ・**体験等を通して，勤労の意義や働く人々の様々な思いが分かる。** ・係・委員会活動や職場体験等で得たことを，以後の学習や選択に生かす。	・**就業等の社会参加や上級学校での学習等に関する探索的・試行的な体験に取り組む。** ・**社会規範やマナー等の必要性や意義を体験を通して理解し，習得する。** ・**多様な職業観・勤労観を理解し，職業・勤労に対する理解・認識を深める。**
・**自分の役割やその進め方，よりよい集団活動のための役割分担やその方法等が分かる。** ・**日常の生活や学習と将来の生き方との関係を理解する。** ・**様々な職業の社会的役割や意義を理解し，自己の生き方を考える。**	・**学校・社会において自分の果たすべき役割を自覚し，積極的に役割を果たす。** ・**ライフステージに応じた個人的・社会的役割や責任を理解する。** ・**将来設計に基づいて，今取り組むべき学習や活動を理解する。**
・**将来の夢や職業を思い描き，自分にふさわしい職業や仕事への関心・意欲を高める。** ・**進路計画を立てる意義や方法を理解し，自分の目指すべき将来を暫定的に計画する。** ・**将来の進路希望に基づいて当面の目標を立て，その達成に向けて努力する。**	・**生きがい・やりがいがあり自己を生かせる生き方や進路を現実的に考える。** ・**職業についての総合的・現実的な理解に基づいて将来を設計し，進路計画を立案する。** ・**将来設計，進路計画の見直し再検討を行い，その実現に取り組む。**
・**自己の個性や興味・関心等に基づいて，よりよい選択をしようとする。** ・**選択の意味や判断・決定の過程，結果には責任が伴うことなどを理解する。** ・教師や保護者と相談しながら，当面の進路を選択し，その結果を受け入れる。	・**選択の基準となる自分なりの価値観，職業観・勤労観を持つ。** ・**多様な選択肢の中から，自己の意志と責任で当面の進路や学習を主体的に選択する。** ・**進路希望を実現するための諸条件や課題を理解し，実現可能性について検討する。** ・**選択結果を受容し，決定に伴う責任を果たす。**
・学習や進路選択の過程を振り返り，次の選択場面に生かす。 ・**よりよい生活や学習，進路や生き方等を目指して自ら課題を見出していくことの大切さを理解する。** ・**課題に積極的に取り組み，主体的に解決していこうとする。**	・**将来設計，進路希望の実現を目指して，課題を設定し，その解決に取り組む。** ・**自分を生かし役割を果たしていく上での様々な課題とその解決策について検討する。** ・理想と現実との葛藤経験等を通し，様々な困難を克服するスキルを身につける。

※ 太字は，「職業観・勤労観の育成」との関連が特に強いものを示す

職業観・勤労観を育む学習プログラムの枠組み(例)- 職業的(進路)発

			小学校		
			低学年	中学年	高学年
職業的(進路)発達の段階			進路の探索・選択にかかる基盤形成の時期		
○職業的(進路)発達課題(小~高等学校段階) 各発達段階において達成しておくべき課題を,進路・職業の選択能力及び将来の職業人として必要な資質の形成という側面から捉えたもの。			・自己及び他者への積極的関心の形成・発展 ・身のまわりの仕事や環境への関心・意欲の向上 ・夢や希望,憧れる自己イメージの獲得 ・勤労を重んじ目標に向かって努力する態度の形成		
職業的(進路)発達にかかわる諸能力			職業的(進路)発達を促すために		
領域	領域説明	能力説明			
人間関係形成能力	他者の個性を尊重し,自己の個性を発揮しながら,様々な人々とコミュニケーションを図り,協力・共同してものごとに取り組む。	【自他の理解能力】 自己理解を深め,他者の多様な個性を理解し,互いに認め合うことを大切にして行動していく能力	・自分の好きなことや嫌なことをはっきり言う ・友達と仲良く遊び,助け合う。 ・お世話になった人などに感謝し親切にする。	・自分のよいところを見つける。 ・友達のよいところを認め,励まし合う。 ・自分の生活を支えている人に感謝する。	・自分の長所や欠点に付き,自分らしさを揮する。 ・話し合いなどに積極に参加し,自分と異る意見も理解しようする。
		【コミュニケーション能力】 多様な集団・組織の中で,コミュニケーションや豊かな人間関係を築きながら,自己の成長を果たしていく能力	・あいさつや返事をする。 ・「ありがとう」や「ごめんなさい」を言う。 ・自分の考えをみんなの前で話す。	・自分の意見や気持ちをわかりやすく表現する。 ・友達の気持ちや考えを理解しようとする。 ・友達と協力して,学習や活動に取り組む	・思いやりの気持ちをち,相手の立場に立て考え行動しようとる。 ・異年齢集団の活動にんで参加し,役割と任を果たそうとする。
情報活用能力	学ぶこと・働くことの意義や役割及びその多用様性を理解し,幅広く情報を活用して,自己の進路や生き方の選択に生かす。	【情報収集・探索能力】 進路や職業等に関する様々な情報を収集・探索するとともに,必要な情報を選択・活用し,自己の進路や生き方を考えていく能力	・身近で働く人々の様子が分かり,興味・関心を持つ。	・いろいろな職業や生き方があることが分かる。 ・分からないことを,図鑑などで調べたり,質問したりする。	・身近な産業・職業の子やその変化が分る。 ・自分に必要な情報をす。 ・気付いたこと,分かたことや個人・グループでまとめたことを表する。
		【職業理解能力】 様々な体験等を通して,学校で学ぶことと社会・職業生活との関連や,今しなければならないことなどを理解していく能力	・係や当番の活動に取り組み,それらの大切さが分かる。	・係や当番活動に積極的にかかわる。 ・働くことの楽しさが分かる。	・施設・職場見学等を通し,働くことの大切さや苦労が分かる。 ・学んだり体験したりしたことと,生活や職業との関連を考える。
将来設計能力	夢や希望を持って将来の生き方や生活を考え,社会の現実を踏まえながら,前向きに自己の将来を設計する。	【役割把握・認識能力】 生活・仕事上の多様な役割や意義及びその関連等を理解し,自己の果たすべき役割等についての認識を深めていく能力	・家の手伝いや割り当てられた仕事・役割の必要性が分かる。	・互いの役割や役割分担の必要性が分かる。 ・日常の生活や学習と将来の生き方との関係に気付く。	・社会生活にはいろいろな役割があることやその大切さが分かる。 ・仕事における役割の関連性や変化に気付く。
		【計画実行能力】 目標とすべき将来の生き方や進路を考え,それを実現するための進路計画を立て,実際の選択行動等で実行していく能力	・作業の準備や片づけをする ・決められた時間やきまりを守ろうとする。	・将来の夢や希望を持つ。 ・計画づくりの必要性に気付き,作業の手順が分かる。 ・学習等の計画を立てる。	・将来のことを考える大切さが分かる。 ・憧れとする職業を持ち,今,しなければならないことを考える。
意思決定能力	自らの意志と責任でよりよい選択・決定を行うとともに,その過程での課題や葛藤に積極的に取り組み克服する。	【選択能力】 様々な選択肢について比較検討したり,葛藤を克服したりして,主体的に判断し,自らにふさわしい選択・決定を行っていく能力	・自分の好きなもの,大切なものを持つ。 ・学校でしてよいことと悪いことがあることが分かる。	・自分のやりたいこと,よいと思うことなどを考え,進んで取り組む。 ・してはいけないことが分かり,自制する。	・係活動などで自分のやりたい係,やれそうな係を選ぶ。 ・教師や保護者に自分の悩みや葛藤を話す。
		【課題解決能力】 意思決定に伴う責任を受け入れ,選択結果に適応するとともに,希望する進路の実現に向け,自ら課題を設定してその解決に取り組む能力	・自分のことは自分で行おうとする。	・自分の仕事に対して責任を感じ,最後までやり通そうとする。 ・自分の力で課題を解決しようと努力する。	・生活や学習上の課題を見つけ,自分の力で解決しようとする。 ・将来の夢や希望を持ち,うとする。

これにより、多くの学校でキャリア教育の全体計画の作成がなされましたし、キャリア教育という言葉が学校教育において市民権を得るに至ったのも、この「四領域・八能力」による部分が小さくないと確信します。

でもこれが、実は、今日にまで尾を引く大きな問題も同時に生んでしまったのです。……そうです。キャリア教育の指導計画、とりわけ全体計画の「金太郎飴」化です。山間地域の小規模小学校でも、都市近郊の大規模な小学校でも、身につけさせたい力は全く同じ。しかも、国が作成した「四領域・八能力」に則っているわけですから、これを問題として捉える先生方は多くありませんでした。というより、それ自体を問題視する声が学校サイドから出されたことは皆無に等しかったと思います。

さらに、各自治体の教育委員会では、そのほとんどが、学校での指導計画作成の便宜を図るために当該書式例を電子ファイルで（つまり、一太郎やワードやエクセル形式で）各学校に配付したことも、この問題に拍車をかけました。書式のみならず、丁寧に記載例まで添えるケースも少なくありませんでしたから、「記載例」の丸写しの学校が一気に増加したことは言うまでもありません。同一自治体内の学校では、書式も中身もほとんど同一の全体計画が出そろったのです。違うところと言えば、学校名と、各学校で以前から確立されている「本校の教育理念」「教育目標」くらい。

こうなると、もう、末期的な感じですが、これが数年前までの全国的な動向でした。「〇〇年度」だけ更新して、同じ全体計画を十年以上使い続けていた学校は、そう珍しいことではありません。

もちろん、誰も悪気があってそうしたわけではないのです。「四領域・八能力」の詳細な「例」も、各学校がゼロベースで指導計画を作ることが困難であることを想定し、せめて「たたき台」ぐらいは必要だろうと考えたからこそ提示されたわけですし、各教育委員会が指導計画の書式例や記載例を電子ファイル化して公開・配付したのも同じ理由だと推察します。

また、各教育委員会において、キャリア教育専任の指導主事が配置されることは、まずありません。都道府県や政令指定都市であっても、主担当は国語であったり、道徳であったり、生徒指導であったりする指導主事が、副担当としてキャリア教育を業務とすることが通例です。一般の市町村教育委員会においては、教科でさえ専任指導主事を配置することが難しい状況ですから、キャリア教育については推して知るべし、というのが実際のところです。

しかも、いわゆる「学力の向上」が企図される中にあって、各学校への指導・助言に際して自らの主担当教科の教育実践の改善に注力することは当然でしょう。また、緊急の対応が必要とされる生徒指導上の諸問題は管轄下の学校のどこかで常に発生しますから、その対応に忙殺されることも日常茶飯事です。キャリア教育の改善・充実まで十分な手が回らない状況は、誰かが手を抜いているから生じたわけでは決してありません。

さらに、日本には、法的拘束力を有する「学習指導要領」があります。これは「国（正確には文部科学大臣）」が定める最低基準ですから、各学校がこれに準拠して教育課程を編成することは当然求められます。国内における一定の教育水準を保持し、教育の機会均等を確保するための仕組みのひとつと言えるでしょう。けれどもその一方で、語弊を恐れずに言えば、国が提示したものに対して脊髄反応的に「右に倣え」をする学校文化が、半世紀以上にわたって培われてきた側面も否定できません。「四領域・八能力」をコピー＆ペーストすることも、そういった動向の中で捉えられる必要があります。

コピー＆ペーストではダメな理由

でも、それでもなお、キャリア教育においては、金太郎飴ではダメなのです。

以下、その理由を具体例を挙げて説明します。

まず、最大の問題は、「目の前の児童生徒の実態」が踏まえられていないことです。例えば、「人間関係形成能力」に区分される力を想定した場合、小学校一年生の当初から、学校によって身につけるべき力は異なります。山間地域の小規模校の場合、入学時において、入学児童全員がすでに「お友達」であり、そこには一定の関係性が既にできあがっていることが通例です。リーダー的な子、フォロアー・タイプの子、集団から孤立している子もいるでしょう。この場合、固定的な小集団ですから、孤立的な傾向のある子には、即刻何らかの対応が必要となるのは自明ですし、そういった関係性を前提とした上で、どのような「人間関係形成能力」を身につけさせるのかを考えなくてはなりません。一方、都市近郊の大規模小学校の場合、入学当初は、様々な幼稚園や保育所等を経て入学してきた子供たちの集団です。そこには、学級内での固定的な関係性は成立しておらず、小さな出来事が新たな関係性構築の契機となります。ほぼゼロからの学級づくりが求められるわけですから、山間地域の小規模校とは全く異なるアプローチが必要なのは当然です。

……当たり前のことをエラそうに書いてしまってすみません。でも、「四領域・八能力」からのコピー&ペーストでは、こういったごく当たり前のことが、抜け落ちてしまう。これでは、ダメです。小学校入学当初においてでさえ、「目の前の子供の実態」を踏まえることが不可欠ですから、子供たちの成長・発達に伴って刻々と変容を遂げる実態を踏まえないままでは、キャリア教育実践は意味をもちません。無論、子供たちは地域性や家庭環境などから強い影響を受けますから、地域や家庭の状況なども視野に収めることが求められます。まして、入試によって「ふるい」にかけられ、学科の特性なども顕在化する高等学校においては、生徒の実態を踏まえることは、ますます重要となります。

第二の問題、それは「権威ある誰かが作ったもののコピー」がもたらす安心感です。「国」が示した「育成すべき能力」を引用し、教育委員会が示した書式に則って書いた指導計画は、手堅く・間違いがないものとして捉えられる傾向にあります。ゆえに、一度作成してしまえば、頻繁に見直したり、修正したりする必要性は意識化されません。おそらく十年以上もまったく修正されないまま、「キャリア教育全体計画」が使われている学校が珍しくないのも、こういったところに原因があるのかもしれません。

同じ指導計画を見直すこともなく何年間も使い続ければ、当然、それは学校内で認知されなくなります。年度当初、職員会議に諮られることがあったとしても、「キャリア教育の計画については、前年度から特に変更ありません」と説明が加えられるだけで、サラッと次の議題に移るでしょう。職員会議に諮られればまだ、いい方かもしれません。分厚い「教育計画綴り」に綴じ込まれたまま、誰の目にも触れることなく、教頭先生や教務主任としての役割を担う先生のみが年度だけを更新して終わる学校もないことはない、というのが現実です。

学校は違うのに、計画だけは一緒

二〇一六年の夏、複数の教員研修の機会に、「自校のキャリア教育全体計画・年間指導計画を再点検しよう」というワークショップを実施しました。グループワークにおいては、どの研修においても「あれーっ。先生の学校と僕の学校、全体計画の中身がほとんど同じじゃないですか！」という驚きの声が漏れていました（自治体主催の研修会に限らず、全国規模の研修会で、まったく違う地域の学校でも「瓜二つ」というケースがいくつも確認されたことは僕にとっての衝撃でした）。

また、いくつかの研修会では、研修会の主催者が参加者による自由記述の感想を後日送って下さったのですが、そこには「恥ずかしながら、本校にキャリア教育の全体計画があることを、この研修に来るまで知らなかった」「本校のキャリア教育全体計画と年間指導計画を今回初めて見たが（以下略）」等々のコメントが、少なからずありました。

これじゃダメなんです。指導計画は、教育委員会による計画訪問時の「お咎め」を避けるためのアリバイではありません。指導主事に見せて終わりでは、あまりにも悲しい。指導計画は、それに基づいて実践してナンボ。実践を振り返って、次年度の計画をより良くしてナンボです。

……そんなこと言われても、作らなきゃいけない指導計画は山ほどあって、全部をちゃんと作るなんて、とても手が回らない。

これが、学校の先生方の切実な声かもしれません。でも、指導計画の作成とそれに基づく計画的・系統的な実践、及び、実践の結果に対する評価とそれに基づく計画の改善は、学校教育の命綱です。とりわけ、総合的な学習の時間や、キャリア教育など、学校裁量に大きく委ねられる教育実践の計画は、学校が主軸となってオリジナルなものを作成しなくては始まらないのではないでしょうか。命綱とも言える指導計画の作成に手が回らないとしたら、その他の業務の効率化や、学校外の様々なリソースとの連携による業務軽減化が必要であるように考えます。

右に倣わず、蟻の一穴を開けよう

数年前に行われたある研修で、「基礎的・汎用的能力については、『四領域・八能力』のような一覧表は作らないんですか?」というご質問をお受けしました。僕は単なる「キャリア教育大好きおっさん」にしか過ぎませんから、文部科学省や国立教育政策研究所がそれを作るかどうかは分かりません。けれども僕は、そのご質問に対し、「おそらく、作らないと思いますよ」とお答えしておきました。僕がキャリア教育担当の調査官だった頃もそうでしたが、各学校のカリキュラム・マネジメントの在り方が問われる今日ではなお一層、キャリア教育の指導計画が金太郎飴になることは避けなくてはなりません。仮に、今、「四領域・八能力」一覧表の「基礎的・汎用的能力」バージョンができれば、一気に金太郎飴現象は再来するでしょう。現時点において、それはダメです。

でも、正直なところを告白すると、国がバンバン詳細モデルを発表して、各学校がそれを「たたき台」にしてバリバリと自校化（カスタマイズ）を図るというのが理想だと思っています。だって、何事につけ、きっかけとかたたき台とかはあったほうがいいに決まってますからね。ただし、現段階では、おそらくそうならない。いくら「これは例ですよ」と宣言したところで、「国」が作ったものは「右に倣え」の対象にされてしまう危険性が高すぎる。……これが僕の杞憂に過ぎないことを本当に願っています。

「蟻の一穴」と言えば、蟻が開けた小さな穴のような不祥事が組織全体に甚大な影響を及ぼすことの例えですが、もしそんなことが本当に起きるのであれば、いい意味での状況の転換も「蟻の一穴」から始まるのかもしれません。巨大な金太郎飴にみんなでチョコチョコと小さな穴を開け始めませんか？

第5話　金太郎飴　（2016年9月18日）

第12話 「基礎的・汎用的能力」って何?

本章第11話では、「基礎的・汎用的能力」の前身としての「四領域・八能力」の特質と課題について整理しました。今回は、今日のキャリア教育を通して育成が目指されている「基礎的・汎用的能力」についてお話しします。

と言いつつ、のっけから話の腰を自ら折るようで恐縮ですが、今回まとめる内容も、「四領域・八能力」と同様に、国立教育政策研究所（二〇一一）『キャリア発達にかかわる諸能力の育成に関する調査研究報告書』(http://www.nier.go.jp/shido/centerhp/22career_shiryou/22career_shiryou.htm）において詳しく解説されています。「基礎的・汎用的能力」は、現行のキャリア教育の基盤を支える能力論ですから、ぜひともご一読下さい。

でも、いきなり「お堅い報告書」を読むのは、ちょっと腰が引けますよね。今回の「速習おさらい・よもやま話」が、そんな皆さんのお役に少しでもたつのであれば光栄です。

キャリア教育の底流としての「四領域・八能力」

今から二〇年以上も前となりますが、中学校や普通科高校（特に進学校と見なされる高校）での進路指導は、民間の業者による模擬テスト等の結果に基づいた「進学先の振り分け」とも言える実践が主軸でした。当時も、そのような実践には「偏差値輪切り」との強い批判が向けられていた訳ですが、いわゆる学歴社会・学校歴社会が厳然と存在する中で、我が子の将来の安泰を願う保護者の皆さんの願いと、「少しでもいい高校へ」「少しでもいい大学へ」という先生方の親心とが強固に結びつき、「偏差値輪切り」型の実践は簡単には変容しませんでした。

しかも、このような状況を打破するための最終手段として一九九三（平成五）年に断行された「中学校からの『業者テスト』追放施策」も決定打にはならず、その後、当時の文部省が展開した「将来の夢と希望を大切にしよう」キャンペーンも、そのスローガンだけ

が空虚に響き渡ったというのが現実だったように思います。

そうこうしている間に、世の関心はニートやフリーター問題に移り、若年雇用問題への対応策として初期のキャリア教育の登場に至ります。その後の施策の展開については、第1章第2話「キャリア教育の一九年の歩みを振り返る」で整理したとおりです。

以上が、この四半世紀における進路指導・キャリア教育の展開の概略なのですが、このような「外形的に見取ることができる実践の展開」に並行して、それらを底から支える基盤とも言うべき部分をめぐって、文部省とその後身の文部科学省、及び、同省の研究組織である国立教育政策研究所が研究開発を続けていたことは重要です。

その端緒となったのは、一九九八（平成八）年にスタートした文部省の委託研究「職業教育及び進路指導に関する基礎的研究」でした。この研究において欧米諸国の調査がなされた結果、社会的・職業的自立に向けて、初等・中等教育段階で漸次に身につけるべき能力や態度を段階的・構造的に示すことが必要であるとの結論が得られたのです。

小学校・中学校・高等学校・大学教員および企業の代表者によって構成された委託研究委員は、海外のモデル等を参考にしながら、自立的に社会の中で生きていくために発達的に育てなければならない能力・態度とは何かについて議論を重ね、日本社会の特質や学校での教育実践に即した「四領域・一二能力」を抽出し、「四つの能力領域を発達させる進路指導活動モデル」を策定しました（一九九八年）。一九九〇年代初頭頃から世界的潮流となりつつあった「competency-based education」[※1]の影響を色濃く受けながらも、日本の社会的文脈を踏まえた能力論を構築したといえるでしょう。

この「四領域・一二能力論」は、その後のキャリア教育の提唱と推進施策の展開を受け、国立教育政策研究所によって二〇〇二（平成一四）年に発表された「職業的（進路）発達にかかわる諸能力」、いわゆる「四領域・八能力」論へと改訂されました。これが「爆発的ヒット」とも言えるほど各学校に受容され、キャリア教育といえば「四領域・八能力論」とすぐに連想されるまでになったのです。

課題を残した「四領域・八能力」の受容

この「四領域・八能力」論、及び、その「爆発的ヒット」が内在させていた問題を整理すれば以下のようになります。

第一の問題は、本章第11話でも指摘したとおり、各学校において「四領域・八能力」

※1：身に付けさせたい資質・能力を目標として設定し、その達成に向けて教育活動を構想し、目標の達成の程度によってその実践の成果を評価しようとする考え。

の一覧表が金科玉条なみの基本資料として扱われ、それぞれの学校における指導計画作成時に「コピー&ペースト元」として利用されたことです。これにより、少数の例外を除き、全国津々浦々の学校でキャリア教育を通して身につけさせたい力は全く同じ、という現象が発生しました。

さらに「目の前の児童生徒の実態」に即するという指導計画策定の基本中の基本が抜け落ちてしまい、かつ、「国の機関」が策定したものに依拠している（多くの学校の実態は「依拠」ではなく「引き写し」でしたが……）という安心感によって、年度ごとの指導計画の再検討という基本プロセスまで省略されてしまうという困った実態も付随させたのです。「四領域・八能力」の公表を機に、キャリア教育の指導計画を策定する学校が一気に増えた反面、その後、当該計画が形骸化してしまうケースも多く発生したことは言うまでもありません。

第二の問題は、「四領域・八能力」が高等学校段階までの提示にとどまっていたという点です。就学前段階から高等教育に至るまで体系的な取組が求められるキャリア教育を支える能力論として機能するには、課題を残していたわけです。このような中で、主に大学生を対象とした類似の能力論も提唱されるようになり、初等・中等教育と高等教育との間での一貫性・系統性が十分に保持されにくい状況が生じたのです。

例えば、「事務系・営業系職種において、半数以上の企業が採用に当たって重視し、基礎的なものとして比較的短期間の訓練により向上可能な能力」として厚生労働省が提示した「就職基礎能力」（二〇〇四年）、「職場や地域社会の中で多くの人々と接触しながら仕事をしていくために必要な能力」として経済産業省が提示した「社会人基礎力」（二〇〇六年）などが提示され、これらの能力論をベースとしたキャリア形成支援プログラムを実践に移す大学等も徐々に増えていきました。

第三の問題は、「四領域・八能力」において用いられていた「〇〇能力」という「ラベル」の語感・印象が、必ずしもその内容を適切に伝えるものとなっていなかったという点です。例えば、「四領域・八能力」における「情報活用能力」は、一見すると、様々な情報を活用するという今日の社会で広く求められる力を意味しているような印象ですが、実際は「学ぶこと・働くことの意義や役割及びその多様性を理解し、幅広く情報を活用して、自己の進路や生き方の選択に生かす」能力として構想されたものでした。最終的には「幅広い情報を自己の進路や生き方の選択に生かす」ことに焦点が絞られていたのです。こういった「ラベル」と「内容」とのズレは、結果として、「四領域・八能力」の本質的理解の妨げともなったと言えるでしょう。

「基礎的・汎用的能力」の登場

そして、二〇一一（平成二三）年一月、「四領域・八能力」が内在させていたこれらの問題の克服を目指して登場したのが「基礎的・汎用的能力」というわけです。

もう少し丁寧に言えば、二〇一一年一月三一日に中央教育審議会がとりまとめた「今後の学校におけるキャリア教育・職業教育の在り方について（答申）」が、どんな仕事に就いたとしても、自立して生きていくために必要な力として構想したのが「人間関係形成・社会形成能力」「自己理解・自己管理能力」「課題対応能力」「キャリアプランニング能力」の四つの能力によって構成される「基礎的・汎用的能力」です。

「基礎的・汎用的能力」の本質を理解する上では、当該答申が、仕事をすることの意義や、仕事に就くこと自体を次のように捉えていたことを視野に収めておくことは、極めて重要でしょう。[※2]

・日本国憲法では、すべて国民は勤労の権利を有し、義務を負うとされている。仕事をすることの意義は、例えば、やりがい、収入を得ること、社会での帰属感、自己

※2：『今後の学校におけるキャリア教育・職業教育の在り方について（答申）』P21

の成長、社会貢献等様々なものが考えられ、個人によってどの部分を強調して考えるかは異なる。そこで重要なことは、個人と社会のバランスの上に成り立つものであるということである。

・仕事に就く場面を考える上では、どんなに計画を立てても必ずしもそのとおりに進むものでもないと考えることが必要である。また、仕事を選ぶ際、社会にある職業のすべてを知って選択することは不可能であるから、身近な仕事との出会いも重要になる。そのため、自らが行動して仕事と出会う機会を得ること、行動して思うように進まないときに修正・改善できることが重要である。このような行動を支えるため、生涯にわたり自ら進んで学ぶことも極めて大切である。

・勤労観・職業観は、仕事をする上で様々な意思決定をする選択基準となるものである。この基準を持つことが重要であるが、それは固定化された価値観ではなく、自己の役割や生活空間、年齢等によって変化するものである。そのため、社会・職業に移行する前に、その価値観を形成する過程を経た上で、自ら進路を選択する経験をしておくことが望ましい。特に現在、仕事をすることは一つの企業等の中で単線的に進むものだけではなくなりつつあり、社会に出た後、生涯の中で必ず訪れる幾つかの転機に対処するためにも、また自ら積極的に選択して進むべき道を変更するためにも、このような価値観を形成する過程を経験しておくことが必要である。

——「基礎的・汎用的能力」は、「首尾良く就職する」ためだけに必要な能力を列挙したものではありません。また、雇用する側に都合のいい労働力の提供者を育成することを企図している訳でもありません。バブル経済の崩壊後、いわゆる「日本型雇用慣行」が大きく揺らいでいることを前提としつつ、価値観の多様化を伴いながら急速に変容する社会の中で自立して生きていくために必要な基盤となる能力を示したのが「基礎的・汎用的能力」です。

この基礎的・汎用的能力の開発の経緯について、答申は、「各界から提示されている様々な力を参考としつつ、特に国立教育政策研究所による『キャリア発達にかかわる諸能力（例）』を基に、『仕事に就くこと』に焦点をあて整理を行ったものである[※3]」と述べています。ここで言う「キャリア発達にかかわる諸能力（例）」とは「四領域・八能力」のことです。つまり、「基礎的・汎用的能力」は、「四領域・八能力」をすべて包含した上で、①「社会人基礎力」等において重視されていながら「四領域・八能力」において明示的には言及されてこなかった「忍耐力」「ストレスマネジメント」などの「自己管理能力」の側面を加え、②「仕事をする上での様々な課題を発見・分析し、適切な計画を立ててその課題を処理し、解決することができる力」を幅広く包含した「課題対応能

※3：『今後の学校におけるキャリア教育・職業教育の在り方について（答申）』P25

力」に関する要素を強化したものと捉えることが妥当であると思います。

また、「就職基礎能力」や「社会人基礎力」においては等閑視されていた「キャリアプランニング能力」を構成要素の一つとしていることは、職業人としての生活が「一つの企業等の中で単線的に進むものだけではなくなりつつ」ある状況において、「社会に出た後、生涯の中で必ず訪れる幾つかの転機に対処」し、「自ら積極的に選択して進むべき道を変更する」必要があるという中教審答申の社会認識を明示するものと言えるでしょう。

さらに、同答申が「これらの能力をどのようなまとまりで、どの程度身に付けさせるかは、学校や地域の特色、専攻分野の特性や子ども・若者の発達の段階によって異なると考えられる。各学校においては、この四つの能力を参考にしつつ、それぞれの課題を踏まえて具体の能力を設定し、工夫された教育を通じて達成することが望まれる[※4]」と指摘していることも極めて重要です。「四領域・八能力」がその意図に反して結果的にもたらした「金太郎飴」状態の克服が、「基礎的・汎用的能力」の重要な使命であることが、ここに示されています。

ちなみに、新しい学習指導要領の方向性を示した中央教育審議会答申「幼稚園、小学

※4：『今後の学校におけるキャリア教育・職業教育の在り方について（答申）』P25

校、中学校、高等学校及び特別支援学校の学習指導要領等の改善及び必要な方策等について」（二〇一六（平成二八）年一二月二一日）は、「資質・能力の育成に向けては、学習指導要領等に基づき、目の前の子供たちの現状を踏まえた具体的な目標の設定や指導の在り方について、学校や教員の裁量に基づく多様な創意工夫が前提とされているものであり、特定の目標や方法に画一化されるものではない（P.22）」と述べています。「基礎的・汎用的能力」と新学習指導要領が依拠する「資質・能力」とが、「目の前の子供たちの現状を踏まえる」という基本方針を共有していることは偶然の一致ではないと考えます。

例えば、戦後初めて策定された学習指導要領（一九四七（昭和二二）年）は、その「序論」において次のように述べています。

もちろん教育に一定の目標があることは事実である。また一つの骨組みに従って行くことを要求されていることも事実である。しかしそういう目標に達するためには、その骨組みに従いながらも、その地域の社会の特性や、学校の施設の実情やさらに児童の特性に応じて、それぞれの現場でそれらの事情にぴったりした内容を考え、その方法を工夫してこそよく行くのであって、ただあてがわれた型のとおりにやるのでは、かえって目的を達するに遠くなるのである。またそういう工夫があってこそ、生きた教師の働きが求められるのであって、型のとおりにやるのなら教師は機械にすぎない。

――国が示す「基礎的・汎用的能力」にせよ、新しい学習指導要領における「資質・能力」にせよ、それは「骨組み」にしか過ぎず、個々の学校をがんじがらめに縛り付けるものではありません。専門職としての教師の力量を信じ、地域や学校の独自性を尊重しようとした終戦直後の学習指導要領の理念と、今日のキャリア教育や新しい学習指導要領が目指す方向性が軌を一にしているのは、それが教育の在り方の普遍性を示すものであるからなのかもしれませんね。

原典を読むのが理解の近道

さて、やっと「お堅い報告書」―国立教育政策研究所（二〇一一）『キャリア発達にかかわる諸能力の育成に関する調査研究報告書』―をお読みいただく下準備ができました。「基礎的・汎用的能力」の詳細については、同報告書第三章第一節・第二節（P.23-34）をぜひご参照ください。

「……えーっ、結局は報告書を読まないとダメなんかい！」とおっしゃる方には、〝特別大サービス・A四判見開き二ページで分かる基礎的・汎用的能力解説〃とも呼べる資料（国立教育政策研究所（二〇一一）『キャリア教育の更なる充実のために―期待される教育委員会の役割―』pp.4-5・http://www.nier.go.jp/shido/centerhp/kyouiku_career/yakuwari.htm）があります。少なくとも、僕のグダグダ解説よりはわかりやすいと思いますので次ページに当該部分を引用しておきます。

でも、本当は、「基礎的・汎用的能力」を提示した中教審答申「今後の学校におけるキャリア教育・職業教育の在り方について」（二〇一一年）をお読みいただくことが一番いいんですけどね。もちろん多忙を極めていらっしゃる先生方をはじめ社会人の方々は別ですが、学生・院生の皆さんには答申本文を読まれることを強くお薦めします。

……え？　忙しい？　……何をおっしゃっているのかよく聞こえませんでした。歳のせいで耳が遠くなっているのかもしれません。お許し下さい。

第22話　遅ればせながら…「基礎的・汎用的能力」って何？（2017年6月17日）

Q&A

今後のキャリア教育の在り方をめぐる疑問にお答えします。

Q1 中央教育審議会が今回提示したキャリア教育において「勤労観・職業観」は重視されないのでしょうか？

A1 いいえ。今まで同様、重視されます。ただし、直接それらを育てるのではなく、「基礎的・汎用的能力」の育成を主軸とした体系的なキャリア教育を通して、一人一人の児童生徒が、勤労観・職業観をはじめとする価値観を形成・確立できるよう働きかけていくことが求められています。

Q2 「４領域８能力」から「基礎的・汎用的能力」への転換はどのようにすればよいのですか？

A2 「基礎的・汎用的能力」への転換にあたっては、「４領域８能力」に基づくこれまでの実践を生かして移行していくことが大切です。その際、両者が共通して、それぞれの学校・地域等の実情や、各学校の児童生徒の実態を踏まえ、学校ごとに育成しようとする力の目標を定めることを前提としている点は、特に重要な視点となります。

「４領域８能力」から「基礎的・汎用的能力」へ

●人間関係形成・社会形成能力
「人間関係形成・社会形成能力」は、多様な他者の考えや立場を理解し、相手の意見を聴いて自分の考えを正確に伝えることができるとともに、自分の置かれている状況を受け止め、役割を果たしつつ他者と協力・協働して社会に参画し、今後の社会を積極的に形成することができる力である。

●自己理解・自己管理能力
「自己理解・自己管理能力」は、自分が「できること」「意義を感じること」「したいこと」について、社会との相互関係を保ちつつ、今後の自分自身の可能性を含めた肯定的な理解に基づき主体的に行動すると同時に、自らの思考や感情を律し、かつ、今後の成長のために進んで学ぼうとする力である。

●課題対応能力
「課題対応能力」は、仕事をする上での様々な課題を発見・分析し、適切な計画を立ててその課題を処理し、解決することができる力である。

●キャリアプランニング能力
「キャリアプランニング能力」は、「働くこと」の意義を理解し、自らが果たすべき様々な立場や役割との関連を踏まえて「働くこと」を位置付け、多様な生き方に関する様々な情報を適切に取捨選択・活用しながら、自ら主体的に判断してキャリアを形成していく力である。

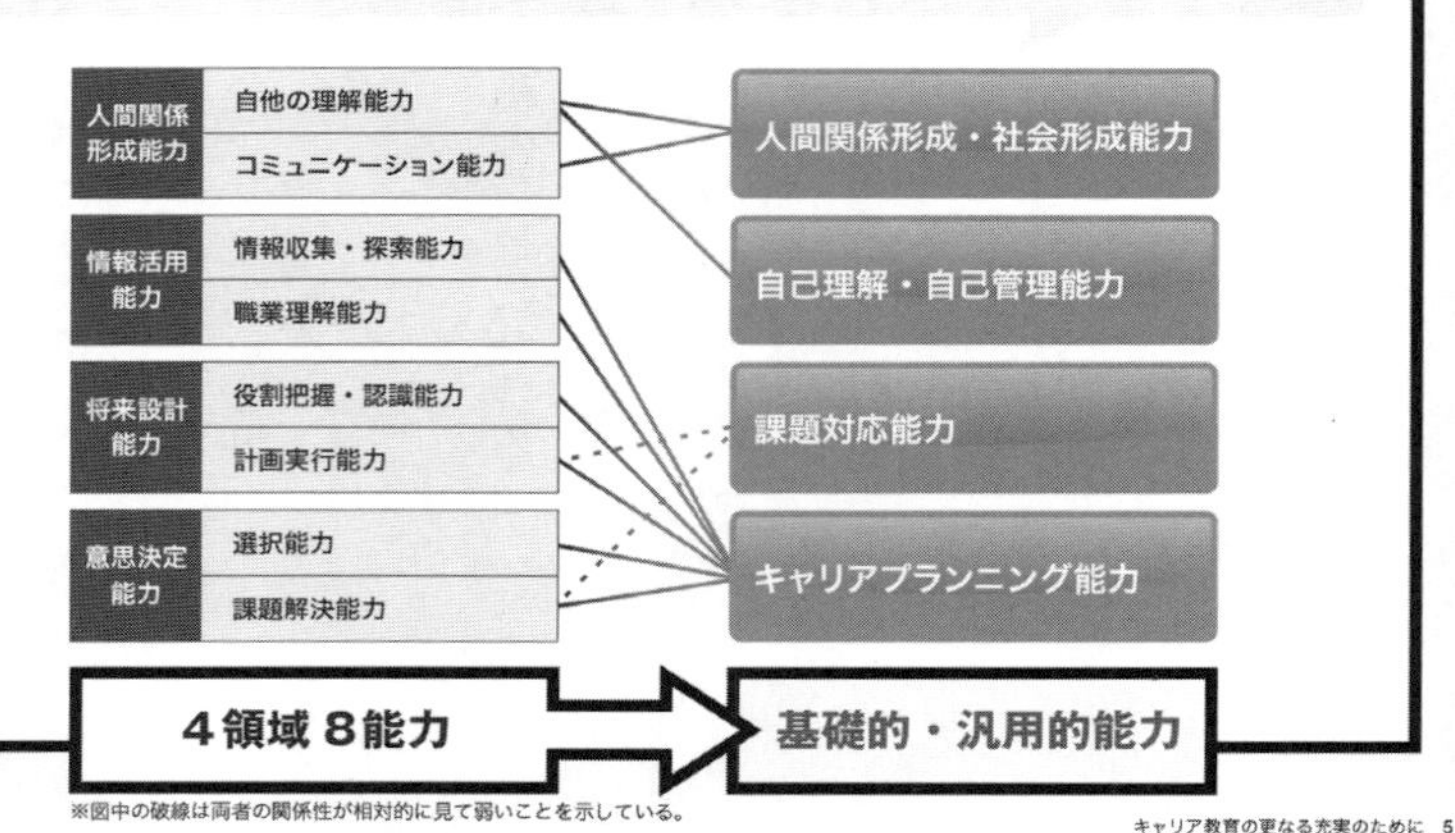

※図中の破線は両者の関係性が相対的に見て弱いことを示している。

中教審が示す キャリア教育 新たな方向性

中央教育審議会答申が示すキャリア教育の姿

平成23年1月、中央教育審議会は
答申「今後の学校におけるキャリア教育・職業教育の在り方について」を公表しました。
ここでは、本答申が提示した新たな方向性の説明に絞り、
今後目指すべきキャリア教育の在り方の特質を整理します。

新 キャリア教育の新たな定義

一人一人の社会的・職業的自立に向け、必要な基盤となる能力や態度を育てることを通して、キャリア発達を促す教育。

●「キャリア」とは何か？

人は、他者や社会とのかかわりの中で、職業人、家庭人、地域社会の一員等、様々な役割を担いながら生きている。これらの役割は、生涯という時間的な流れの中で変化しつつ積み重なり、つながっていくものである。また、このような役割の中には、所属する集団や組織から与えられたものや日常生活の中で特に意識せず習慣的に行っているものもあるが、人はこれらを含めた様々な役割の関係や価値を自ら判断し、取捨選択や創造を重ねながら取り組んでいる。人は、このような自分の役割を果たして活動すること、つまり「働くこと」を通して、人や社会にかかわることになり、そのかかわり方の違いが「自分らしい生き方」となっていくものである。このように、人が、生涯の中で様々な役割を果たす過程で、自らの役割の価値や自分と役割との関係を見いだしていく連なりや積み重ねが、「キャリア」の意味するところである。(答申第1章1(1) 本文)

また、このように、社会の中で自分の役割を果たしながら、自分らしい生き方を実現していく過程を「キャリア発達」という。(答申第1章1(1) 脚注)

●新たな定義の必要性

中央教育審議会「初等中等教育と高等教育との接続の改善について（答申)」（平成11年）では、キャリア教育を「望ましい職業観・勤労観及び職業に関する知識や技能を身に付けさせるとともに、自己の個性を理解し、主体的に進路を選択する能力・態度を育てる教育」であるとし、進路を選択することにより重点が置かれていると解釈された。また、キャリア教育の推進に関する総合的調査研究協力者会議報告書（平成16年）では、キャリア教育を「『キャリア』概念に基づき『児童生徒一人一人のキャリア発達を支援し、それぞれにふさわしいキャリアを形成していくために必要な意欲・態度や能力を育てる教育』」ととらえ、「端的には」という限定付きながら「勤労観、職業観を育てる教育」としたこともあり、勤労観・職業観の育成のみに焦点が絞られてしまい、現時点においては社会的・職業的自立のために必要な能力の育成がやや軽視されてしまっていることが課題として生じている。(答申第1章1(1) 脚注) ※Q1&A1 参照

新

●「4領域8能力」の課題

今日「4領域8能力」と広く呼ばれる「キャリア発達にかかわる諸能力(例)」(平成14年・国立教育政策研究所生徒指導研究センター）については、(1) 高等学校までの想定にとどまっているため、生涯を通じて育成される能力という観点が薄く、社会人として実際に求められる能力との共通言語となっていない (2) 提示されている能力は例示にもかかわらず、学校現場では固定的にとらえている場合が多い (3) 領域や能力の説明について十分な理解がなされないまま、能力等の名称の語感や印象に依拠した実践が散見される。等の課題が指摘されてきました。

●「基礎的・汎用的能力」とは何か？

中央教育審議会では、「4領域8能力」をめぐるこれらの問題を克服するため、就職の際に重視される能力や、その後に提唱された類似性の高い各種の能力論（内閣府「人間力」、経済産業省「社会人基礎力」、厚生労働省「就職基礎能力」など）とともに、改めて分析を加え、「分野や職種にかかわらず、社会的・職業的に自立するために必要な基盤となる能力」として再構成して提示することとしました。※Q2&A2 参照

その結果得られたのが「人間関係形成・社会形成能力」「自己理解・自己管理能力」「課題対応能力」「キャリアプランニング能力」の4つから成る「基礎的・汎用的能力」です。右記では、それぞれの能力についての説明を答申から引用します。

4 キャリア教育の更なる充実のために

『キャリア教育の更なる充実のために—期待される教育委員会の役割—』（国立教育政策研究所 2011）p.4-5 を転載

第13話　中教審答申がキャリア教育に期待するもの

二〇一六（平成二八）年一二月二一日。新しい学習指導要領の方向性を示した中央教育審議会答申「幼稚園、小学校、中学校、高等学校及び特別支援学校の学習指導要領等の改善及び必要な方策等について」（中教審第一九七号）が取りまとめられ、文部科学大臣に手交されました。（http://www.mext.go.jp/b_menu/shingi/chukyo/chukyo0/toushin/1380731.htm）

本答申に基づいて作成された新しい学習指導要領は、小学校版・中学校版・高等学校版ともに既に告示されているわけですが、今回はあえて当該答申がキャリア教育に何を期待しているかに焦点を絞り、僕なりにポイントの整理を試みたいと思います。学校種や学校段階を問わず、幼稚園から後期中等教育段階までを包含する当該答申が、キャリア教育をどのように位置づけ、何を期待しているのかを見てみましょう。

目の前の子供たちの現状を踏まえた「我が校ならでは」の教育を

今回、何よりもまず注目すべきは、答申が「目の前の子供たち」のための教育活動を最重要視したことでしょう。答申は、学習指導要領が法的拘束力をもつことを再確認しつつも、それが特定の目標や方法への画一化を求めるものではないと、次のように明示しています。[※1]

・なお、学習指導要領等は、教育の内容及び方法についての必要かつ合理的な事項を示す大綱的基準として、法規としての性格を有している。一方で、その適用に当たって法規としての学習指導要領等に反すると判断されるのは、例えば、学習指導要領等に定められた個別具体的な内容項目を行わない場合や、教育の具体的な内容及び方法について学校や教員に求められるべき裁量を前提としてもなお明らかにその範囲を逸脱した場合など、学習指導要領等の規定に反することが明白に捉えられる場合である。そのため、資質・能力の育成に向けては、学習指導要領等に基づき、目の前の子供たちの現状を踏まえた具体的な目標の設定や指導の在り方について、学校や教員の裁量に基づく多様な創意工夫が前提とされているものであり、特定の目標や方法に画一化されるものではない（傍点は引用者、以下同じ）。

※1：中央教育審議会答申『幼稚園、小学校、中学校、高等学校及び特別支援学校の学習指導要領等の改善及び必要な方策等について』（中教審第一九七号）P22

新しい学習指導要領は「社会に開かれた教育課程」[※2]の実現を目指し、育成されるべき資質・能力として次の「三つの柱」[※3]を掲げることになります。

①「何を理解しているか、何ができるか（生きて働く「知識・技能」の習得）」

②「理解していること・できることをどう使うか（未知の状況にも対応できる「思考力・判断力・表現力等」の育成）」

③「どのように社会・世界と関わり、よりよい人生を送るか（学びを人生や社会に生かそうとする「学びに向かう力・人間性等」の涵養）」

答申は、各学校に対し、これらの「三つの柱」をベースとしながら「我が校ならでは」の資質・能力を具体的に設定し、それらを家庭や地域とも共有すべきことを求めているのです。本章第11話では、キャリア教育を通して育成すべき資質・能力について、国が示す方針を金科玉条の如く捉えたことによる全国的な画一性・硬直性（＝いわば「巨大な金太郎飴状態」）から脱する必要についてアレコレと書きましたが、「脱・金太郎飴」はもはやキャリア教育に限ったことではありません。[※4]

・各学校においては、資質・能力の三つの柱に基づき再整理された学習指導要領等を

※2：中央教育審議会答申『幼稚園、小学校、中学校、高等学校及び特別支援学校の学習指導要領等の改善及び必要な方策等について』（中教審第一九七号）P19

※3：中央教育審議会答申『幼稚園、小学校、中学校、高等学校及び特別支援学校の学習指導要領等の改善及び必要な方策等について』（中教審第一九七号）P28－30

※4：中央教育審議会答申『幼稚園、小学校、中学校、高等学校及び特別支援学校の学習指導要領等の改善及び必要な方策等について』（中教審第一九七号）

手掛かりに、「カリキュラム・マネジメント」の中で、学校教育目標や学校として育成を目指す資質・能力を明確にし、家庭や地域とも共有しながら、教育課程を編成していくことが求められる（P.31)。

・（中略）そのため、園長・校長がリーダーシップを発揮し、地域と対話し、地域で育まれた文化や子供たちの姿を捉えながら、地域とともにある学校として何を大事にしていくべきかという視点を定め、学校教育目標や育成を目指す資質・能力、学校のグランドデザイン等として学校の特色を示し、教職員や家庭・地域の意識や取組の方向性を共有していくことが重要である（p.24)。

適切な評価を通して教育の改善充実を図ろう

そして、このようにして各学校が設定した目標に基づく教育実践の成果については、それぞれの学校が適切に評価し、教育の改善に結びつける必要があります。評価の詳細については、答申本文をご覧いただくことにして、ここで詳述することは割愛しますが、次の指摘だけは引用しておきたいと思います。[※5]

・学習指導要領改訂を受けて作成される、学習評価の工夫改善に関する参考資料につ

※5：中央教育審議会答申『幼稚園、小学校、中学校、高等学校及び特別支援学校の学習指導要領等の改善及び必要な方策等について』（中教審第一九七号）

いても、詳細な基準ではなく、資質・能力を基に再整理された学習指導要領を手掛かりに、教員が評価規準を作成し見取っていくために必要な手順を示すものとなることが望ましい（P.62／以下略）。

――学校は国が示す評価の基準や規準にがんじがらめになるのではなく、各学校において、先生方ご自身が、教育のプロとしてオリジナルの評価規準を作成して下さいと指摘しているわけです。それぞれの学校で設定した資質・能力が確実に身についたかどうかを評価するのは、他でもない、その学校の先生方ですよ、ということですね。

キャリア教育への強い期待

このような今回の答申は、キャリア教育に対して極めて強い期待を示しています。「キャリア」という言葉が答申本文において六九回使用されているという事実だけを挙げても、その期待度の高さをうかがい知ることができます。ま、「どのように社会・世界と関わり、よりよい人生を送るか」が、「資質・能力の三つの柱」の一つとされているわけですから、当たり前と言えば当たり前ですが……。

以下、順不同となりますが、キャリア教育への主な期待を三点抄出して整理しておきましょう。

期待 その1：教科等を学ぶ本質的な意義を伝える

第2章第7話で言及したことの繰り返しとなりますが、「今後の成長のために進んで学ぼうとする力」を育成し「学ぶこと・働くことの意義」の認識を高めようとするキャリア教育、すなわち、現在の学びとその学びの先にあるものとをつなぐキャリア教育は、新しい学習指導要領において極めて重要な役割を果たすことになります。[※6]

・子供たちに必要な資質・能力を育んでいくためには、各教科等での学びが、一人一人のキャリア形成やよりよい社会づくりにどのようにつながっているのかを見据えながら、各教科等をなぜ学ぶのか、それを通じてどういった力が身に付くのかという、教科等を学ぶ本質的な意義を明確にすることが必要になる（P.32）。

期待 その2：アクティブ・ラーニングを支える

答申は、現在大きな関心を集めているアクティブ・ラーニング[※7]の本質を「主体的・対話的で深い学び」であると表現しています。そして、このようなアクティブ・ラーニングの基盤の一つとしてキャリア教育を位置づけていることは極めて重要です。[※8]

※6：中央教育審議会答申『幼稚園、小学校、中学校、高等学校及び特別支援学校の学習指導要領等の改善及び必要な方策等について』（中教審第一九七号）

※7：伝統的な教員による一方向的な講義形式の教育とは異なり、学習者の能動的な学習への参加を取り入れた教授・学習法の総称。学習者が能動的に学ぶことによって、後で学んだ情報を思い出しやすい、あるいは異なる文脈でもその情報を使いこなしやすいという理由から用いられる教授法。発見学習、問題解決学習、経験学習、調査学習などが含まれるが、教室内でのグループ・ディスカッション、ディベート、グループ・ワークなどを行うことでも取り入れられる。

・日常の教科・科目等の学習指導においても、自己のキャリア形成の方向性と関連付けながら見通しを持ったり、振り返ったりしながら学ぶ「主体的・対話的で深い学び」を実現するなど、教育課程全体を通じてキャリア教育を推進する必要がある。

※8：中央教育審議会答申『幼稚園、小学校、中学校、高等学校及び特別支援学校の学習指導要領等の改善及び必要な方策等について』（中教審第一九七号）P57

——更に答申は、「主体的な学び」「対話的な学び」「深い学び」のいずれにおいても、キャリア教育の視点が不可欠であるとしています[※9]（この点については、第4章第17話で詳しくお話しすることになりますので、ここでは要点を挙げるだけにしておきます）。

※9：中央教育審議会答申『幼稚園、小学校、中学校、高等学校及び特別支援学校の学習指導要領等の改善及び必要な方策等について』（中教審第一九七号）

主体的な学びとキャリア教育＝「学ぶことに興味や関心を持ち、自己のキャリア形成の方向性と関連付けながら、見通しを持って粘り強く取り組み、自己の学習活動を振り返って次につなげる『主体的な学び』が実現できているか（どうかが重要なポイントである）（P.49-50）」

対話的な学びとキャリア教育＝「（特別活動における対話的な学びの視点として）異年齢の子供や障害のある児童生徒等多様な他者と対話しながら協働すること、地域の人との交流の中で考えを広めたり自己肯定感を高めたりすること、自然体験活動を通じて自然と向き合い日頃得られない気付きを得ること、キャリア形成に関する自分自身の意思決定の過程において他の児童生徒や教員等との対話を通じて考えを深めることなども重要である（P.234）」

深い学びとキャリア教育＝「『アクティブ・ラーニング』の視点については、深まりを欠くと表面的な活動に陥ってしまうといった失敗事例も報告されており、『深い学び』の視点は極めて重要である。学びの『深まり』の鍵となるものとして、全ての教科等で整理されているのが、（中略）各教科等の特質に応じた『見方・考え方』である。今後の授業改善等においては、この『見方・考え方』が極めて重要になってくると考えられる。『見方・考え方』は、新しい知識・技能を既に持っている知識・技能と結び付けながら社会の中で生きて働くものとして習得したり、思考力・判断力・表現力を豊かなものとしたり、社会や世界にどのように関わるかの視座を形成したりするために重要なものである（P.52）」

期待 その3：児童生徒の発達を支援する

今回の答申では、各学校で策定する資質・能力の育成においては、「子供一人一人の興味や関心、発達や学習の課題等を踏まえ、それぞれの個性に応じた学びを引き出し、一人一人の資質・能力を高めていくことが重要となる（P.53）」という立場を明確に示しています。

答申において、「第八章　子供一人一人の発達をどのように支援するか（P.53-60）」という独立した章を設け、次のような構成としていることは注目すべきだと思います。

1. 学習活動や学校生活の基盤となる学級経営の充実
2. 学習指導と生徒指導
3. キャリア教育（進路指導を含む）
4. 個に応じた指導
5. 教育課程全体を通じたインクルーシブ教育システムの構築を目指す特別支援教育
6. 子供の日本語の能力に応じた支援の充実

当該「3. キャリア教育（進路指導を含む）」は、全文引用したいくらいですが、新しい学習指導要領に基づくキャリア教育の実践の在り方については第4章全体を使ってお話ししますので、とりあえずここではその冒頭のみを引用するにとどめておきましょう。[※10]

・第三章二（三）においても指摘したように、子供たちに将来、社会や職業で必要となる資質・能力を育むためには、学校で学ぶことと社会との接続を意識し、一人一人の社会的・職業的自立に向けて必要な基盤となる資質・能力を育み、キャリア発達を促すキャリア教育の視点も重要である（P.55）。

※10：中央教育審議会答申『幼稚園、小学校、中学校、高等学校及び特別支援学校の学習指導要領等の改善及び必要な方策等について』（中教審第一九七号）

キャリア教育の実践の在り方

さて最後に、答申が示すキャリア教育実践の在り方の基本方針について整理します。

キャリア教育は学校の教育活動全体を通じて実践されるというこれまでの方針に変更はありませんが、小中学校においては学級活動が「中核」として位置づけられ、高等学校においては、特別活動（ホームルーム活動）に加えて、公民科に新設される新科目「公共」が「中核」としての役割を担うものとされています。

また、一人一人の児童生徒が自らの学習状況やキャリア形成を見通したり、振り返ったりしつつ、自らの成長や変容を自己評価できるようにするための「キャリア・パスポート（仮称）」の導入が提唱されていることも、特筆に値します。以下、第4章との重複を厭わずにポイントとなる部分を抄出していきます。※11

実践の基本 その1：中核としての学級活動・ホームルーム活動

・（前略）キャリア教育を効果的に展開していくためには、教育課程全体を通じて必

※11：以下の引用はすべて、中央教育審議会答申『幼稚園、小学校、中学校、高等学校及び特別支援学校の学習指導要領等の改善及び必要な方策等について』（中教審第一九七号）に基づく。

要な資質・能力の育成を図っていく取組が重要になる。小・中学校では、特別活動の学級活動を中核としながら、総合的な学習の時間や学校行事、特別の教科 道徳や各教科における学習、個別指導としての進路相談等の機会を生かしつつ、学校の教育活動全体を通じて行うことが求められる。高等学校においても、小・中学校におけるキャリア教育の成果を受け継ぎながら、特別活動のホームルーム活動を中核とし、総合的な探究の時間や学校行事、公民科に新設される科目「公共」をはじめ各教科・科目等における学習、個別指導としての進路相談等の機会を生かしつつ、学校の教育活動全体を通じて行うことが求められる。

・キャリア教育は、小学校から高等学校まで教育活動全体の中で「基礎的・汎用的能力」を育むものであるが、狭義の「進路指導」との混同により、中学校・高等学校においては、入学試験や就職活動があることから本来の趣旨を矮小化した取組になっていたり、職業に関する理解を目的とした活動だけに目が行きがちになったり、小学校では特別活動において進路に関する内容が存在しないため体系的に行われてこなかったりしている実態がある。キャリア教育本来の役割を改めて明確にするためにも、小学校段階から特別活動の中にキャリア教育の視点を入れていくことが重要である（P.233）。

――よって、答申は、「小学校の学級活動の内容に（3）を設け、キャリア教育の視点からの小・中・高等学校のつながりが明確になるよう整理すること（P.232）」を求め、小・中・高の学級活動・ホームルーム活動について、共通した（1）（2）（3）の構成とすべきであるとしているのです。

（1）学級・ホームルームや学校における集団生活の創造、参画
（2）一人一人の適応や成長及び健康安全な生活の実現
（3）一人一人のキャリア形成と実現

この点に関連して、答申が「特別活動に関する指導力は、免許状がないこと等から専門性という点で軽く見られがちであるが、本来、小・中・高等学校の全ての教員に求められる最も基本的な専門性の一つである（P.235）」と指摘している点は、ぜひ心に留めておきたいですね。

実践の基本 その2：もうひとつの「中核」としての新教科「公共」（高校）

・加えて、高等学校においては、「公共」において、教科目標の実現を図るとともに、キャリア教育の観点からは、特別活動のホームルーム活動などと連携し、インター

ンシップの事前・事後の学習との関連を図ることなどを通して、社会に参画する力を育む中核的機能を担うことが期待されている。

また、高等学校の就業体験（インターンシップ）については、これまで主に高等学校卒業後に就職を希望する生徒が多い普通科や専門学科での実習を中心に行われてきたが、今後は、大学進学希望者が多い普通科の高等学校においても、例えば研究者や大学等の卒業が前提となる資格を要する職業も含めた就業体験（いわゆる「アカデミック・インターンシップ」）を充実するなど、それぞれの高等学校や生徒の特性を踏まえた多様な展開が期待される（P.56-57）。

――今回の答申が取りまとめられた直後には、新科目「公共」について「一八歳選挙権も念頭に主権者として学ぶなどの必修科目『公共』も新しく設け、現代社会はなくす」（朝日新聞二〇一六年一二月二二日朝刊・第二社会面）や、「公民には主権者意識を育む必修科目『公共』を新設」（日本経済新聞二〇一六年一二月二二日朝刊・第二面）など、選挙権との関連に焦点を当てた報道が多くなされていましたが、キャリア教育の観点からも「中核的機能」を担う科目として位置づけられることを看過すべきではありません。

実践の基本 その3：学びのプロセスを振り返り、将来につなぐ「キャリア・パスポート」

・子供一人一人が、自らの学習状況やキャリア形成を見通したり、振り返ったりできるようにすることが重要である。そのため、子供たちが自己評価を行うことを、教科等の特質に応じて学習活動の一つとして位置付けることが適当である。例えば、特別活動（学級活動・ホームルーム活動）を中核としつつ、「キャリア・パスポート（仮称）」などを活用して、子供たちが自己評価を行うことを位置付けることなどが考えられる。その際、教員が対話的に関わることで、自己評価に関する学習活動を深めていくことが重要である（P.63）。

・教育課程全体で行うキャリア教育の中で、特別活動が中核的に果たす役割を明確にするため、小学校から高等学校までの特別活動をはじめとしたキャリア教育に関わる活動について、学びのプロセスを記述し振り返ることができるポートフォリオ的な教材（「キャリア・パスポート（仮称）」）を作成することが求められる。特別活動を中心としつつ各教科等と往還しながら、主体的な学びに向かう力を育て、自己のキャリア形成に生かすために活用できるものとなることが期待される。将来的には個人情報保護に留意しつつ電子化して活用することも含め検討することが必要である（P.234-235）。

——例えば、小学校四年生の「二分の一成人式」の際に書いた「二〇歳になった僕（私）へ」という手紙、五年生の工場見学で作成した見学記録、小学校の卒業文集に掲載した「将来の夢」、中学校一年生の時に書いた「将来就きたい職業」と「それに向けて努力したいこと」、中学校二年生でまとめた「職場体験活動を振り返って」……こういった貴重な記録は、多くの場合、誰の手元にも残っていません。これらの作文や記録を中心としながら、学年や学校を超えて継続的にファイリングし、自らの成長を振り返りつつ、将来を見通すためのポートフォリオが「キャリア・パスポート（仮称）」です。無論、ファイリングして保管するだけでは、ただの「場所ふさぎ」になってしまいます。そこで、「教員が対話的に関わることで、自己評価に関する学習活動を深めていくことが重要である」と指摘されているわけですね。

今回は、文字通りザッと「中教審答申がキャリア教育に期待するもの」のポイント整理を試みました。本文だけで二四二ページもある答申なので、網羅的な整理にはほど遠いのですが、少しでもお役に立つ部分があれば幸いです。

第12話　中教審答申がキャリア教育に期待するもの（2016年12月29日）

第14話　新しい学習指導要領を読む

二〇一七（平成二九）年三月三一日に小学校と中学校の学習指導要領が、二〇一八（平成三〇）年三月三〇日には高等学校の学習指導要領が、それぞれ告示されました。

今回の改訂にあたっては、僕自身も中央教育審議会初等中等教育分科会のうち、いくつかの委員会やワーキンググループに加わらせていただき、ほんの一端ながら改訂作業に携わったわけですが、これまでの諸改訂とは一線を画する、質的な変容を各学校の教育課程にもたらす改訂になったなぁと実感しています。新しい学習指導要領は、教壇に立つ先生方お一人お一人が、教員としての自らの信念に改めて正対しつつ授業を展開することを求めていると確信します。

もちろん、こんなスケールの大きな議論を全面展開しようとすれば、この「よもやま話」を何回使っても足りませんし、仮に挑戦したところで、僕の能力ではおそろしくお堅い書きぶりになってしまいます。作家の井上ひさし氏は、「むずかしいことをやさし

※1：桐原良光『井上ひさし伝』（白水社・2001年）P343-345

く、やさしいことをふかく、ふかいことをおもしろく……」という言葉を残していらっしゃいますが、そのレベルに到達するまでの道のりは遥かに遠く、今の僕は白旗を揚げる以外にありません。

なので、今回は、キャリア教育の推進に関連の深い規定を新しい学習指導要領からピックアップしながら、ちょこちょこと感想めいた駄文を書き加えるだけにとどめておきます。……結局は学習指導要領の抄出じゃないか、というお叱りが聞こえてきそうですが、今回のよもやま話についてはそういった資料的な使い方をしていただければ幸甚です。

小・中・高に共通するもの

では、はじめに、小学校学習指導要領・中学校学習指導要領・高等学校学習指導要領に共通する部分、換言すれば「新しい学習指導要領に基づくキャリア教育実践の屋台骨」とも言える部分を整理していきましょう。

まず注目したいのは「前文」です。学習指導要領に法的拘束力が与えられるようになった一九五八（昭和三三）年版以降、学習指導要領に「前文」が加わったのは今回の改訂が初めてだと思います（それ以前、「試案」として提示されていた頃の学習指導要領には「序論」「はしがき」などがあったのですが、「総則」という表現が用いられるようになってからは、ほぼ六〇年もの間、学習指導要領はいきなり「総則」から書き起こされることが〝常識〟となっていました）。

その「前文」の中で、僕がとりわけご紹介したいのは次の部分です（以下、上段が小学校学習指導要領、中段が中学校学習指導要領、下段が高等学校学習指導要領からの抄出となります。なお、各学習指導要領の引用部分の傍点はいずれも引用者（＝藤田）によるものです）。

　これからの学校には、こうした（教育基本法が定める〔引用者注〕）教育の目的及び目標の達成を目指しつつ、一人一人の児童が、自分のよさや可能性を認識するとともに、あらゆる他者を価値のある存在として尊重し、多様な人々と協働しながら

　これからの学校には、こうした（教育基本法が定める〔引用者注〕）教育の目的及び目標の達成を目指しつつ、一人一人の生徒が、自分のよさや可能性を認識するとともに、あらゆる他者を価値のある存在として尊重し、多様な人々と協働しながら

　これからの学校には、こうした（教育基本法が定める〔引用者注〕）教育の目的及び目標の達成を目指しつつ、一人一人の生徒が、自分のよさや可能性を認識するとともに、あらゆる他者を価値のある存在として尊重し、多様な人々と協働しながら

様々な社会的変化を乗り越え、豊かな人生を切り拓き、持続可能な社会の創り手となることができるようにすることが求められる。このために必要な教育の在り方を具体化するのが、各学校において教育の内容等を組織的かつ計画的に組み立てた教育課程である。

様々な社会的変化を乗り越え、豊かな人生を切り拓き、持続可能な社会の創り手となることができるようにすることが求められる。このために必要な教育の在り方を具体化するのが、各学校において教育の内容等を組織的かつ計画的に組み立てた教育課程である。

様々な社会的変化を乗り越え、豊かな人生を切り拓き、持続可能な社会の創り手となることができるようにすることが求められる。このために必要な教育の在り方を具体化するのが、各学校において教育の内容等を組織的かつ計画的に組み立てた教育課程である。

ここでは「教育課程」とはそもそも何かについて記されており、「前文」の中でも重要な部分であると考えます。……で、これをキャリア教育にぐぐっと引きつけて読み解いてみると、こんな感じに整理できます。

これからの学校には、一人一人の児童／生徒が
・自分のよさや可能性を認識する（＝自己理解能力）とともに、
・あらゆる他者を価値のある存在として尊重し、多様な人々と協働しながら（＝人間関係形成能力）、

・様々な社会的変化を乗り越え（＝課題対応能力）、
・豊かな人生を切り拓き（＝キャリアプランニング能力）、
・持続可能な社会の創り手となる（＝社会形成能力）

ことができるようにすることが求められる。このために必要な教育の在り方を具体化するのが、各学校において教育の内容等を組織的かつ計画的に組み立てた教育課程である。

各学校における教育課程の編成上、キャリア教育を通して育成する「基礎的・汎用的能力」は、重要な基盤になると言えるのではないでしょうか。……いや、もちろん、ご異論はあるに違いありません。確かに、キャリア教育に寄りすぎた強引な解釈ではありますが、メチャクチャな牽強附会（けんきょうふかい）とまでは言えないと思います。

例えば、新しい学習指導要領に基づいて育成すべき三点の資質・能力（「知識及び技能」「思考力、判断力、表現力等」「学びに向かう力、人間性等」）のうち、「学びに向かう力、人間性等」は、そもそも「どのように社会・世界と関わり、よりよい人生を送るか（学びを人生や社会に生かそうとする『学びに向かう力・人間性等』の涵養）」として構想されたものです。この点だけを視野に収めても、新しい学習指導要領がキャリア教育に大きな期待を寄せていることは疑いようのない事実であると考えますが、皆様はどのようにお感じですか。

キャリア教育への大きな期待

また、この前文では次の箇所にも注目する必要があります。

児童が学ぶことの意義を実感できる環境を整え、一人一人の資質・能力を伸ばせるようにしていくことは、教職員をはじめとする学校関係者はもとより、家庭や地域の人々も含め、様々な立場から児童や学校に関わる全ての大人に期待される役割である。幼児期の教育の基礎の上に、中学校以降の教育や生涯にわたる学習とのつながりを見通しながら、児童の学習の在り方

生徒が学ぶことの意義を実感できる環境を整え、一人一人の資質・能力を伸ばせるようにしていくことは、教職員をはじめとする学校関係者はもとより、家庭や地域の人々も含め、様々な立場から生徒や学校に関わる全ての大人に期待される役割である。幼児期の教育及び小学校教育の基礎の上に、高等学校以降の教育や生涯にわたる学習とのつながりを見通しながら、生

生徒が学ぶことの意義を実感できる環境を整え、一人一人の資質・能力を伸ばせるようにしていくことは、教職員をはじめとする学校関係者はもとより、家庭や地域の人々も含め、様々な立場から生徒や学校に関わる全ての大人に期待される役割である。幼児期の教育及び義務教育の基礎の上に、高等学校卒業以降の教育や職業、生涯にわたる学習とのつながりを見通しな

を展望していくために広く活用されるものとなることを期待して、ここに小学校学習指導要領を定める。

徒の学習の在り方を展望していくために広く活用されるものとなることを期待して、ここに中学校学習指導要領を定める。

がら、生徒の学習の在り方を展望していくために広く活用されるものとなることを期待して、ここに高等学校学習指導要領を定める。

「学ぶことの意義を実感できる環境」の整備と、現在の学びと生涯にわたる学習とのつながりを見通すことの重要性がここで示されていることは、キャリア教育の充実、とりわけ、後述する「キャリア・パスポート（仮称）」との関連からも極めて意義深いことだと思います。

次に「第一章 総則」から、大注目すべき部分を抄出しましょう。

第3 教育課程の実施と学習評価

1 主体的・対話的で深い学びの実現に向けた授業改善

各教科等の指導に当たっては、

第3 教育課程の実施と学習評価

1 主体的・対話的で深い学びの実現に向けた授業改善

各教科等の指導に当たっては、

第3款 教育課程の実施と学習評価

1 主体的・対話的で深い学びの実現に向けた授業改善

各教科・科目等の指導に当たっ

次の事項に配慮するものとする。

(4) 児童が学習の見通しを立てたり学習したことを振り返ったりする活動を、計画的に取り入れるように工夫すること。

第4 児童の発達の支援

1 児童の発達を支える指導の充実

教育課程の編成及び実施に当たっては、次の事項に配慮するものとする。

(1) 学習や生活の基盤として、教師と児童との信頼関係及び児童相互のよりよい人間関係を育てるため、日頃から学級経営の充実を図ること。また、主に集

次の事項に配慮するものとする。

(4) 生徒が学習の見通しを立てたり学習したことを振り返ったりする活動を、計画的に取り入れるように工夫すること。

第4 生徒の発達の支援

1 生徒の発達を支える指導の充実

教育課程の編成及び実施に当たっては、次の事項に配慮するものとする。

(1) 学習や生活の基盤として、教師と生徒との信頼関係及び生徒相互のよりよい人間関係を育てるため、日頃から学級経営の充実を図ること。また、主に集

ては、次の事項に配慮するものとする。

(4) 生徒が学習の見通しを立てたり学習したことを振り返ったりする活動を、計画的に取り入れるように工夫すること。

第5款 生徒の発達の支援

1 生徒の発達を支える指導の充実

教育課程の編成及び実施に当たっては、次の事項に配慮するものとする。

(1) 学習や生活の基盤として、教師と生徒との信頼関係及び生徒相互のよりよい人間関係を育てるため、日頃からホームルーム経営の充実を図ること。また、

団の場面で必要な指導や援助を行うガイダンスと、個々の児童の多様な実態を踏まえ、一人一人が抱える課題に個別に対応した指導を行うカウンセリングの双方により、児童の発達を支援すること。あわせて、小学校の低学年、中学年、高学年の学年の時期の特長を生かした指導の工夫を行うこと。

（3）児童が、学ぶことと自己の将来とのつながりを見通しながら、社会的・職業的自立に向けて必要な基盤となる資質・能力を身に付けていくことができるよう、特別活動を要としつつ各教科等の特質に応じて、キャリア教育の充実を図ること。

団の場面で必要な指導や援助を行うガイダンスと、個々の生徒の多様な実態を踏まえ、一人一人が抱える課題に個別に対応した指導を行うカウンセリングの双方により、生徒の発達を支援すること。

（3）生徒が、学ぶことと自己の将来とのつながりを見通しながら、社会的・職業的自立に向けて必要な基盤となる資質・能力を身に付けていくことができるよう、特別活動を要としつつ各教科等の特質に応じて、キャリア教育の充実を図ること。その中で、生徒が自らの生き方を考え主体的に進路を選択することができるよう、学校の教育活

主に集団の場面で必要な指導や援助を行うガイダンスと、個々の生徒の多様な実態を踏まえ、一人一人が抱える課題に個別に対応した指導を行うカウンセリングの双方により、生徒の発達を支援すること。

（3）生徒が、学ぶことと自己の将来とのつながりを見通しながら、社会的・職業的自立に向けて必要な基盤となる資質・能力を身に付けていくことができるよう、特別活動を要としつつ各教科・科目等の特質に応じて、キャリア教育の充実を図ること。その中で、生徒が自己の在り方生き方を考え主体的に進路を選択することができるよう、学校

動全体を通じ、組織的かつ計画的な進路指導を行うこと。

の教育活動全体を通じ、組織的かつ計画的な進路指導を行うこと。

キャリア教育はすべての教育活動で、小学校から

「第一章　総則」の「第3（款）教育課程の実施と学習評価」においては、既にご紹介した「前文」に引き続き、「児童／生徒が学習の見通しを立てたり学習したことを振り返ったりする活動」の重要性を指摘しています。更に、「児童／生徒の発達の支援」では、これまでの学習指導要領では直接的に用いられることのなかった「カウンセリング」という用語を初めて使い、ガイダンスとカウンセリングの双方の重要性を改めて示していることが重要な点です。そして、何と言っても最大のポイントは、小学校・中学校・高等学校に共通する総則事項として「キャリア教育の充実を図ること」を明示的に求め、小学校からのキャリア教育の実践を義務づけたことでしょう。

ここで見落としてはならないのは、（a）「学ぶことと自己の将来とのつながりを見通」すことがキャリア教育にとって必須事項とされ、（b）「社会的・職業的自立に向け

て必要な基盤となる資質・能力、すなわち「基礎的・汎用的能力」を身につけさせることがキャリア教育にとっての基盤であることが再確認され、（c）キャリア教育の実践は「特別活動を要としつつ」、「各教科等の特質に応じて」、つまり、すべての教育活動を通してなされるべきことが明示された点です。

その一方で、中学校学習指導要領及び高等学校学習指導要領「第一章 総則」のうち「生徒の発達の支援1（3）」が、学校の教育活動全体を通じた進路指導をキャリア教育の一環として位置づけたことは、小学校にはない規定として重要です。第1章第3話でお話ししたとおり、「キャリア教育と進路指導の目指すものは同じ」なので、この機会にキャリア教育に一本化してしまえばスッキリするのですが、「進路指導」は現行法令上〝現役〟の用語ですから、そう簡単に大鉈（おおなた）を振るうわけにはいきません。進路指導という用語を残しつつ、進路指導はキャリア教育に内包されると明示したことが、今回の中学校及び高等学校学習指導要領の特徴と言えるでしょう。

そして、キャリア教育の「要」としてその重要性を一層増した「特別活動」では、「学級活動・ホームルーム活動」の内容に「（3）一人一人のキャリア形成と自己実現」が新たに加えられ、次のように示されました。

第6章　特別活動
第2　各活動・学校行事の目標及び内容
〔学級活動〕
2　内容
（3）一人一人のキャリア形成と自己実現
ア　現在や将来に希望や目標をもって生きる意欲や態度の形成
　学級や学校での生活づくりに主体的に関わり、自己を生かそうとするとともに、希望や目標をもち、その実現に向けて日常の生活をよりよくしようとすること。
イ　社会参画意識の醸成や働くことの意義の理解
清掃などの当番活動や係活動

第5章　特別活動
第2　各活動・学校行事の目標及び内容
〔学級活動〕
2　内容
（3）一人一人のキャリア形成と自己実現
ア　社会生活、職業生活との接続を踏まえた主体的な学習態度の形成と学校図書館等の活用
　現在及び将来の学習と自己実現とのつながりを考えたり、自主的に学習する場としての学校図書館等を活用したりしながら、学ぶことと働くことの意義を意識して学習の見通しを立て、振り返ること。
イ　社会参画意識の醸成や勤労

第5章　特別活動
第2　各活動・学校行事の目標及び内容
〔ホームルーム活動〕
2　内容
（3）一人一人のキャリア形成と自己実現
ア　学校生活と社会的・職業的自立の意義の理解
　現在及び将来の生活や学習と自己実現とのつながりを考えたり、社会的・職業的自立の意義を意識したりしながら、学習の見通しを立て、振り返ること。
イ　主体的な学習態度の確立と学校図書館等の活用
　自主的に学習する場としての学校図書館等を活用し、自分に

等の自己の役割を自覚して協働することの意義を理解し、社会の一員として役割を果たすために必要となることについて主体的に考えて行動すること。

ウ　主体的な学習態度の形成と学校図書館等の活用

学ぶことの意義や現在及び将来の学習と自己実現とのつながりを考えたり、自主的に学習する場としての学校図書館等を活用したりしながら、学習の見通しを立て、振り返ること。

観・職業観の形成

社会の一員としての自覚や責任を持ち、社会生活を営む上で必要なマナーやルール、働くことや社会に貢献することについて考えて行動すること。

ウ　主体的な進路の選択と将来設計

目標をもって、生き方や進路に関する適切な情報を収集・整理し、自己の個性や興味・関心と照らして考えること。

ふさわしい学習方法や学習習慣を身に付けること。

ウ 社会参画意識の醸成や勤労観・職業観の形成

社会の一員としての自覚や責任をもち、社会生活を営む上で必要なマナーやルール、働くことや社会に貢献することについて考えて行動すること。

エ 主体的な進路の選択決定と将来設計

適性やキャリア形成などを踏まえた教科・科目を選択することなどについて、目標をもって、在り方生き方や進路に関する適切な情報を収集・整理し、自己の個性や興味・関心と照らして考えること。

3 内容の取扱い
（2） 2の（3）の指導に当たっては、学校、家庭及び地域における学習と生活の見通しを立て、学んだことを振り返りながら、新たな学習や生活への意欲につなげたり、将来の生き方を考えたりする活動を行うこと。その際、児童が活動を記録し蓄積する教材等を活用すること。

3 内容の取扱い
（2） 2の（3）の指導に当たっては、学校、家庭及び地域における学習と生活の見通しを立て、学んだことを振り返りながら、新たな学習や生活への意欲につなげたり、将来の生き方を考えたりする活動を行うこと。その際、生徒が活動を記録し蓄積する教材等を活用すること。

3 内容の取扱い
（2） 2内容の（3）の指導に当たっては、学校、家庭及び地域における学習や生活の見通しを立て、学んだことを振り返りながら、新たな学習や生活への意欲につなげたり、将来の在り方生き方を考えたりする活動を行うこと。その際、生徒が活動を記録し蓄積する教材等を活用すること。

もちろん、小学校・中学校・高等学校におけるキャリア教育は、右に引用した学級活動・ホームルーム活動の（3）のみで実施されるべきものではありません。例えば、小・中学校における学級活動の「（1）学級や学校における生活づくりへの参画」や、「（2）日常の生活や学習への適応と自己の成長及び健康安全」もキャリア教育と密接に関連していることは改めて言うまでもないでしょう。

けれども、こうして「(3) 一人一人のキャリア形成と自己実現」が明示的に設けられ、その指導において「学校、家庭及び地域における学習と生活の見通しを立て、学んだことを振り返りながら、新たな学習や生活への意欲につなげたり、将来の生き方を考えたりする活動を行うこと。その際、児童が活動を記録し蓄積する教材等を活用すること」とされた点は、キャリア教育の推進にとって画期的であると思います(「(3) 一人一人のキャリア形成と自己実現」の内容は、小学校・中学校・高等学校で大きく異なっていますが、これらの差異は、小学生・中学生・高校生のキャリア発達課題の違いなどを前提としつつ、意図的に設定されたものとして理解することが大切です)。

必須となるキャリア・パスポート

また、「前文」「総則」においてもその重要性が繰り返し指摘されてきた「児童/生徒が学習の見通しを立てたり学習したことを振り返ったりする活動」ですが、その中核となるのが「(3) 一人一人のキャリア形成と自己実現」の「内容の取扱い」において示された「児童/生徒が活動を記録し蓄積する教材」、すなわち、二〇一六(平成二八)年一二月二一日に取りまとめられた中教審答申が提言した「キャリア・パスポート(仮称)」です。またここでは、「活用することが望ましい」や「活用するよう努めるものとする」といった表現ではなく、「活用すること」という文言が用いられていることを再確認しておきたいですね。つまり、新しい学習指導要領は、小学校からの「キャリア・パスポート（仮称）」の作成と活用を例外なく求めるわけです。

高等学校学習指導要領を読む

以上が「新しい学習指導要領に基づくキャリア教育実践の屋台骨」です。続いて、高等学校独自の実践枠組みに関する規定を抄出していきます。ここでは、学校設定教科に関する科目としての「産業社会と人間」、高等学校におけるキャリア教育に関する配慮事項、及び、公民科における「公共」に焦点を絞ってご紹介しますね。

高等学校学習指導要領（抄）

第1章　総則
第2款　教育課程の編成
3　教育課程の編成における共通的事項
（1）各教科・科目及び単位数等
オ　学校設定教科
（イ）学校においては、学校設定教科に関する科目として「産業社会と人間」を設けることができる。この科目の目標、内容、単位数等を各学校において定めるに当たっては、産業社会における自己の在り方生き方について考えさせ、社会に積極的に寄与し、生涯にわたって学習に取り組む意欲や態度を養うとともに、生徒の主体的な各教科・科目の選択に資するよう、就業体験活動等の体験的な学習や調査・研究などを通して、次のような事項について指導することに配慮するものとする。

㋐社会生活や職業生活に必要な基本的な能力や態度及び望ましい勤労観、職業観の育成

㋑我が国の産業の発展とそれがもたらした社会の変化についての考察

㋒自己の将来の生き方や進路についての考察及び各教科・科目の履修計画の作成

（7）キャリア教育及び職業教育に関して配慮すべき事項

ア 学校においては、第5款の1に示すキャリア教育及び職業教育を推進するために、生徒の特性や進路、学校や地域の実態等を考慮し、地域や産業界等との連携を図り、産業現場等における長期間の実習を取り入れるなどの就業体験活動の機会を積極的に設けるとともに、地域や産業界等の人々の協力を積極的に得るよう配慮するものとする。

イ 普通科においては、生徒の特性や進路、学校や地域の実態等を考慮し、必要に応じて、適切な職業に関する各教科・科目の履修の機会の確保について配慮する

ものとする。

第2章 各学科に共通する各教科

第3節 公民

第2款 各科目

第1 公共

1 目標

人間と社会の在り方についての見方・考え方を働かせ、現代の諸課題を追究したり解決したりする活動を通して、広い視野に立ち、グローバル化する国際社会に主体的に生きる平和で民主的な国家及び社会の有為な形成者に必要な公民としての資質・能力を次のとおり育成することを目指す。

(1) 現代の諸課題を捉え考察し、選択・判断するための手掛かりとなる概念や理論について理解するとともに、諸資料から、倫理的主体などとして活動するために必要となる情報を適切かつ効果的に調べまとめる技能を身に付けるようにする。

(2) 現実社会の諸課題の解決に向けて、選択・判断の手掛かりとなる考え方や公共的な空間における基本的原理を活用して、事実を基に多面的・多角的に考察し公正に判断する力や、合意形成や社会参画を視野に入れながら構想したことを議論する力を養う。

（3）よりよい社会の実現を視野に、現代の諸課題を主体的に解決しようとする態度を養うとともに、多面的・多角的な考察や深い理解を通して涵養される、現代社会に生きる人間としての在り方生き方についての自覚や、公共的な空間に生き国民主権を担う公民として、自国を愛し、その平和と繁栄を図ることや、各国が相互に主権を尊重し、各国民が協力し合うことの大切さについての自覚などを深める。

2 内容

A 公共の扉

（1）公共的な空間を作る私たち

公共的な空間と人間との関わり、個人の尊厳と自主・自律、人間と社会の多様性と共通性などに着目して、社会に参画する自立した主体とは何かを問い、現代社会に生きる人間としての在り方生き方を探求する活動を通して、次の事項を身に付けることができるよう指導する。

ア 次のような知識を身に付けること。

（ウ）自分自身が、自主的によりよい公共的な空間を作り出していこうとする自立した主体になることが、自らのキャリア形成とともによりよい社会の形成に結び付くことについて理解すること。

イ　次のような思考力、判断力、表現力等を身に付けること。

（ア）社会に参画する自立した主体とは、孤立して生きるのではなく、地域社会などの様々な集団の一員として生き、他者との協働により当事者として国家・社会などの公共的な空間を作る存在であることについて多面的・多角的に考察し、表現すること。

B　自立した主体としてよりよい社会の形成に参画する私たち

自立した主体としてよりよい社会の形成に参画することに向けて、現実社会の諸課題に関わる具体的な主題を設定し、幸福、正義、公正などに着目して、他者と協働して主題を追究したり解決したりする活動を通して、次の事項を身に付けることができるよう指導する。

ア　次のような知識及び技能を身に付けること。

（ウ）職業選択、雇用と労働問題、財政及び租税の役割、少子高齢社会における社会保障の充実・安定化、市場経済の機能と限界、金融の働き、経済のグローバル化と相互依存関係の深まり（国際社会における貧困や格差の問題を含む。）などに関わる現実社会の事柄や課題を基に、公正かつ自由な経済活動を行うことを通して資源の効率的な配分が図られること、市場経済システムを機能させたり国民福祉の向上に寄与したりする役割を政府などが担っていること及びより活発な経済活動と個人の尊重を共に成り立たせることが必要であることについて理解すること。

イ 次のような思考力、判断力、表現力等を身に付けること。

（ア）アの（ア）から（ウ）までの事項について、法、政治及び経済などの側面を関連させ、自立した主体として解決が求められる具体的な主題を設定し、合意形成や社会参画を視野に入れながら、その主題の解決に向けて事実を基に協働して考察したり構想したりしたことを、論拠をもって表現すること。

C 持続可能な社会づくりの主体となる私たち

持続可能な地域、国家・社会及び国際社会づくりに向けた役割を担う、公共の精神をもった自立した主体となることに向けて、幸福、正義、公正などに着目して、現代の諸課題を探究する活動を通して、次の事項を身に付けることができるよう指導する。

ア 地域の創造、よりよい国家・社会の構築及び平和で安定した国際社会の形成へ主体的に参画し、共に生きる社会を築くという観点から課題を見いだし、その課題の解決に向けて事実を基に協働して考察、構想し、妥当性や効果、実現可能性などを指標にして、論拠を基に自分の考えを説明、論述すること。

3 内容の取扱い

（3）内容の取扱いに当たっては、次の事項に配慮するものとする。

イ この科目においては、教科目標の実現を見通した上で、キャリア教育の充実の観点から、特別活動などと連携し、自立した主体として社会に参画する力を育む中核的機能を担うことが求められることに留意すること。

カ　内容のBについては、次のとおり取り扱うものとすること。

（カ）アの（ウ）の「職業選択」については、産業構造の変化やその中での起業についての理解を深めることができるようにすること。「雇用と労働問題」については、仕事と生活の調和という観点から労働保護立法についても扱うこと。「財政及び租税の役割、少子高齢社会における社会保障の充実・安定化」については関連させて取り扱い、国際比較の観点から、我が国の財政の現状や少子高齢社会など、現代社会の特色を踏まえて財政の持続可能性と関連付けて扱うこと。「金融の働き」については、金融とは経済主体間の資金の融通であることの理解を基に、金融を通した経済活動の活性化についても触れること。「経済のグローバル化と相互依存関係の深まり（国際社会における貧困や格差の問題を含む。）」については、文化や宗教の多様性についても触れ、自他の文化などを尊重する相互理解と寛容の態度を養うことができるよう留意して指導すること。

高校では「公共」が中核的機能を担う

高等学校におけるキャリア教育を実践する上でとりわけ重要なのは、公民科における「公共」が、「キャリア教育の充実の観点から、特別活動などと連携し、自立した主体として社会に参画する力を育む中核的機能を担う」ものとして位置づけられた点でしょう。一人一人が社会的・職業的自立に向けたキャリア形成を図る上で必要な「知識・技能」「思考力・判断力・表現力」については主として「公共」において体系的に学び、それらの学びを人生や社会に生かそうとする「学びに向かう力・人間性等」については主としてホームルーム活動や就業体験活動（インターンシップ）の機会などを通して体得することが企図されていると言っても良いと考えます。新たな科目「公共」の構想が発表されて以来最近まで、「公共」と言えば、選挙権年齢の一八歳への引き下げとの関連から主権者教育の重要性のみが注目されてきましたが、高等学校におけるキャリア教育実践を支える主軸の一つであることの再確認が、ぜひとも必要ですね。

また、高等学校においては、「産業社会と人間」[※2]を学校設定教科に関する科目として導入することが可能であることも重要です。従来、当該科目は、総合学科における履修計画の作成に不可欠な原則必修科目としての側面のみが強調される傾向が強かったわけ

※2：公立高等学校の場合、2007（平成19）年度において「産業社会と人間」を開設していた普通科は0・

ですが、一九九九（平成一一）年三月に告示された高等学校学習指導要領以降、当該科目は、学科を問わずに学校の判断によって開設可能な科目とされており、この点は新しい学習指導要領でも変更されていません。新科目「公共」やホームルーム活動を通したキャリア形成を補完し、一層充実させる仕組みとして導入を検討する価値は十分にありそうです。

さらに高等学校には、学科等を問わず「就業体験活動の機会を積極的に設ける」ための配慮義務が課されたことも忘れてはなりません。この点については、文部科学省『高等学校学習指導要領解説　特別活動編』（二〇一八）が次のように指摘しています。[※3]

> 生徒の発達の段階や、卒業後の主体的な進路選択等を踏まえると、高等学校段階においては、就業体験活動を重点的に推進することが望まれる。これまで主に高等学校卒業後に就職を希望する生徒が多い普通科や専門学科での実習を中心に行われてきたが、今後は、大学進学希望者が多い普通科の高等学校においても、例えば大学・大学院等での学習や研究経験を必要とする職業に焦点を当て、大学等の専門機関において実施する就業体験活動（いわゆる「アカデミック・インターンシップ」）を充実するなど、それぞれの高等学校や生徒の特性を踏まえた多様な展開が期待される。

8%、専門学科は0・7%であったが（平成19年度公立高等学校における教育課程の編成・実施状況調査）、2013（平成25）年度にはそれぞれ1・1%、1・4%に増加している（平成25年度公立高等学校における教育課程の編成・実施状況調査）。とはいえ、総合学科を除けば、「産業社会と人間」を開設する高等学校は例外的な存在にとどまっていると言わざるを得ない。

※3：文部科学省『高等学校学習指導要領解説　特別活動編』（2018年）P93

――公立の全日制高校の場合、在学中に一回でも就業体験活動（インターンシップ）を体験した高校三年生の割合は、専門学科で七〇・四％、総合学科で四八・六％であるのに対し、普通科では二二・六％にとどまっています。公立中学校の九八・一％が職場体験活動を実施していることと比較しても、普通科における改善の余地は大きく残されたままです。[※4]

第１章第４話などでお話ししたことを再び繰り返すことは控えますが、大学等の上級学校に生徒を合格させさえすればその生徒の生涯にわたる幸せがかなりの程度まで保障されるという信念と親心自体が、現実の社会とズレてきていることに私たちは気付く必要があるのではないでしょうか。

※4：国立教育政策研究所 生徒指導・進路指導研究センター『平成二八年度職場体験・インターンシップ実施状況等調査結果（概要）』（２０１８年）http://www.nier.go.jp/shido/centerhp/i-ship/h28i-ship.pdf

教える側の意識が問われている

今回の学習指導要領改訂では、児童生徒が「学習の見通しを立てたり学習したことを振り返ったりする活動」を重要視し、小学校から高校まで一貫して、学級活動・ホームルーム活動において「学校、家庭及び地域における学習と生活の見通しを立て、学んだことを振り返りながら、新たな学習や生活への意欲につなげたり、将来の生き方を考えたりする活動を行うこと。その際、生徒が活動を記録し蓄積する教材（＝キャリア・パスポート（仮称））等を活用すること」が求められています。

このようなキャリア教育の前提となるのは、先生方お一人お一人が、「今の自分の授業は、何をできるようにさせることをねらっているのか？」「それができるようになることは、目の前のこの子たちにとって、どんな意味があるのか？」「その力は、この子たちの将来にどう生きるのか？」等々の自問を経た上で形成した信念を基に実践する個々の教育活動です。

教える側に漠然とした意識しかなければ、教わる側である子供たちが「各教科等での学びが、一人一人のキャリア形成やよりよい社会づくりにどのようにつながっているのか」などを見通せるはずもないでしょう。新しい学習指導要領に基づくキャリア教育を実践する過程においては、「俺は何のために教員をやっているのか？」という根源的な問いに対峙せざるを得ないのかもしれません。

第16話　小学校・中学校の次期学習指導要領案を読む（2017年2月26日）
第31話　年の瀬の大風呂敷（2017年12月28日）

第15話 「基礎的・汎用的能力消滅論（!?）」を検証する

新学習指導要領の改訂の方向性を示した中央教育審議会答申（「幼稚園、小学校、中学校、高等学校及び特別支援学校の学習指導要領等の改善及び必要な方策等について」（二〇一六（平成二八）年一二月二一日）が公表されてから、複数の方から「基礎的・汎用的能力って、これから使われなくなるんですか？」というご質問をいただくことが何度かありました。それほど頻繁ではないので、「気になる人もいるんだなぁ」程度に思っていたのですが、先日、足元の「キャリア教育学研究室」に所属する院生の一人から、「ちょっとお尋ねしにくいのですが、基礎的・汎用的能力って、これから使われなくなるんですか？」という質問を受けました。

「ブルータス、お前もか？」……はまったくもって大袈裟ですが、ちょっと動揺してしまいました。と同時に、「そうかぁ、そう解釈しようと思ったら、できちゃうよなぁ」と改めて思った次第です。そこで、今回は、「『基礎的・汎用的能力消滅論（!?）』を検証する」をお題にお話しします。

中教審答申の語るもの

まず、「基礎的・汎用的能力消滅論」とも言うべき捉え方の根拠となり得る資料「中央教育審議会（「幼稚園、小学校、中学校、高等学校及び特別支援学校の学習指導要領等の改善及び必要な方策等について（答申）」別紙）http://www.mext.go.jp/b_menu/shingi/chukyo/chukyo0/toushin/1380731.htm」をご覧下さい。具体的には、「別紙」[※1]のうち「別紙6 キャリア教育に関わる資質・能力」となります（当該「別紙6」の一部を次ページに掲げました）。

ここでは、「キャリア教育で育成をめざす『基礎的・汎用的能力』の四つの能力（『人間関係形成・社会形成能力』『自己理解・自己管理能力』『課題対応能力』『キャリアプランニング能力』）を統合的に捉え、資質・能力の三つの柱に沿って整理すれば概ね以下のように考えることができる。」と指摘され、「キャリア教育における『基礎的・汎用的能力』と資質・能力の三つの柱」[※2]というタイトルが付された表形式によって当該整理の結果が示されています。

しかも、告示された小学校学習指導要領・中学校学習指導要領・高等学校学習指導要

※1：『幼稚園、小学校、中学校、高等学校及び特別支援学校の学習指導要領等の改善及び必要な方策等について（答申）』別紙P26－27

※2：『幼稚園、小学校、中学校、高等学校及び特別支援学校の学習指導要領等の改善及び必要な方策等について（答申）』別紙P27

キャリア教育に関わる資質・能力

○キャリア教育で育成をめざす「基礎的・汎用的能力」の4つの能力（「人間関係形成・社会形成能力」「自己理解・自己管理能力」「課題対応能力」「キャリアプランニング能力」を統合的に捉え、資質・能力の三つの柱に沿って整理すれば概ね以下のように考えることができる。

ｉ）知識・技能
- 学ぶこと・働くことの意義の理解
- 問題を発見・解決したり、多様な人々と考えを伝え合って合意形成を図ったり、自己の考えを深めて表現したりするための方法に関する理解と、そのために必要な技能
- 自分自身の個性や適性等に関する理解と、自らの思考や感情を律するために必要な技能

ⅱ）思考力・判断力・表現力等
- 問題を発見・解決したり、多様な人々と考えを伝え合って合意形成を図ったり、自己の考えを深めて表現したりすることができる力
- 自分が「できること」「意義を感じること」「したいこと」をもとに、自分と社会との関係を考え、主体的にキャリアを形成していくことができる力

ⅲ）学びに向かう力・人間性等
- キャリア形成の方向性と関連づけながら今後の成長のために学びに向かう力
- 問題を発見し、それを解決しようとする態度
- 自らの役割を果たしつつ、多様な人々と協働しながら、よりよい人生や社会を構築していこうとする態度

キャリア教育における「基礎的・汎用的能力」と資質・能力の三つの柱

※「基礎的・汎用的能力」に示す4つの能力を統合的に捉え、資質・能力の三つの柱に大まかに整理したもの。

【人間関係形成・社会形成能力】 多様な他者の考えや立場を理解し、相手の意見を聴いて自分の考えを正確 に伝えることができるとともに、自分の置かれている状況を受け止め、役割を果たしつつ他者と協力・協働して社会に参画し、今後の社会を積極的に形成することができる力

【自己理解・自己管理能力】 自分が「できること」「意義を感じること」「したいこと」について、社会と の相互関係を保ちつつ、今後の自分自身の可能性を含めた肯定的な理解に基づき主体的に行動すると同時に、自らの思考や感情を律し、かつ、今後の成長のために進んで学ぼうとする力

【課題対応能力】 仕事をする上での様々な課題を発見・分析し、適切な計画を立ててその課題を処理し、解 決することができる力

【キャリアプランニング能力】「働くこと」の意義を理解し、自らが果たすべき様々な立場や役割との関連を踏まえて「働くこと」を位置付け、多様な生き方に関する様々な情報を適切に取捨選択・活用しながら、自ら主体的に判断してキャリアを形成していく力

各教科等における学習との関係性を踏まえつつ、教育課程企画特別部会「論点整理」の方向性も踏まえて整理

知識・技能	・学ぶこと・働くことの意義の理解 ・問題を発見・解決したり、多様な人々と考えを伝え合って合意形成を図ったり、自己の考えを深めて表現したりするための方法に関する理解と、そのために必要な技能 ・自分自身の個性や適性等に関する理解と、自らの思考や感情を律するために必要な技能
思考力・判断力・表現力等	・問題を発見・解決したり、多様な人々と考えを伝え合って合意形成を図ったり、自己の考えを深めて表現したりすることができる力 ・自分が「できること」「意義を感じること」「したいこと」をもとに、自分と社会との関係を考え、主体的にキャリアを形成していくことができる力
学びに向かう力・人間性等	・キャリア形成の方向性と関連づけながら今後の成長のために学びに向かう力 ・問題を発見し、それを解決しようとする態度 ・自らの役割を果たしつつ、多様な人々と協働しながら、よりよい人生や社会を構築していこうとする態度

領に眼を向けると、すべての教科等の目標が（1）（2）（3）と箇条書きにされており、それが順に「資質・能力の三つの柱」、すなわち「（1）知識及び技能」「（2）思考力、判断力、表現力等」「（3）学びに向かう力、人間性等」に該当することは誰の目にも明らかです。

その上、学習指導要領「第一章　総則」は、小学校・中学校・高等学校いずれにおいても、「各教科等の目標の実現に向けた学習状況を把握する観点から、単元や題材など内容や時間のまとまりを見通しながら評価の場面や方法を工夫して、学習の過程や成果を評価し、指導の改善や学習意欲の向上を図り、資質・能力の育成に生かすようにすること」と明示されています（総則　第3の2「学習評価の充実」）。ここでポイントとなるのは、「各教科等の目標の実現に向けた学習状況を把握する観点から」児童生徒の学習の過程や成果を評価しなさい、すなわち、目標に示された（1）（2）（3）の観点から（＝資質・能力の三つの柱に沿って）評価をしなさい、と指摘している点です。

つまり、新しい学習指導要領では、目標―指導（実践）―評価の一体化を図るための確固たる枠組みとして「資質・能力の三つの柱」が位置づけられたわけです。

ということは、今後はキャリア教育についても、教科等と同様に、そのベースは「基礎的・汎用的能力」ではなくて、「資質・能力の三つの柱」になるんだな。……これが「基礎的・汎用的能力消滅論」とも言うべき捉え方の根拠と言えそうですね。

四つの能力が三つの柱に整理されているだけ

でも、実際はそうではありません。端的に言えば「基礎的・汎用的能力消滅論」は誤解です。

まず、答申の「別紙6」をもう一度読んでみましょう。「キャリア教育で育成をめざす『基礎的・汎用的能力』の四つの能力……を統合的に捉え、資質・能力の三つの柱に沿って整理すれば概ね以下のように考えることができる」と示されています。つまり、「基礎的・汎用的能力」を「資質・能力の三つの柱」に沿って整理し直してみると、矛盾なく示すことができる、という事実を示しているに過ぎません。

次に、新学習指導要領が示している目標も評価も、各学校段階における「各教科等」に関するものであることを再確認しておく必要があります。つまり、「資質・能力の三つの柱」すなわち「(1) 知識及び技能」「(2) 思考力、判断力、表現力等」「(3) 学びに向かう力、人間性等」が、目標―指導（実践）―評価を貫く枠組みになるのは、当該学習指導要領の拘束力が及ぶ範囲の各教科等（＝学習指導要領の目次に「章」や「節」として挙げられた国語、社会、算数・数学等々）に限定されるわけです。

これをお読みくださっている多くの皆様がご存じの通り、教科等の目標の示し方や評価の観点は、学習指導要領の改訂の度に見直されます。事実、現行学習指導要領（小学校・中学校＝二〇〇八（平成二〇）年三月告示、高等学校＝二〇〇九（平成二一）年三月告示）に基づく評価は「四観点」ですから、それが新しい学習指導要領においては「三観点」に再整理されることになります。無論、将来的な学習指導要領の改訂において、これが再び見直される可能性は常に否定できません。

一方、キャリア教育は、就学前段階から高等教育段階まで継続する系統的・体系的な指導・支援・援助等の教育実践です。学習指導要領の拘束力が及ぶ学校段階、しかも、そこでの教科等を対象とした枠組みをキャリア教育に当てはめるとしたら、短大や大学等の高等教育機関への接続の際に様々な矛盾や混乱を引き起こすでしょう。保育所等を含んだ就学前段階におけるキャリア教育、及び、多様な高等教育機関におけるキャリア教育をも広く包含する枠組み、すなわち「基礎的・汎用的能力」がキャリア教育にとっては必要不可欠なのです。

また、キャリア教育に関連した主要な活動や体験等の記録は、キャリア・パスポートと呼ばれることになるポートフォリオに保存され、学年や学校種を超えて引き継がれることになります。ここで仮に、新しい学習指導要領が小学校で全面実施となる二〇二〇年度に小学校に入学する子どもを想定してみましょう。その次の学習指導要領の改訂もほぼ十年後だと仮定して、そこで、目標や評価の枠組みが変更されるとしたら、その子のキャリア・パスポートは二〇二九年度、すなわち、高校一年生のページから、別の枠組みに基づくものとなってしまいます。これでは困りますよね。キャリア教育の場合、学習指導要領の改訂の度に変更される可能性が高い枠組みとは別の枠組みに依拠しておく必要があると言えます。

無論、「基礎的・汎用的能力」も人の手によって創られたものですので、未来永劫不変であるはずはありません。時代の流れ、社会の変容などによって、今後、見直されることは十分想定されます。けれども、学習指導要領の拘束力が及ぶ範囲の学校段階、しかも、そこでの教科等に対象を絞り、ほぼ十年に一度の頻度で再検討されることが確実な枠組み（＝今回の改訂で言えば「資質・能力の三つの柱」）に依拠するデメリットのほうが大きいことは自明ではないでしょうか。

外国語の「四技能」から考える

この点については、外国語の「四技能」についても同じように考えることが可能です。「聞く」「読む」「話す」「書く」という四技能は、外国語の学習者が未就学児であろうと、中学生であろうと、大学生であろうと必要な力です。一般的に、外国語の評価の枠組みは「四技能」が基本ですよね。でも、新しい学習指導要領、例えば中学校学習指導要領「第二章第九節 外国語」では、目標が三点、（1）（2）（3）と箇条書きにされています。これをもって、中学校の外国語では「聞く」「話す」「読む」「書く」については一切問われなくなり、「（1）知識及び技能」「（2）思考力、判断力、表現力等」「（3）学びに向かう力、人間性等」だけに集約されるようになるのか、と言えば全くそうではありません。

もちろん、学校教育における「外国語」は「教科」ですから、中学校における目標―指導―評価は右記の（1）（2）（3）に基づきます。けれども、当該「外国語」の目標（1）は、「外国語の音声や語彙、表現、文法、言語の働きなどを理解するとともに、これらの知識を、聞くこと、読むこと、話すこと、書くことによる実際のコミュニケーションにおいて活用できる技能を身に付けるようにする（傍点は引用者）」とされており、「四技能」の重要性が明示されています。また、「各言語の目標及び内容等」において示される「英語」の「目標」では、「聞くこと、読むこと、話すこと［やり取り］、話すこと［発表］、書くことの五つの領域別に設定する目標」という枠組みが示され、ちゃんと「四技能」との整合性は確保されているわけです。

このように、学習指導要領の改訂があってもなくても、外国語においては「聞く」「読む」「話す」「書く」という四技能の大切さは変わらないのです。これと通底しますが、キャリア教育においても、「基礎的・汎用的能力」が使えなくなるという事態は全く想定されません。

第21話「基礎的・汎用的能力消滅論（!?）」を検証する（2017年6月4日）

コラム

「青い鳥」が住むところ

二〇一七年六月一八日から二一日まで、韓国・ソウルで開催されたICCDPP[※1](International Centre for Career Development and Public Policy)の第八回国際シンポジウムに参加してきました。今回は、二二の国と地域、複数の国際機関から、キャリア教育の推進施策担当者や研究者ら約百名が集まりました。

ICCDPP自体や国際シンポジウムの詳細についてここで詳しく説明することは割愛し、それらは公式ウェブサイトに掲載される情報に譲ることにします。

・ICCDPP公式サイト：http://iccdpp.org/
・第八回国際シンポジウム公式サイト：http://iccdpp2017.org/

細かいことを全部端折ってしまえば、それぞれの国や

※1：人々のキャリア形成の支援にかかわる教育・訓練・雇用分野の政策や行政の担当者、当該分野の研究者などの情報交換と国際的な相互交流のために2004年に設立された機関。

地域でキャリア教育推進上どんな工夫をしているのか、直面している課題は何かについて情報交換をしてきたわけです。

キャリア教育、各国事情

会期中、複数回設定されたグループディスカッションでは、参加者全員がランダムに各テーブルに割り振られ、予め配置されたファシリテーター役の参加者の司会に基づきながら、意見交換をしました。事前に参加国・地域からは「カントリーペーパー」が出されており、テーマごとに国際比較結果も報告された上でのグループディスカッションなので、毎回、論点を絞った意見交換がなされました。

キャリア教育の中核となる担当者が学校に配置されている国からは教員との連携が取りにくいという悩みが出されましたし、企業等からの支援や参画が得にくいというのはほとんどの国の参加者が指摘していたことでした。「日本の中学生はほとんど職場体験活動に参加してるよ」と発言したところ、「うちも、そうだよ」とデンマークからの参加者が続き、それを受け韓国の参加者から「受け入れ企業への謝礼はいくら払ってるの?」と質問がありました。「払ってないけど……」と我々が答えると、「えーっ、信じられない」と言っていたことは印象的でした。職場体験ひとつをとっても、国によって事情は様々なのですね。

また、日本や韓国のように少子・高齢化と共に進行する人口減少社会の中でキャリア教育をどう進めるかということが喫緊の課題になっている国もあれば、急増する若年層の雇用をどう確保するかが最大の課題であるという国も多くありました。東南アジアやアフリカなどの国々では、人口急増時代をどう乗り越えるかは焦眉の課題です。

さらに、いわゆる先進国では、急速に進展する科学技術とりわけ人工知能への対応を視野に収めたキャリア教育の必要性が共通に認識されていましたが、開発途上国からは「それは議論すべき論点の一つに過ぎない」と言った声も出されました。

最終日には、取り組むべき重要課題について国・地域別の議論をしたのですが、全体として「社会（demand side）からの要請に応えるキャリア教育」の必要性が指摘されたことは特徴的でした。確かに、急速に変容する社会からの要請に応えることは重要です。けれども、「社会の変化に乗り遅れるな、社会の荒波に飲み込まれるな」という「emergency call」に並行して（あるいはそれ以上に）、変化におびえずそれに対応していこうとする気持ちを持つ上で不可欠な肯定的な自己理解や自己効力感などを育成していくことが必要だよね、というのが日本チーム内での意見でした。

「各国での議論の成果を一分スピーチで報告して」という全体司会からの要請に応え、この点を強調しながら発言したのですが、どれほど伝わったのかについては分かりません。ただ、解散後、「いいこと言うね」という声を何人かの方からかけていただいたのは、ちょっと嬉しいできごとでした（ま、社交辞令の範囲だとは思いますが……）。

また、キャリア教育の成果をどのように評価するのか、という点が各国共通の課題として浮上したことも今回の特徴だと言えるでしょう。キャリア教育実践やその推進施策のPDCAサイクルをどう確立するかは、グローバルな課題なのですね。

この点についても、日本チーム内で「全部が全部、指標化できるわけではないよね。うーん、難しい」という認識を新たにしたところですが、「指標化できるところを指標化して、国際比較をすれば？」なーんて言う国もあって、文化的・社会的背景の違いを視野に収めない国際比較はマズいんじゃないの、と思った次第です。時間切れのため、発言の機会はありませんでしたが……。

探り続けることの大切さ

……と、いろいろと考え、多くの刺激を受けたＩＣＣＤＰＰ国際シンポジウムでしたが、「これをやれば必ずうまくいく」という万能薬のような方策は世界中探してもないんだなぁ、と改めて思いました。どの国でも、それぞれが知恵を絞って直面する問題に取り組んでいますが、課題の完全解決に至っている国など、どこにもありません。幸せの「青い鳥」を探し求めても、結局は、そんな都合のいいものはどこにもいないわけです。自分たちの手で、自分たちにふさわしいものを、手元にあるリソースによって創るしかない、ということを再認識した次第です。

そして同時に、他の国や地域での仕組みや発想から刺激を受け、それを日本の社会的文脈に即した施策形成のヒントにする構想力がものを言うのだなぁと実感しました。もちろん、若者たちのキャリア形成を支援しようと懸命にがんばっている人たちが世界中にいるということを体感できただけで、元気になれたことは言うまでもありません。

ちなみに、メーテルリンクの『青い鳥』を日本語に訳した楠山正雄は、その訳序「はじめに」において次のように言っていました（一九四二年、主婦の友社刊）。

ほんたうの高い、ふかい幸福は、實はつい手近な自分の身のまはりにあることがわかるだらう、身はまづしく、いやしくとも、人をうらやまずねたまず、つつましい正直な心で世のなかを送る者の家にこそまことの幸福はあるのだ、といふのが作者の考へです。そこで、「青い鳥」といふのは、さういふ心の智慧だけが感じるごくありふれた毎日の生活の幸福を形にあらはして見せたものだといへます。（中略）

メーテルリンク氏は、西暦で一八六二年八月の生れですから、今年（引用者注：「はじめに」が執筆された一九四一年）はもう八〇歳の老人です。ベルギー帝國では第一の國民詩人とたふとばれて、侯爵の位までもらつた人ですが、こんどの大戰で、國をのがれて、外國へ浪々の旅をつづけてゐます。でも、そんな老年になつてさういふ目にあふのは氣の毒だ、といつて同情する人があつたとしても、この老詩人は、にこにこ笑つていふでせう、「なあに、青い鳥はどこへ行つても窓の下でうたつてゐますよ。」と。

まさに、その通りですね。チルチルとミチルが、自分たちが飼っていた鳥が実は「青い鳥」だったと気づいたのは、「長い長い旅」を経てからでした。身近な宝物の価値に気づくには「長い長い旅」が必要だったのかもしれません。

第23話　「青い鳥」が住むところ　（2017年7月1日）

実践をどうするか？

第16話　教科を通したキャリア教育は難しい？

第3章でお話ししてきたとおり、新しい学習指導要領に基づくキャリア教育の実践において、「各教科等の特質に応じて、キャリア教育の充実を図る」ことは極めて重要な役割を果たします。

けれども、教育活動全体を通じたキャリア教育、とりわけ、教科・科目を通したキャリア教育は難しい、あるいは、負担である（と言うより、ぶっちゃけ、無理でしょ）という声をしばしば耳にすることも事実です。ここ二〜三年に限ったとしても、お邪魔する教員研修の折に質問が集中するのは、たいてい教科を通したキャリア教育の在り方についてです。

例えば、「教科の目標とキャリア教育の目標の両方をねらっていくと、複雑化したり、ずれが生じたりすることがありました。両者をどのように関連付けていけば良いのでしょうか。」、あるいは、「『教科のねらいとキャリア教育のねらいの両立』および『教科の評価とキャリアの見取りの両立』について、どのように考え、実践していくべきかが課題となっております。」など、挙げればきりがありません。

これは、ズバリ、国や自治体のキャリア教育推進施策担当者の説明不足、あるいは、説明下手が原因ですね。無論、僕自身も数年前までその一人だったわけですから、誰かに責任をなすりつけるわけにはいきません。ここで僕なりに説明し直します（公の立場だと使える語彙や表現が限られる上に、関連部署とのすりあわせをしている間にどんどんと「お役所言葉」になっていくわけですが、現在の僕は単なるキャリア教育大好きおっさんに過ぎませんから、自由に書きますね。語弊があったらごめんなさい）。

教科の中にあるキャリア教育の「宝」に気づこう

大切なのは「教科を通したキャリア教育とは、扱う単元や題材等にキャリア教育的な『何か』を新たに付け加えることではない」という基本ラインをおさえることです。先に挙げたご質問を例にすれば「教科の目標とキャリア教育の目標の両方をねらっていく」というところに、そもそものモンダイがあるのです。

ねらうべきは「教科の目標」だけ。当該単元の内容そのもの、あるいは、その単元のねらいを達成するための授業展開（指導手法など）の中に、キャリア教育としての価値が潜んでいる場合に、その価値を見いだし、それを意識して指導することが「教科を通したキャリア教育」の姿です。

もともと〝授業の中にあるもの〟に気づき、子供たちが「そうか、ここで学んでいることは僕にとって、わたしにとって意味のある、必要なことなんだなぁ」と実感できるように工夫することと言い換えてもいいでしょう。「教科の中でキャリア教育なんていう余計なものをやる」のでは全くなく、「教科での学びの意義を自らに引き寄せて、納得・実感させるためにやる」のです。

全く個人的な意見となりますが、子供たちが夢中で、時を忘れるようにして学びに向かう授業ができている単元等であれば、キャリア教育としての価値云々を改めて意識していなくてもいいと思います。なんとなく教室がどんよりした感じ、子供たちが乗ってこない……こんなときこそ、キャリア教育の出番です。

従来は、こういった場合、「分かりやすい説明」や「飽きさせない手法（一部には手練手管（てれんてくだ）と呼んだ方がいいものもあったかもしれません）」の工夫をしてきました。また、中学や高校では「ここは受験で狙われるところだぞ！」とか「テストに出すぞ！」とかの有無を言わさぬ脅しによって乗り切ってきた場合も、全くなかったわけではないだろうと推察します（数十年前の中学生・高校生の一人としては、結構頻繁に脅された記憶がありますが、少子化等を背景としていわゆる「受験圧力」が低減した今日、右に書いたような脅し自体が通用しにくくなっていることは、多くの先生方が実感されている通りです）。

無論、分かりやすい説明や子どもが集中して学ぶための手法の開発、あるいは機器の活用が今後も重要であることは言うまでもありません。でも、これまでの授業の中にキャリア教育としての価値を見いだし、そこにひと工夫することで、子供たちに当該単元を学ぶ意義を伝えることも、選択肢としてはアリだと思いませんか？

突拍子もない話で恐縮ですが、ヒトの肉眼では見えない蛍光物質を浮かび上がらせるときにブラックライトを使いますよね。例えば、紙幣にブラックライトを当てると偽造防止のために蛍光物質で印刷された部分がくっきりと見えます。また、飲食店などの室内装飾に蛍光物質を用い、ブラックライトを使って演出効果を狙う場合もあります。ちょっと性質は異なりますが、ビタミンＢ２の入った栄養ドリンクにブラックライトを当てると、紫外線が吸収されそのエネルギーが可視光に換わるので光ります（これはYouTubeネタとしても多くみられます）。

話を元に戻します。これまでの授業に「キャリア教育の視点」という名前のブラックライトをあててみて下さい。単元の内容にも、授業の展開にも、これまで気づかなかった「きらっと光る部分」があるはずです。ここで言う「キャリア教育の視点」というのは、「キャリア教育を通して我が校の子供たちに身につけさせたい力」及び「将来の社会生活・職業生活で求められる力」のことを意味します。

そのブラックライトに反応した部分の価値を意識して実践し、大単元の振り返りの際に、「この単元の学習で扱ったこの内容は（あるいは、この単元の学習の際に行ったあの活動は）、みんなが身につけるべき〝○○の時に△△することができる〟ということにつながっているね」と言語化して伝え、その価値を再確認しましょう。こう伝えたとき、子供たちが「?・?」という表情にならないように、「きらっと光る部分」については自ずからこれまでとは違った工夫をしたくなるはずです。これが「教科を通したキャリア教育」の姿です。

例えば、音楽の場合

うーん。「うまく伝わった感」がしませんね。では、とっておきの具体例をご紹介しましょう。

ご紹介するのは、二〇一八年五月六日付けの「朝日新聞」朝刊に掲載された鷲田清一さんのコラム「折々のことば」です。言葉のプロは選択眼も解説も見事だなぁと毎朝感激しつつ拝読している「折々のことば」ですが、今回のコラムは教科を通したキャリア教育実践の具体的な姿をズバリ示していると感じました。まずはもったいぶらずに、当該コラムを全文引用します。

民主的な社会に暮らす方法を学びたいのならば、オーケストラで演奏するのがよいだろう。（ダニエル・バレンボイム）

楽団の各パート（受け持ち）は、あてがわれた単一の機能を担う部品（パーツ）とは違って、他の演奏者の思いを量りつつ、追従したり、けしかけたり、互いに応じあう中で曲を作ってゆく。そう、他の人のために場所を残しながら、同時に自分の場所を主張すると、ピアニスト・指揮者は言う。A・グゼリミアン編『バレンボイム／サイード　音楽と社会』（中野真紀子訳）から。

――まさに、音楽の授業を通したキャリア教育の具体例がこれです！　鷲田さんが紹介しているバレンボイムの言葉ではオーケストラでの演奏について述べていますが、これを器楽合奏や二部合唱・三部合唱等に置き換えてみると、音楽の授業そのものです。オーケストラ部、吹奏楽部、軽音楽部、合唱部などの部活動にも、そのまま通用しますね。

仮に、ある学校で（あるいは当該学校の特定の学年で）、「一人一人の良さを認め、それぞれを大切にすることができる」「自他の良さを互いに活かしながら協力して生活することができる」などのキャリア教育の目標（キャリア教育を通して身につけさせたい力）が設定されているとしましょう。

その学校（あるいは学年）におけるキャリア教育の実践にとって、音楽の授業は、絶好のチャンスの一つです。その理由は、バレンボイムの言葉を鷲田さんが読み解いてくださったとおり、音楽の授業の中に「他の演奏者の思いを量りつつ、追従したり、けしかけたり、互いに応じあう中で曲を作ってゆく。そう、他の人のために場所を残しながら、同時に自分の場所を主張する」というキャリア教育の「宝」があるからに他なりません。

無論、このようなキャリア教育の目標を全く意識しなくとも、合奏や合唱等の授業においては、それぞれのパートの音や声を聴きあい、主旋律を活かしながら、自分のパートの役割を果たして一つの楽曲を創り上げる醍醐味を体感することができるよう指導することが求められます。

でも、教師が「今、自分が指導しているこの音楽の授業そのものが、この学校（学年）で目指しているキャリア教育の目標を達成するための重要な機会でもある」と認識し、それを子供たちに伝えなければ、子供たちは、音楽の時間における学習活動それ自体が「民主的な社会に暮らす方法」につながるものであることに気づき、「なるほど！」と実感することはできません。

そのような場合、音楽での学びは音楽の時間内に閉じたものとなり、ややもすると「うまく歌う」「うまく演奏する」という知識・技能の習得に限定した学習活動にとどまってしまう可能性も否定できないと言えるでしょう。

……もしそうだとすれば、本当にもったいない。

キャリア教育は、子供たち一人一人が「学ぶことと自己の将来とのつながりを見通しながら、社会的・職業的自立に向けて必要な基盤となる資質・能力を身に付けていくことができるよう」になるための指導・援助を、すべての教育活動を通して系統的に提供するものです。音楽の授業の中にそのための重要な機会がありながら、教師も子供たちもそれに気づかないとしたら、もったいないとしか言いようがありません。

子供たちの学びの意欲を高めるために

新しい学習指導要領の「前文」は、「よりよい学校教育を通してよりよい社会を創るという理念を学校と社会とが共有」することを前提とした「開かれた教育課程」の実現を目指すと明示した上で、「(上級学校での)教育や生涯にわたる学習とのつながりを見通しながら、児童[小学校]/生徒[中学校・高等学校]が学習の在り方を展望していくために広く活用されるものとなることを期待して、ここに小学校/中学校/高等学校学習指導要領を定める」と宣言しています。

教科等の枠組みを基盤とした知識や技能を学ぶことを通じて「何ができるようになるか」を意識し、それがこれからの時代に求められる資質・能力にもつながっていくものであることを、子供たち自身が認識できるようにすることが求められていると言えるでしょう。このような学びを積み重ねることを通してこそ、主体的に学びに向かい、それらの学びを通して得たものを自らの人生や社会づくりに生かそうとする意欲が高まるのではないでしょうか。新しい学習指導要領に基づく教育活動において、「各教科等の特質に応じて、キャリア教育の充実を図ること」を旨とする、キャリア教育の果たすべき役割はますます大きくなっていると確信します。

無理な付け焼刃は要らない

一方、扱う単元や題材等に対して、無理矢理「キャリア教育的な『何か』」を新たに付け加えようとする試みは、教科の本質を損なうような、あるいは、教科としての授業展開に支障を来すような実践に終わることが少なくありません。このような実践を、学習指導要領に基づくキャリア教育の取組と見なすことはできませんし、それらはキャリア教育としての価値も持ちません。

でも、言うは易く行うは難し、との先人の知恵が示すとおり、ここには「わかっちゃいるけど、つい……」という落とし穴があります。それは、キャリア教育の一環としての体験的な活動――職場体験活動やインターンシップなど――を実践するための「下請け」として教科等の時間を使ってしまうことです。

例えば、職場体験活動を終え、受け入れて下さった事業所に送るお礼状を書く。無論、お世話になったのですからお礼状を書くこと自体は当然ですし、心を込めて書くよう指導することはもちろん大切です。その際、失礼な文面にならないよう具体的なアドバイスをしたり、さらに細やかに個別の指導を必要とするケースもあるでしょう。

ですが、「お礼状を書く。すなわち、文章作成。だから、国語の時間に書かせよう。早速、国語の先生に相談だ」という安易な方策で実施しようとすることは、場合によって、大きな落とし穴に自ら突っ込んでいくような行為になりかねません。

なぜこれが「落とし穴」になり得るかは、こういった依頼をされる国語の先生の立場になってみるとすぐに分かります。全くの架空の話ですが、キャリア教育担当のC先生が、国語担当のJ先生に次のような依頼をしたとしましょう。

「J先生。六月末の職場体験なんですけど、終わった後で子供たちにお礼状を書かせたいんですが、七月頭の国語の時間で、一時間だけで結構ですから、お礼状の作成指導をお願いできませんか？」

このような依頼を受けた国語担当のJ先生は、年間指導計画を広げ、「え？　七月の頭ですか……」と口ごもるはずです。C先生としては「一時間ぐらい、融通きかせてよ」と思っているかもしれませんが、七月の頭には四時間計画で「短歌の創作と鑑賞」の単元が予定されているのです。「五七五七七」の三一音で構成される日本の伝統的定型詩の奥行きの深さと、散文とは異なる表現の醍醐味、俳句との違い……等々について、短歌の世界に子供たちを誘いながら学ばせ、そのおもしろさを体感させる四時間の構造と体系が構想されているのに、それを分断する形で「お礼状の作成」が入ってくるかもしれない。こんな状況に直面したら、大抵の国語の先生は、心の底で次のように叫びます。

「国語を舐めてもらっちゃ困るんだよね。国語は、キャリア教育のための都合のいい時間じゃないんだよ！」

ま、このような心の叫びをC先生との会話の中でどれほど表現するかは、J先生のお人柄に左右されますが、J先生が「だからキャリア教育は嫌なんだ」という思いを深めたことについては、疑う余地がありません。C先生は、図らずも、すべての教育活動を通したキャリア教育の実践に対する「抵抗勢力」を一人増やす結果を招いたと言えるでしょう。

無論、その学年の国語の年間指導計画に「手紙を書こう」などの単元が既にある場合には、話は大きく異なる可能性が出てきます。単元の順序を入れ替え、職場体験活動の直後に当該単元を実施することによって、実在する「手紙を読んでくれる相手」に対して、一人一人が実体験を基にお礼状を書くことになるわけですから、「手紙を書こう」という単元にリアリティと必然性が加わり、それは国語としての学習と社会をつなぐことに寄与することになります。この場合、C先生とJ先生が十分な意思疎通と連携をすることにより、キャリア教育にとっても、国語にとってもいわば「Ｗｉｎ－Ｗｉｎ」の実践になり得ますね。

でも、お礼の手紙や依頼の手紙を書く単元は、多くの場合、小学校四年生あるいは五年生で扱われますから、中学校や高等学校において「国語の時間でお礼状の作成指導をお願いできませんか？」と国語担当者に持ちかけても、うまくいくケースは稀だと思います。「え？　お礼状の指導ですか？」と聞き返してくる国語の先生が、「ここは小学校じゃないんだよ！　国語を舐めんな！」と怒りに震える気持ちを懸命に抑えている可能性は小さくありません。

誰でも陥りがちな落とし穴

……ここまでお読み下さった方の中には、「何を今更、当たり前のことをエラそうに言ってるの?」とお感じになっている先生方もいらっしゃることと拝察します。

でもですね、学校外での体験活動を伴う学校行事は、実施学年にとっての「メイン・イベント」の一つであることが多いため、当該行事の担当になると、その行事を実りあるものにしたい気持ちが勝ってしまい、つい失敗しがちなのです。また、教科を通したキャリア教育が求められるご時世だから、一石二鳥かも……という誤った皮算用をしてしまうケースも少なくないようです。

実は、ある時参加した研修会の演習（グループワーク）でも、参加された先生方のうち、けっして少数派と言えない割合のグループが同じような「落とし穴」に陥ってしまっていました。

このグループワークでは、架空の高校の二年生のキャリア教育年間指導計画の作成が課題でした。学校の立地や在籍する生徒の特徴、主たる学校行事などの条件は与えられています。それらの学校行事の一つに「オーストラリアへの修学旅行（九月）」があり、訪問先のオーストラリアの人々と交流するプログラムも予定されています。そして、この修学旅行自体が、この学年のキャリア教育の重要な機会としても位置づけられているという設定でした。

このような状況において、年間指導計画の作成に取り組んだわけですが、夏休みまでの各教科でのキャリア教育として挙げられたものの中には、オーストラリアへの修学旅行の「下請け」と捉えられる提案が少なくなかったのです。

例えば……

・家庭科：郷土料理を学ぶ
・地理：オーストラリアの地誌を学ぶ
・英語：日本文化を英語で紹介しよう
・英語：質問文を考えよう

これでは、家庭科の先生も、地理の先生も、英語の先生もキャリア教育が嫌いになってしまいます。例えば、高校の地元の郷土料理を試食してもらった後の「質問文」を英語で考えるとすれば、Did you like it? などが典型例になるでしょう。でも、これは中学校で学ぶ英語のレベルですね。あるいは、そこにhowを付けて、How did you like...? としたところで、中学校レベルであることには変わりありません。これを高校二年生の英語の授業の中で扱うことを求められた英語の先生のお気持ちは……

さらに、そのタイミングが、多くの生徒にとっての高校英語の鬼門とも言うべき関係副詞を扱う時期に重なったとしたら、もうこれは最悪の事態ですね。ただでさえ、中学校で学んだ関係代名詞の知識があやふやな生徒が少なくないわけですから、関係副詞の導入については入念に準備して授業に臨まないと、英語が一気に分からなくなる生徒が増え、それは英語嫌いの急激な増加を意味します。

「よし、もうじき関係副詞を扱う単元だな。今年も英語嫌いを増やさないぞ！」と気合いを入れなくてはならない時期に、「郷土料理の試食後の感想を英語で尋ねる質問文を、英語の時間に……」などと言われたら、英語の先生のご機嫌が急速に悪くなることは想像に難くありません。

第2話　教科を通したキャリア教育は難しい？（２０１６年８月２日）
第36話　教科を通したキャリア教育は難しい？—その２—（２０１８年５月６日）
第40話　教科を通したキャリア教育は難しい？—その３—（２０１８年９月24日）

第17話　「主体的・対話的で深い学び」とキャリア教育

今回は、数ある「新学習指導要領の〝目玉〟」の中でも、筆頭格と呼べるほど高い関心を集めている「主体的・対話的で深い学び」による授業改善の在り方とキャリア教育との関係を整理したいと思います。

今回の学習指導要領の改訂に向けた審議を中央教育審議会に求めた文部科学大臣による諮問（二〇一四（平成二六）年一一月二〇日）において、「育成すべき資質・能力を確実に育むための学習・指導方法」の具体策として「アクティブ・ラーニング」が示されるとすぐに、「アクティブ・ラーニング」にスポットライトが当てられたことは皆様が記憶されている通りです。大型書店では「アクティブ・ラーニング・コーナー」が設けられ、関連する各種の新刊本が平積みされることも珍しくありませんでした。

その後、学習指導要領の基本的方向性を示した中央教育審議会答申「幼稚園、小学校、中学校、高等学校及び特別支援学校の学習指導要領等の改善及び必要な方策等について」（二〇一六（平成二八）年一二月二一日）や、それに基づく新たな学習指導要領が、「アクティブ・ラーニング」に代わって「主体的・対話的で深い学び」という表現を用いると、一気に「主体的・対話的で深い学び」がブームとなって今日に至っています。それぞれの教科ごとに、いわゆるノウハウ本もたくさん出版されている状況ですね。

もちろん、こういった状況は歓迎すべきことです。学校で直接授業をする先生方だけに暗中模索を強いるのではなく、学習指導要領の改訂に直接携わった方々や、各教科におけるる指導実践のエキスパートが、新しい学習指導要領が求める授業改善の方向性と具体的な改善方策を分かりやすく示すことは意義のあることですし、社会的なニーズに応える意味からは不可欠なことであると言っても良いでしょう。

形に捉われ目的を見失う怖れはないか

でも、「具体的にこのようにすればいい」というノウハウだけに先生方の関心が集中するとすれば、それはちょっと危険かもしれません。この点については、二〇一六（平成二八）年一二月の答申が次のように指摘しています。[※1]

こうした（＝子供たちの「主体的・対話的で深い学び」を実現するための［引用

※1：中央教育審議会答申『幼稚園、小学校、中学校、高等学校及び特別支援学校の学習指導要領等の改善及び必要な方策等について』（2016（平成28）年12月21日）P48－49

者注〕）工夫や改善の意義について十分に理解されないと、例えば、学習活動を子供の自主性のみに委ね、学習成果につながらない「活動あって学びなし」と批判される授業に陥ったり、特定の教育方法にこだわるあまり、指導の型をなぞるだけで意味のある学びにつながらない授業になってしまったりという恐れも指摘されている。

平成二六年一一月の諮問以降、学習指導要領等の改訂に関する議論において、こうした指導方法を焦点の一つとすることについては、注意すべき点も指摘されてきた。つまり、育成を目指す資質・能力を総合的に育むという意義を踏まえた積極的な取組の重要性が指摘される一方で、指導法を一定の型にはめ、教育の質の改善のための取組が、狭い意味での授業の方法や技術の改善に終始するのではないかといった懸念などである。我が国の教育界は極めて真摯に教育技術の改善を模索する教員の意欲や姿勢に支えられていることは確かであるものの、これらの工夫や改善が、ともすると本来の目的を見失い、特定の学習や指導の「型」に拘泥する事態を招きかねないのではないかとの指摘を踏まえての危惧と考えられる。（傍点は引用者）

――「急がば回れ」という先人の知恵に従い、今回は、「主体的・対話的で深い学び」とはそもそも何か、何を目指しているのかについて再確認してみましょう。

学び続ける力を養うために

まず、「主体的・対話的で深い学び」の、いわば「言い出しっぺ」である二〇一六（平成二八）年一二月の中央教育審議会答申から関連部分を引用します。はじめに、「主体的・対話的で深い学び」とは何か、その本質を簡潔に述べている部分を引きますね。[※2]

「主体的・対話的で深い学び」の実現とは、特定の指導方法のことでも、学校教育における教員の意図性を否定することでもない。人間の生涯にわたって続く「学び」という営みの本質を捉えながら、教員が教えることにしっかりと関わり、子供たちに求められる資質・能力を育むために必要な学びの在り方を絶え間なく考え、授業の工夫・改善を重ねていくことである。

※2：中央教育審議会答申『幼稚園、小学校、中学校、高等学校及び特別支援学校の学習指導要領等の改善及び必要な方策等について』（2016（平成28）年12月21日）P49

——このすぐ後で、同答申は次のようにも言い換え、「主体的な学び」「対話的な学び」「深い学び」の具体的な説明につなげています。[※3]

「主体的・対話的で深い学び」の実現とは、以下の視点に立った授業改善を行うことで、学校教育における質の高い学びを実現し、学習内容を深く理解し、資質・能

※3：中央教育審議会答申『幼稚園、小学校、中学校、高等学校及び特別支援学校の学習指導要領等の改善及び必要な方策等について』（2016（平成28）年12月21日）P49

力を身に付け、生涯にわたって能動的（アクティブ）に学び続けるようにすることである。

――ここで何より大切なのは、「主体的・対話的で深い学び」の前提には、学びが生涯にわたって続くものであるという理解があり、生涯学び続けていく力を培うことこそがねらいとされている点です。日進月歩で知が進展し、競争と技術革新が絶え間なく生まれ、私たちの思考を底支えするパラダイムがいつ転換しても不思議ではない知識基盤社会に参画する上では、生涯にわたって学び続けようとする意欲、つまり学びに対する興味や関心が極めて重要であることは言うまでもありません。「主体的・対話的で深い学び」による授業改善の目的が学び続ける力を培うことにあるという点を、まず再確認しておきましょう。

次に、「主体的な学び」「対話的な学び」「深い学び」についての同答申の説明を引用します。[※4]

①学ぶことに興味や関心を持ち、自己のキャリア形成の方向性と関連付けながら、見通しを持って粘り強く取り組み、自己の学習活動を振り返って次につなげる「主体的な学び」が実現できているか。

※4：中央教育審議会答申『幼稚園、小学校、中学校、高等学校及び特別支援学校の学習指導要領等の改善及び必要な方策等について』（2016（平成28）年12月21日）P49－50

子供自身が興味を持って積極的に取り組むとともに、学習活動を自ら振り返り意味付けたり、身に付いた資質・能力を自覚したり、共有したりすることが重要である。

②子供同士の協働、教職員や地域の人との対話、先哲の考え方を手掛かりに考えること等を通じ、自己の考えを広げ深める「対話的な学び」が実現できているか。

身に付けた知識や技能を定着させるとともに、物事の多面的で深い理解に至るためには、多様な表現を通じて、教職員と子供や、子供同士が対話し、それによって思考を広げ深めていくことが求められる。

③習得・活用・探究という学びの過程の中で、各教科等の特質に応じた「見方・考え方」を働かせながら、知識を相互に関連付けてより深く理解したり、情報を精査して考えを形成したり、問題を見いだして解決策を考えたり、思いや考えを基に創造したりすることに向かう「深い学び」が実現できているか。

子供たちが、各教科等の学びの過程の中で、身に付けた資質・能力の三つの柱を活用・発揮しながら物事を捉え思考することを通じて、資質・能力がさらに伸ばされたり、新たな資質・能力が育まれたりしていくことが重要である。教員はこの中で、教える場面と、子供たちに思考・判断・表現させる場面を効果的に設計し関連させながら指導していくことが求められる。

——右の引用が明確に示すとおり、「主体的・対話的で深い学び」を構成する「主体的な学び」は「自己のキャリア形成の方向性と関連付けながら」学ぶことを極めて重要な特質としています。本書第3章においても確認してきたように、キャリア教育は、一人一人の児童生徒が「学ぶことと自己の将来とのつながりを見通しながら、社会的・職業的自立に向けて必要な基盤となる資質・能力を身に付けていくことができる」ようにすることを目指す教育活動ですから、「主体的・対話的で深い学び」の本質を、キャリア教育と切り離して理解することはできないと考えます。

本来であれば、心を静めて、公正なまなざしから「主体的・対話的で深い学び」の本質を整理しなくてはならないのですが、ここまで明確にキャリア教育との密接な関係が示されてしまうと、「キャリア教育大好きおっさん」としては、どうしてもキャリア教育の色メガネを通してしか「主体的・対話的で深い学び」を捉えることができません。このような僕自身の限界・思考の傾斜をご海容いただき、以下、キャリア教育推進の立場から見た「主体的・対話的で深い学び」の特質の整理としてお読みください。

学びの本質的意義とキャリア教育とは表裏一体

では、改めて「主体的な学び」に目を向けましょう。

「主体的な学び」とは、「学ぶことに興味や関心を持ち、自己のキャリア形成の方向性と関連付けながら、見通しをもって粘り強く取り組み、自己の学習活動を振り返って次につなげる」学びであると定義づけられています。本書の第4章第16話でも指摘したこととと重なりますが、このような「主体的な学び」こそ、各教科等を通したキャリア教育の基本となるべき教育実践の在り方であると考えます。

教科等での学びが、自らの将来においても生きて働く資質・能力につながるものであることを子供たちが認識し、その見通しの下で、粘り強く学び続けようとする意欲が持てるよう指導することは、「主体的な学び」を促す指導そのものであり、それは、各教科等を通したキャリア教育の姿でもあります。

具体的には、教師が「今の自分の授業は、何をできるようにさせることをねらっているのか？」「それができるようになることは、目の前のこの子たちにとってどのような意味があるのか？　この子たちの将来にどう生きるのか？」を意識し、それらを児童生徒に明示しつつ、授業の意義を明らかにして授業を展開することと言い換えることもできるでしょう。それを受けて、「なるほど、この学びは、僕・私にとって重要なんだなぁ。よし、頑張ろう！」と思い、学びに向かうことが「主体的な学び」の基本です。

でも、このような「主体的な学び」単独では、どうしても避けられない弱みがあります。

それは、視野の狭隘化です。「僕・私の将来との関係」を前提として、学びへの興味・関心を強めようとすれば、場合によって、特定の学習内容を「僕・私の将来とは関係ない」と切り捨てる過ちへと、子供たちを導いてしまう危険に接近してしまう可能性を否定できません。

だからこそ、「対話的な学び」が必要なのです。子供同士はもちろん、先生方や地域の皆さんとの対話の機会を設け、先哲の考え方にも触れながら、自己の考えを広げ、物事の多面的で深い理解ができるよう子供たちを導く必要があります。

このような「主体的な学び」「対話的な学び」を通して、教科等における学びの深まりの鍵となる「深い学び」が実現するわけです。

キャリア教育推進の立場からは、この「深い学び」の実現の過程において、各教科等の特質に応じた「見方・考え方」を働かせることが求められている点が極めて重要と言えるでしょう。この「見方・考え方（各教科等の特質に応じた物事を捉える視点や考え方）」については、二〇一六（平成二八）年一二月の中央教育審議会答申が、次のように指摘していることを再確認する必要があります。※5

「見方・考え方」には教科等ごとの特質があり、各教科等を学ぶ本質的な意義の中核をなすものとして、教科等の教育と社会をつなぐものである。子供たちが学習や人生において「見方・考え方」を自在に働かせられるようにすることにこそ、教員の専門性が発揮されることが求められる（傍点は引用者）。

――「見方・考え方」は、教科等の教育と社会をつなぐものであり、生涯にわたって続く学びや人生そのものにおいて、それぞれの教科等での学びを通して身に付けた物事を捉える視点や考え方を活かしていくことが求められています。そして、このような「見方・考え方」は、「各教科等を学ぶ本質的な意義の中核」でもあるというのが、答申

※5：中央教育審議会答申『幼稚園、小学校、中学校、高等学校及び特別支援学校の学習指導要領等の改善及び必要な方策等について』（2016（平成28）年12月21日）P34

の捉え方です。この「各教科等を学ぶ本質的な意義」については、同答申自身が次のように指摘しています。[※6]

子供たちに必要な資質・能力を育んでいくためには、各教科等での学びが、一人一人のキャリア形成やよりよい社会づくりにどのようにつながっているのかを見据えながら、各教科等をなぜ学ぶのか、それを通じてどういった力が身に付くのかという、教科等を学ぶ本質的な意義を明確にすることが必要になる（傍点は引用者）。

――繰り返しとなり恐縮ですが、一人一人の児童生徒が「学ぶことと自己の将来とのつながりを見通」すことができるようにすることは、キャリア教育の重要な役割であり、その本質の一部です。ここで述べられる「教科等を学ぶ本質的な意義を明確にする」ことと、キャリア教育とは表裏一体の関係にあると言っても過言ではありません。

大学入試改革とも密接に関わる

結局、総体としての「主体的・対話的で深い学び」とキャリア教育とは、極めて密接な関係にあり、両者を切り離して考えることは難しいと言えるのではないでしょうか。

既に確認したとおり、「主体的な学び」と教科等を通したキャリア教育とは不可分です

※6：中央教育審議会答申『幼稚園、小学校、中学校、高等学校及び特別支援学校の学習指導要領等の改善及び必要な方策等について』（2016（平成28）年12月21日）P32

し、右で整理したとおり、「深い学び」における重要なプロセスとなる「見方・考え方」を働かせることとキャリア教育の本質もまた、相互に不可分な関係にあると捉えられます。

このように考えれば、第２章第10話で注目した「大学入学共通テスト」が、「高校等における『主体的・対話的で深い学び』の実現に向けた授業改善のメッセージ性も考慮し、授業において生徒が学習する場面や、社会生活や日常生活の中から課題を発見し解決方法を構想する場面、資料やデータ等をもとに考察する場面など、学習の過程を意識した問題の場面設定を重視する」方針を明示したことは、極めて自然かつ妥当なことであると思われますが、皆様はどのようにお考えでしょうか。

第39話「主体的・対話的で深い学び」とキャリア教育（２０１８年８月12日）

第18話　キャリア教育の「要」って、何をどうするの？

新しい学習指導要領の総則は、キャリア教育の実践の在り方について次のように定めています。

児童／生徒が、学ぶことと自己の将来とのつながりを見通しながら、社会的・職業的自立に向けて必要な基盤となる資質・能力を身に付けていくことができるよう、特別活動を要としつつ各教科等の特質に応じて、キャリア教育の充実を図ること。（小：第4の1（3）、中：第4の1（3）、高：第5款の1（3））（傍点は引用者）

——ここで重要となるのは、キャリア教育は「特別活動を要としつつ各教科等の特質に応じて」実践されるものとされ、それが小学校・中学校・高等学校の共通事項となっている点です。「各教科の特質」に応じたキャリア教育の実践については、本章第16話・第17話でお話ししたとおりですので、今回は「特別活動を要」としたキャリア教育の実践の方策について整理していきましょう。

はじめに、この総則規定に関して文部科学省自身が次のように解説していることを確認します。ここでは、「学習指導要領解説　総則編」のうち、中学校版の記述を引用しますね。[※1]

キャリア教育を効果的に展開していくためには、特別活動の学級活動を要としながら、総合的な学習の時間や学校行事、道徳科や各教科における学習、個別指導としての教育相談等の機会を生かしつつ、学校の教育活動全体を通じて必要な資質・能力の育成を図っていく取組が重要になる。

また、自己のキャリア形成の方向性と関連付けながら見通しをもったり、振り返ったりする機会を設けるなど主体的・対話的で深い学びの実現に向けた授業改善を進めることがキャリア教育の視点からも求められる。

さらに、本改訂では特別活動の学級活動の内容に（３）一人一人のキャリア形成と自己実現を設けている。その実施に際しては次の２点に留意することが重要である。

※１：文部科学省『中学校学習指導要領（平成29年告示）解説 総則編』（２０１７年）Ｐ１００

一つ目は、総則において、特別活動が学校教育全体で行うキャリア教育の要としての役割を担うことを位置付けた趣旨を踏まえることである。キャリア教育の要としての役割を担うこととは、キャリア教育が学校教育全体を通して行うものであるという前提のもと、これからの学びや人間としての生き方を見通し、これまでの活動を振り返るなど、教育活動全体の取組を自己の将来や社会づくりにつなげていくための役割を果たすことである。この点に留意して学級活動の指導にあたることが重要である。

二つ目は、学級活動の（3）の内容は、キャリア教育の視点からの小・中・高等学校のつながりが明確になるよう整理したということである。ここで扱う内容については、将来に向けた自己実現に関わるものであり、一人一人の主体的な意思決定を大切にする活動である。小学校から高等学校へのつながりを考慮しながら、中学校段階として適切なものを内容として設定している。キャリア教育は、教育活動全体の中で基礎的・汎用的能力を育むものであることから職場体験活動などの固定的な活動だけに終わらないようにすることが大切である（傍点は引用者）。

――ここでのポイントは、先に引用した総則規定における「特別活動を要としつつ」

の部分は、「特別活動のうちの学級活動、とりわけ、今回新しく設けられた『(３) 一人一人のキャリア形成と自己実現』を要としつつ」と解釈してください、と指摘されているという点です。

新しい学習指導要領が求める「特別活動を要としたキャリア教育」における「特別活動」とは、特別活動全体を指すものではなく、小・中学校では学級活動、高等学校ではホームルーム活動の「(３) 一人一人のキャリア形成と自己実現」を意味するのです。

そして、この点と同じくらい重要なのは、「要(かなめ)」という言葉の意味です。「要」は、そもそも「扇の骨を留めるのに用いる釘。また、扇の骨を留める場所。」(大辞林) を意味する言葉です。まずは「扇面と骨」があって、それがバラバラにならないようにつなぎ止めるのが「要」の役割です。「要」だけの扇は存在しませんし、無理にそういった奇妙な扇を作ったところで使い道はありません。

だからこそ、右に引用した「学習指導要領解説　総則編」では、「キャリア教育を効果的に展開していくためには、特別活動の学級活動（のうち、とりわけ（3））を要としながら、総合的な学習の時間や学校行事、道徳科や各教科における学習、個別指導としての教育相談等の機会を生かしつつ、学校の教育活動全体を通じて必要な資質・能力の育成を図っていく取組が重要になる。」と指摘しているわけです。

振り返りと、今と将来を結ぶ活動が要になる

では、その「要」となる学級活動・ホームルーム活動の（3）の規定を、新しい学習指導要領から引用してみましょう。

小学校・学級活動

（3）一人一人のキャリア形成と自己実現

ア　現在や将来に希望や目標をもって生きる意欲や態度の形成

イ　社会参画意識の醸成や働くことの意義の理解

ウ　主体的な学習態度の形成と学校図書館等の活用

中学校・学級活動
（3）一人一人のキャリア形成と自己実現
ア　社会生活、職業生活との接続を踏まえた主体的な学習態度の形成と学校図書館等の活用
イ　社会参画意識の醸成や勤労観・職業観の形成
ウ　主体的な進路の選択と将来設計

高等学校・ホームルーム活動
（3）一人一人のキャリア形成と自己実現
ア　学校生活と社会的・職業的自立の意義の理解
イ　主体的な学習態度の確立と学校図書館等の活用
ウ　社会参画意識の醸成や勤労観・職業観の形成
エ　主体的な進路の選択決定と将来設計

――児童生徒の発達の段階に対応して、学級活動・ホームルーム活動（3）を構成する項目は異なっています。けれども、すべての学校段階を通じて、この「（3）」が「今」と「将来」をつなぐ重要な役割を担っている点は明らかです。また、小学校・中学校・高等学校の学習指導要領が共通して、学級活動・ホームルーム活動の「内容の取扱い」

において、次のように定めている点は見落とされるべきではありません。

（3）の指導に当たっては、学校、家庭及び地域における学習や生活の見通しを立て、学んだことを振り返りながら、新たな学習や生活への意欲につなげたり、将来の生き方を考えたりする活動を行うこと。その際、児童／生徒が活動を記録し蓄積する教材等を活用すること。

――学級活動・ホームルーム活動（3）においては、学校における様々な学びや生活にとどまらず、家庭や地域における学びや生活を含めて、「見通しを立て、学んだことを振り返りながら、新たな学習や生活への意欲につなげたり、将来の生き方を考えたりする活動を行う」ことが求められます。まさに、キャリア教育の「要」であることがここに示されていると言えるでしょう。また、学級活動・ホームルーム活動（3）では、このような一人一人のキャリア形成に関わる重要な学びの経験を「記録し蓄積する教材」、すなわち「キャリア・パスポート（仮称）」の活用が期待されています。この意味からも、学級活動・ホームルーム活動（3）はキャリア教育の「要」となるのです。

第37話「キャリア教育の要」って、結局、何をどうするの？（2018年6月2日）

第19話　キャリア教育の「要」としての特別活動
―その歴史的背景を探る―

本章第16話でお話ししたとおり、キャリア教育は「教育活動全体」を通して、「各教科等の特質に応じ」ながら実践されるものです。この位置づけは、新しいものでは全くなく、昭和四〇年代の中学校・高等学校における進路指導の頃から堅持されてきた、伝統ある方針であることをはじめに再確認しておきましょう。

今日の方針の端緒は、一九六九（昭和四四）年告示の中学校学習指導要領・総則において「適切な進路の指導を行うようにすること」とされ、翌年に告示された高等学校学習指導要領・総則でも「進路指導を適切に行なうこと」と示されたことにさかのぼることができます。当時の文部省は、中・高ともに進路指導を総則において扱うこととし、「適切」に行われるべきものとしたのは、教育活動全体を通した進路指導を求めたからであると説明をしています。

さらに、一九七七（昭和五二）年に告示された中学校学習指導要領では、「学校の教育活動全体を通じて……（中略）……計画的、組織的に進路指導を行うようにすること」と明確に示され、「教育活動全体」を通した進路指導は揺るぎないものとされました。これが今日まで引き継がれ、キャリア教育にも生かされているのです。

実態と理念の齟齬と社会の変化

……とはいえ、このような方針と実態との間には大きな齟齬がありました。昭和四〇年代・五〇年代において、進学率がどんどんと向上し、多くの生徒を巻き込んだ「受験戦争」が激化することに伴い、進路指導と呼ばれた実践は「少しでも良い高校へ」「良い大学へ」という親心に基づいた受験指導・出口指導に著しく偏りました。

大多数の先生方が、背に腹は代えられない現実の中で、「良い高校→良い大学→良い企業→一生安泰」の王道を生徒たちに歩ませようと必死だった時期が長く続き、多くの保護者や子供たち自身も、できる限りその王道から逸れないように懸命だったと言ってよいでしょう。

高度経済成長を基盤とした終身雇用制度が、そのような苦労に実質的に応え、報いてきたことも、学習指導要領が定めた方策とはまったく異なる実態を助長させてきました。

学習指導要領の定めは「御説ごもっとも」と敬遠されている間に、その存在すらも希薄化してしまっていたのかもしれません。

無論、これらの実践を底から支えていた高度経済成長はすっかり過去のお話です。子ども時代にがむしゃらに学歴エリートを目指し、その後の人生は会社に預けていれば安心というストーリー自体が破綻してしまった今日、グローバル化や第四次産業革命などの「荒波」の中でレールの敷かれていない未来を切り拓き、みんなで新たな社会を創って行かなくてはなりません。

新しい学習指導要領前文が、「一人一人の児童・生徒が、自分のよさや可能性を認識するとともに、あらゆる他者を価値のある存在として尊重し、多様な人々と協働しながら様々な社会的変化を乗り越え、豊かな人生を切り拓き、持続可能な社会の創り手となることができるようにすることが求められる」と述べているのは、きれい事や理想論の羅列ではなく、切迫した社会的な課題を認識した結果であるように思います。だからこそ、「教育活動全体」を通したキャリア教育が必要なのですね。

特別活動が「要」の意味

では、なぜ、その実践において特別活動が「要」とされるのでしょうか。今回は、「急がば回れ」の知恵に従って、戦後の学習指導要領の改訂動向を振り返りつつ説明します。

新しい学習指導要領においてキャリア教育の「要」が特別活動とされたことを受けて、「えーっ。うちの学校では、これまで『総合的な学習の時間』をキャリア教育の軸にしてきたのに、それを取りやめにしなくちゃならないの⁉」と思われた先生方もいらっしゃるかもしれませんね。でも、ご安心ください。今回の「よもやま話」はとてつもなく長くなってしまうのですが、このあたりのことについても整理していきたいと考えています。

戦後の「職業科」新設と職業指導

戦後初の中学校学習指導要領（一九四七年）において、今日で言うキャリア教育・進路指導は「職業指導」と呼ばれていました。また、この学習指導要領では、戦後の男女平等原則を体現する教科の一つとして、男女共修の「職業科」が新設されたことも特徴的です。「職業科」は、今日の技術・家庭科のルーツとなった教科なのですが、当初は「農業・工業・商業・水産・家庭」の各領域によって構成され、学校の裁量によっていずれかの領域に特化して授業を行うことも可能でした。この「職業科」と「職業指導」とは、密接に関連を持たせることが求められていたのですが、職業指導を教育課程の中でどう位置づけ、「職業科」との関連性をどのように確保すれば良いのか、という点についての明快な指針は示されていませんでした。

このような課題を克服するため、「職業科」は、その他の教科とは別に、度重なる改訂を経ることとなります。改訂時期を具体的に示せば、一九四九年五月、同年一二月、一九五五年一〇月、一九五六年五月です。文字通り、急展開ですね。戦前には全くなかったアイディアに基づく新教科ゆえの宿命だったのかもしれません。

で、様々な議論の結実とも言える教科の構造を示したのが、一九五六（昭和三一）年の『中学校学習指導要領 職業・家庭科編改訂版』によって生まれた「職業・家庭科（＝「職業科」の後身）」でした。「農業・工業・商業・水産・家庭」の各領域に「第一群（＝農業）、第二群（工業）……第五群（家庭）」という名称を与え、「第四群（＝水産）」を除く各領域を男女とも必修としつつ、「第六群」を「職業指導」に充て全員必修として位置づけたのです。今日の用語で言えば、学級単位のガイダンスとしてのキャリア教育が、教科の一部とされたわけです。

一方、個々の生徒に対する指導については、「カウンセリングとしての職業指導は、この教科外におき、その重要性にかんがみ別途考慮する」とされました。実は、次の改訂で具体的な方針を示すことが想定されていたのです（この点を含む昭和三〇年代の動向を詳しく述べると、とんでもなく長くなりますので、ここでは思い切って端折ります。興味のある方は、既に絶版ですが、拙著『キャリア開発教育制度研究序説：戦後日本における中学校教育の分析』教育開発研究所（一九九七）を図書館等でご参照下さい。教育学部のある大学の図書館などには所蔵されているかもしれません）。

ところが、翌々年、事態は急転し、これまでの議論とは全く異なる方針が示されることとなりました。一九五八（昭和三三）年に全面改訂された中学校学習指導要領が、「職業・家庭科」を廃止し、男子向けの「技術」・女子向けの「家庭」を柱とした「技術・家庭科」を新設したのです。

この新教科において、男女ともに幅広い職業的な学習経験を経させ、多様な視点から自らの将来を展望させせようとした「職業・家庭科」の理念を見出すことは困難です。とりわけ「第六群」を全廃したことは大きな方向転換でした。語弊を恐れずに端的に表現すれば、科学技術の強化による高度経済成長政策の一環として教育課程改革が断行されたと言えます。

では、ガイダンスとしてのキャリア教育（当時の職業指導）はどこに行ったのでしょうか。将来的な課題として残されていた、カウンセリングとしてのキャリア教育はどうなったのでしょう。

進路指導の誕生と学級活動

一九五八年版の中学校学習指導要領は、「職業指導」をめぐって、大きく二側面で転換を図っています。第一に、これまで使われてきた「職業指導」という用語を、就職希望者のみを対象とした指導であるとの誤解を助長するという理由から、「進路指導」に変更しました。第二に、ガイダンスとしての進路指導は学級活動において実施するものという方針を示したのです。一方、カウンセリングとしての進路指導については、「個々の生徒に対する進路指導を徹底するためには、適当な機会をとらえて、面接相談などによる指導を行うことが望ましい」とされるにとどまりました。

その後、今回の「よもやま話」の冒頭でお示ししたとおり、一九六九（昭和四四）年の中学校学習指導要領以降、教育活動全体を通した進路指導が求められてきたわけです。ただし、一九五八年の大転換の基本方針は消えることなく受け継がれ、文部省時代に数多く公刊されてきた各種の『進路指導の手引』において、進路指導の「中核場面」は学級活動・ホームルーム活動であると説明されてきたことは重要です。昭和四〇年代から今日まで、進路指導は学級活動・ホームルーム活動を中核としつつ、教育活動全体を通して実践されるべきものとされてきたのです。

現行学習指導要領においても、中学校の学級活動、高等学校のホームルーム活動とともに「（3）学業と進路」が柱のひとつとなっていますよね。一九五九年の「職業・家庭科」における「第六群」は、このような形で今日に引き継がれています。今回の改訂において、「特別活動を要としつつ」と前置きした上で、教育活動全体を通したキャリア教育の実践を求めたことも、歴史的に見れば極めて自然なことであると言えそうです。

「じゃ、やっぱり、『総合的な学習の時間』を軸にしてきたうちの学校の実践はダメってこと？」……いいえ。そんなことはありません。

今回示された「特別活動を要としつつ」という文言の意味は、以下の四つの側面を視野に収めながら理解する必要があると考えています。

【ポイント1】小・中・高を一貫した継続性・体系性の確保

これまで概略をお話ししてきたように、中学校・高等学校では、昭和四〇年代から今日までの長い間、進路指導は学級活動・ホームルーム活動を中核としつつ、教育活動全体を通して実践されるべきものとされてきました。新しい学習指導要領に基づく学校教育では、中・高に限定した進路指導ではなく、小学校からの継続的・体系的なキャリア教育の実践が求められます。その際、これまでの方針を生かしながら（=小学校にも、中・高で培ってきた枠組みを導入しながら）、小学校から高校までの一貫したキャリア教育の実現を目指そうとしているわけです。小学校から高校までの新学習指導要領において、特別活動のうち、学級活動・ホームルーム活動に「(3) 一人一人のキャリア形成と自己実現」が位置づけられた理由の一つがここにあります。

【ポイント2】キャリア・パスポートの導入

そして、新しい学習指導要領における学級活動・ホームルーム活動「(3) 一人一人のキャリア形成と自己実現」の指導にあたっては、「学校、家庭及び地域における学習と生活の見通しを立て、学んだことを振り返りながら、新たな学習や生活への意欲につなげたり、将来の生き方を考えたりする活動を行うこと。その際、児童（小）／生徒（中・高）が活動を記録し蓄積する教材等を活用すること」が求められます。もちろん、ここで指摘される「児童／生徒が活動を記録し蓄積する教材」が、キャリア・パスポートを意味していることは多くの皆さんがご推察の通りです。

詳しくは本章第20話でお話ししますが、今回の学習指導要領の改訂において、キャリア・パスポートに大きな期待が向けられていることを確認しておきましょう（小・中・高ともに同じですが、冗長になることを避けるためにここでは小学校・中学校のみに言及します）。

新しい小学校学習指導要領・前文では「幼児期の教育の基礎の上に、中学校以降の教育や生涯にわたる学習とのつながりを見通しながら、児童の学習の在り方を展望していくために広く活用されるものとなることを期待して、ここに小学校学習指導要領を定める」とされ、同じく中学校学習指導要領の前文では「幼児期の教育及び小学校教育の基礎の上に、高等学校以降の教育や生涯にわたる学習とのつながりを見通しながら、生徒の学習の在り方を展望していくために広く活用されるものとなることを期待して、ここに中学校学習指導要領を定める」と述べられています（傍点は引用者、以下同じ）。〝今〟と〝将来〟との学びのつながりを見通すことへの期待が極めて高いことが読み取れますね。

また、小・中ともに総則において「児童・生徒が学習の見通しを立てたり学習したことを振り返ったりする活動を、計画的に取り入れるように工夫すること」が求められています（第３ １（４））。新しい学習指導要領では、前文に加えて総則でも「学習の見通し」の重要性が強調され、そのための「学習の振り返り」の必要性が指摘されているわけです。

これほど重要な活動ですから、仮に「教育課程上、当該活動の実践の場がどこにも明示的に位置づけられていない」という事態が生じるとしたら、とんでもなくマズいことは自明です。そこで、「学校、家庭及び地域における学習と生活の見通しを立て、学んだことを振り返りながら、新たな学習や生活への意欲につなげたり、将来の生き方を考えたりする活動を行う」のは学級活動・ホームルーム活動ですよ、そのために様々な学習活動を記録し蓄積する教材（＝キャリア・パスポート）を活用するんですよ、と指摘しているわけですね。

キャリア教育の実践において特別活動が「要」とされる大きな理由の一つは、様々な教科等での学びの中から、特にキャリア形成にとって重要なものを選び、それらを記録し、振り返り、このような活動を通して今後の学びを展望するキャリア・パスポートを使った実践が、学級活動・ホームルーム活動においてなされるからと言えそうです（もちろん、キャリア・パスポートの記録等を学級活動・ホームルーム活動以外で行ってはならないなどという指針は、新学習指導要領のどこにも記されていません。国として、自らが定める教育課程編成の基準において、極めて重要なキャリア・パスポートに記録を残し、それを振り返る場をすべての学校に確実に保障する（＝学級活動・ホームルーム活動に新たな「(3) 一人一人のキャリア形成と自己実現」を設ける）ことは不可欠ですが、同時に、学校の創意工夫は否定されるべきものでは全くないのです）。

【ポイント3】各教科等を通したキャリア教育の実践があってこその「要」

本章第18話でお話ししたことの確認ですが、そもそも「要」というのは、「扇の骨を留めるのに用いる釘。また、扇の骨を留める場所。」（大辞林）、「扇の骨をとじ合わせるために、その末端に近い部分に穴をあけてはめ込む釘。」（デジタル大辞泉）を意味する言葉です。「要」がないと扇は機能しません。「要」が物事の最も重要な部分を意味することも、当然と言えますね。

でも、「要」だけの扇は存在し得ないということも自明の理。学校内外での様々な機会を通した豊かなキャリア教育の実践があってこそ、それらを記録したり、振り返ったりしながら、今後の学びの在り方や自らの生き方を展望することができるのです。

例えば、これまで「総合的な学習の時間」を軸にしてキャリア教育を実践されてきた学校を想定してみましょう。あくまでも推察の域を出ませんが、そこで実践されてきたのは職場体験活動及びその事前・事後の学習だったかもしれません。仮にそうであるとしたら、これまでの実践を縮小したり、取りやめたりすることのほうがむしろマズい。いや、そんなことはあってはならないと言っても過言ではないでしょう。新しい学習指導要領が大きな期待を寄せるキャリア・パスポートの記録は、これまでの総合的な学習の時間における職場体験活動の事後学習などとも緊密に関連させながら行うことが期待されているわけです。

【ポイント4】「なすことによって学ぶ」特別活動の特質の活用

特別活動の特質は、これまでも集団活動や体験的な活動を通して行う実践活動にあることが指摘されてきました。例えば、新しい小学校学習指導要領における学級活動「(3) 一人一人のキャリア形成と自己実現」では、「学級や学校での生活づくりに主体的に関わり、自己を生かそうとするとともに、希望や目標をもち、その実現に向けて日常の生活をよりよくしようとすること」や「清掃などの当番活動や係活動等の自己の役割を自覚して協働することの意義を理解し、社会の一員として役割を果たすために必要となることについて主体的に考えて行動すること」が、具体的な内容として挙げられています。

これらが示すように、特別活動における子供たちの活動それ自体（＝学級や学校での生活づくりに主体的に関わることや、清掃などの当番活動や係活動等の自己の役割を自覚して協働することなど）が、今後のキャリアを形成していくための豊かな経験となるのです。

学級や学校での生活づくりはまさに人間関係形成・社会形成能力を培う機会となりますし、当番活動や係活動などは働くことの実践であり、社会の中での役割分担という職業の社会的機能を体験的に学ぶ場としても貴重です。もちろん、児童会活動・生徒会活動、各種の学校行事における役割の遂行なども、体験的なキャリア教育の機会として活用し得るでしょう。

キャリア教育を通して育てることが期待される「基礎的・汎用的能力」は、「実際の行動として表れるという観点」を重要なポイントとして提唱されたものです。様々な教科等を通したキャリア教育によって高めた「基礎的・汎用的能力」を、特別活動における実践に生かし、それを通して自らの成長を実感したり、改善・克服すべき側面を自覚したりすることは、子供たちにとって重要であると考えます。「なすことによって学ぶ」を旨とする特別活動をキャリア教育の視点から捉え直してみると、キャリア教育にとって欠くことのできない重要な教育実践であることが、鮮明に浮かび上がると言えるのではないでしょうか。

第20話　キャリア教育の「要」としての特別活動（２０１7年4月23日）

第20話 「キャリア・パスポート」がやってくる!?

新しい学習指導要領の改訂の方向性を示した中央教育審議会答申（「幼稚園、小学校、中学校、高等学校及び特別支援学校の学習指導要領等の改善及び必要な方策等について」二〇一六（平成二八）年一二月二一日）が、次のように「キャリア・パスポート（仮称）（以下、本文において「（仮称）」を割愛します）」の導入と活動を求めてから今日まで、先生方の一部からは「また、何だか訳の分からないものをやらされるようになるらしい」といった声が出されているようです。[※1]

・子供一人一人が、自らの学習状況やキャリア形成を見通したり、振り返ったりできるようにすることが重要である。そのため、子供たちが自己評価を行うことを、教科等の特質に応じて学習活動の一つとして位置付けることが適当である。例えば、特別活動（学級活動・ホームルーム活動）を中核としつつ、「キャリア・パスポート（仮称）」などを活用して、子供たちが自己評価を行うことを位置付けることなどが考えられる。その際、教員が対話的に関わることで、自己評価に関する学習活

※1：中央教育審議会答申『幼稚園、小学校、中学校、高等学校及び特別支援学校の学習指導要領等の改善及び必要な方策等について』（2016（平成28）年12月21日）

動を深めていくことが重要である（P.63）。

・教育課程全体で行うキャリア教育の中で、特別活動が中核的に果たす役割を明確にするため、小学校から高等学校までの特別活動をはじめとしたキャリア教育に関わる活動について、学びのプロセスを記述し振り返ることができるポートフォリオ的な教材（「キャリア・パスポート（仮称）」）を作成することが求められる。特別活動を中心としつつ各教科等と往還しながら、主体的な学びに向かう力を育て、自己のキャリア形成に生かすために活用できるものとなることが期待される。将来的には個人情報保護に留意しつつ電子化して活用することも含め検討することが必要である（P.234-235）。

——確かに、ここに引用した答申の指摘から「キャリア・パスポート」の具体像を明確につかむことは容易ではなく、「何だか訳が分からない」といった印象を受ける先生方がいらっしゃっても、やむを得ないかもしれません。人は誰でも「得体の知れないモノ」には手を出しにくいので、現時点において「キャリア・パスポート」に対して後ろ向きになってしまう一部の先生方を批判するのは、的外れであるとも言えます。

ではここで、上掲の答申の文言におけるキーワードやキーフレーズを拾いながら、目指される「キャリア・パスポート」の姿をちょっとだけ浮き彫りにしてみましょう。

・（a）子供一人一人が、自らの学習状況やキャリア形成を見通したり、振り返ったりできるようにすることが重要である。そのため、子供たちが（b）自己評価を行うことを、（c）教科等の特質に応じて学習活動の一つとして位置付けることが適当である。例えば、（d）特別活動（学級活動・ホームルーム活動）を中核としつつ、「キャリア・パスポート（仮称）」などを活用して、子供たちが（b）自己評価を行うことを位置付けることなどが考えられる。その際、教員が対話的に関わることで、（b）自己評価に関する学習活動を深めていくことが重要である。

・教育課程全体で行うキャリア教育の中で、特別活動が中核的に果たす役割を明確にするため、小学校から高等学校までの特別活動をはじめとしたキャリア教育に関わる活動について、（a）学びのプロセスを記述し振り返ることができるポートフォリオ的な教材（「キャリア・パスポート（仮称）」）を作成することが求められる。（d）特別活動を中心としつつ（c）各教科等と往還しながら、主体的な学びに向かう力を育て、自己のキャリア形成に生かすために活用できるものとなることが期待される。将来的には個人情報保護に留意しつつ電子化して活用することも含め検討することが必要である。

――答申の文言を見る限り、「キャリア・パスポート」は、次の四つの基本的な特徴を備えた「ポートフォリオ的な教材」であると言えます。

（a）児童生徒が学びのプロセスを振り返ることができるようにする
（b）「右の（a）」を通して、児童生徒が自己評価を行う
（c）「右の（a）」の振り返りの対象となるのは、各教科等での学びである
（d）「右の（a）・（b）」を行う中心的な場は、学級活動・ホームルーム活動である

つまり一人一人の児童生徒が、各教科等（教科・科目、総合的な学習の時間、特別活動等を広く含みます）において経験してきたそれぞれのキャリア形成にとって重要な学習活動を振り返り、それらの学びを通した自らの成長や変容を自己評価できるようなポートフォリオのような教材。これがキャリア・パスポートと言えそうです。ちなみに、「ポートフォリオ」というのは、元々は「紙ばさみ」を意味する単語で、「携帯用書類入れ」などとも訳されてきました。日常用語で言えば、「バインダー」や「ファイル」が一番近いですね。

そして「キャリア・パスポート」と呼ばれることになるファイル教材の作成や、振り

返りの中心的な場・機会は、小・中学校では学級活動、高校ではホームルーム活動ですよ、というわけです。

で、その最終的なねらいは、「主体的な学びに向かう力を育て、自己のキャリア形成に生かすために活用」することにある、というのが、答申が示した「キャリア・パスポート」の姿です。

キャリア・パスポートへの期待

次に、このような答申に基づいて策定された学習指導要領本文に眼を向けましょう。

まず注目しなくてはならないのは、「第1章　総則」が「各教科等の指導に当たっては、次の事項に配慮するものとする」として列挙した規定の中で、「児童（小）／生徒（中・高）が学習の見通しを立てたり学習したことを振り返ったりする活動を、計画的に取り入れるように工夫すること。」と明示した点です。「キャリア・パスポート」への期待の高さが示されていることは明白ですね。

また、総則は「児童（小）／生徒（中・高）が、学ぶことと自己の将来とのつながりを見通しながら、社会的・職業的自立に向けて必要な基盤となる資質・能力を身に付けていくことができるよう、特別活動を要としつつ各教科等の特質に応じて、キャリア教育の充実を図ること。」と示しています。

これを受け、小・中学校ともに特別活動のうち学級活動、高校ではホームルーム活動において、「(3)一人一人のキャリア形成と自己実現」が設けられました。キャリア教育の「要」を担うのは、まさにこの「(3)一人一人のキャリア形成と自己実現」です。

そして、この学級活動・ホームルーム活動「(3)」の指導に当たっては、「学校、家庭及び地域における学習と生活の見通しを立て、学んだことを振り返りながら、新たな学習や生活への意欲につなげたり、将来の生き方を考えたりする活動を行うこと。その際、児童（小）／生徒（中・高）が活動を記録し蓄積する教材等を活用すること。」とされたのです。ここで示された児童生徒が「活動を記録し蓄積する教材」が、「キャリア・パスポート」を指していることは言うまでもありません。

このような「キャリア・パスポート」とその指導に関して、『中学校学習指導要領解説・特別活動編』は次のように述べています。とても長い引用となりますが、お許し下さい。[※2]

※2：『中学校学習指導要領解説・特別活動編』P69－70

小・中・高等学校を通してキャリア教育に系統的、発展的に取り組んでいくことを明確にするため、小学校も高等学校も学級活動及びホームルーム活動において「(3) 一人一人のキャリア形成と自己実現」が新たに設けられた。本項の規定は、学級活動(3)の指導において、学校での教育活動全体や、家庭、地域での生活や様々な活動を含め、学習や生活の見通しを立て、学んだことを振り返りながら、新たな学習への意欲につなげたり、将来の生き方を考えたりする活動を行うことが必要である旨を示している。

「生徒が活動を記録し蓄積する教材等を活用する」とは、こうした活動を行うに当たっては、振り返って気付いたことや考えたことなどを、生徒が記述して蓄積する、いわゆるポートフォリオ的な教材のようなものを活用することを示している。特別活動や各教科等における学習の過程に関することはもとより、学校や家庭における日々の生活や、地域における様々な活動なども含めて、教師の適切な指導の下、生徒自らが記録と蓄積を行っていく教材である。

こうした教材を活用した活動を行うことには、例えば次のような三つの意義があると考えられる。

一つ目は、中学校の教育活動全体で行うキャリア教育の要としての特別活動の意義が明確になることである。例えば、各教科等における学習や特別活動において学んだこと、体験したことを振り返り、気付いたことや考えたことなどを適時蓄積し、それらを学級活動においてまとめたり、つなぎ合わせたりする活動を行うことにより、目標をもって自律的に生活できるようになったり、各教科等を学ぶ意義についての自覚を深めたり、学ぶ意欲が高まったりするなど、各教科等の学びと特別活動における学びが往還し、教科等の枠を超えて、それぞれの学習が自己のキャリア形成につながっていくことが期待される。

二つ目は、小学校から中学校、高等学校へと系統的なキャリア教育を進めることに資するということである。ポートフォリオ的な教材等を活用して、小学校、中学校、高等学校の各段階における学習や生活を振り返って蓄積していくことにより、発達の段階に応じた系統的なキャリア教育を充実させることになると考えられる。例えば都道府県市区町村あるいは中学校区内において、連続した取組が可能となるよう教材等の工夫や活用方法を共有したりすることは大変有効である。

三つ目は、生徒にとっては自己理解を深めるためのものとなり、教師にとっては生徒理解を深めるためのものとなることである。学習や生活の見通しを持ち、振り返ることを積み重ねることにより、生徒は、年間を通して、あるいは入学してから現在に至るまで、どのように成長してきたかを把握することができる。特に、気付いたことや考えたことを書き留めるだけでなく、それを基に、教師との対話をしたり、生徒同士の話合いを行ったりすることを通して、自分自身のよさ、興味関心など、多面的・多角的に自己理解を深めることになる。また、教師にとっては、一人一人の生徒の様々な面に気付き、生徒理解を深めていくことになる。

こうした教材については、小学校から高等学校まで、その後の進路も含め、学校段階を越えて活用できるようなものとなるよう、各地域の実情や各学校や学級における創意工夫を生かした形での活用が期待される。国や都道府県教育委員会等が提供する各種資料等を活用しつつ、各地域・各学校における実態に応じ、学校間で連携しながら、柔軟な工夫を行うことが期待される。

指導に当たっては、キャリア教育の趣旨や学級活動全体の目標に照らし、書いたり蓄積したりする活動に偏重した内容の取扱いにならないように配慮が求められる。なお、プライバシーや個人情報保護に関しても適切な配慮を行うことも求められる。

とても丁寧に解説されているので、僕の下手な説明を加える余地はありません。けれども、蛇足であるとのお叱りを覚悟しつつ、次の三つの留意点を付言して今回の「よもやま話」を終えたいと思います。

【留意点1】分厚い「思い出アルバム」にならないようにする。

本書第3章第13話では、「キャリア・パスポート」について、次のように書きました。

例えば、小学校四年生の「二分の一成人式」の際に書いた「二〇歳になった僕（私）へ」という手紙、五年生の工場見学で作成した見学記録、小学校の卒業文集に掲載した「将来の夢」、中学校一年生の時に書いた「将来就きたい職業」と「それに向けて努力したいこと」、中学校二年生でまとめた「職場体験活動を振り返って」……こういった貴重な記録は、多くの場合、誰の手元にも残っていません。これらの作文や記録を中心としながら、学年や学校を超えて継続的にファイリングし、自らの成長を振り返りつつ、将来を見通すためのポートフォリオが「キャリア・パスポート」です。

……確かにその通りで、現時点で修正する必要性は感じていないのですが、ちょっと言葉足らずだったことは否めません。上に例示した記録から発想を豊かにしていけば、夏休みに頑張って作った作品（例えば「アイディア満載貯金箱」とか「ヒマワリの成長観察記録」等々）も写真にとってファイリングしよう、体育祭のクラス対抗リレーもみんなで協力した結果だから表彰状のコピーを収めておこう、合唱祭だって一生懸命練習した成果だから練習風景と当日の舞台写真を……と「キャリア・パスポート」への収録記録はどんどん増えていき、その厚みは増すばかりです。

ここで重要なことは、「キャリア・パスポート」は小・中・高等学校の一二年間継続的に活用されるものであることを再認識することです。小・中学校、とりわけ小学校では、一年間の学習記録を丁寧にファイリングして子供たちの成長を振り返る活動を既に行っている学校も多いと思いますが、そのファイルをそのまま「学年持ち上がり方式」にしてしまうと、遅くとも小学校高学年くらいで「収録記録が多く、雑多で、振り返ることができない」という状況に直面するでしょう。ましてや、それを引き継いだ中学校・高等学校では扱いに困ることが容易に予測されます。そうなると、単なる「場所ふさぎ」のお荷物になってしまいます。

一二年間の活用を想定した上で収録する学習の記録を厳選し、一年間の学習を振り返ることができるコンパクトなシートなどを用いることは極めて重要なポイントとなりそうです。

この点については、すでに「キャリア・ノート」等の名称で、小・中・高等学校の一二年間の活用を想定したポートフォリオの実践を進めている自治体の例を参考にすることも一つの有効な方策となりそうです。ここでは、先進自治体の例として、兵庫県と青森県の取組を挙げておきますね。

〔兵庫県〕

・小学生・中学生用＝http://www.hyogo-c.ed.jp/~gimu-bo/career/career.htm

・高校生用＝http://www.hyogo-c.ed.jp/~koko-bo/career/thema.html

〔青森県〕

・全学校段階＝http://www.pref.aomori.lg.jp/bunka/education/kyaria_noto.html

また、文部科学省では、今年度から「キャリア・パス

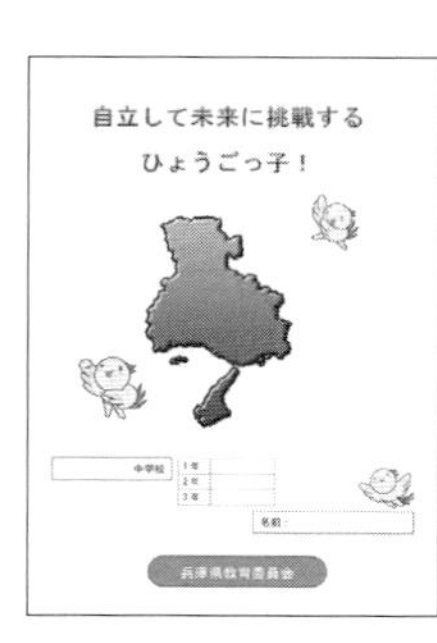

ポート」の策定・活用方法等について調査研究事業を実施していますので、今後、取りまとめられる中間報告等も重要参考資料となるでしょう。当然のことながら、当該事業終了後には、その成果と課題を踏まえた資料あるいは指針等が文部科学省から出されることになります。これらの参考資料等を活用して修正を図りつつ、今後数年かけて、それぞれの地域で「キャリア・パスポート」のモデルが確立されていくのではないかなぁと予測しています。

【留意点2】教員による「対話的な関わり」の重要性を常に念頭におく。

冒頭に挙げた中教審答申が、「キャリア・パスポート」の活用にあたっては「教員が対話的に関わることで、自己評価に関する学習活動を深めていくことが重要である」と指摘している通り、児童生徒が記録したことに対して教員が記載するコメントや、振り返り場面における教員の言葉掛けは極めて重要な役割を担っています。

児童生徒が自覚するまでに至っていない成長や変容に気づかせたり、そのような成長を遂げた自己を肯定的に認識できるようにするためには、教師による対話的な関わりが不可欠です。

とりわけ思春期の時期には、それまでの安定した自己像が大きく揺らぎ、自分の存在に価値を見いだせず、目標を見失いがちな生徒も多くなります。同時に、自己開示に慎重になったり、大人の視点からは些細なことのように思える出来事をきっかけに自己嫌悪に陥ったりすることもごく一般的に見られます。

このような時期に「キャリア・パスポート」に記録を残したり、それを振り返ったりすることを避けようとする場面が生じることもあるでしょう。そのような時こそ、教員による対話的な関わりの真価が問われると言えます。そのような思春期の「しんどさ」に直面していること自体が成長の証であることをまずは伝えたいですし、短い書き殴りや厳しい自己批判等の行間にある生徒の姿を捉え、肯定的な自己理解の契機となるようなコメントや言葉掛けをぜひしていただきたいと思います。

また、高校の中盤を過ぎ、そのような不安定な時期を脱しつつある生徒にとっては、疾風怒濤（しっぷうどとう）の思春期において記した記録を振り返ること自体が辛いことも十分想定されます。このような場面においても、教師の関わりがその生徒の自己理解の在り方を左右すると言えるでしょう。自我の揺らぎを経験してきたからこそ今のあなたがいるのだという事実を、先生方からの関わりによって、丸ごと肯定的に受け止められるようにしていただけることを強く願っています。

【留意点3】「キャリア・パスポート」の本質を歪めることを慎重に避ける。

すでに繰り返し述べてきたとおり、「キャリア・パスポート」は、児童生徒が学びのプロセスを振り返ることを通して自らの成長や変容を自己評価し、肯定的な自己理解を深め、主体的な学びに向かう力を育て、自己のキャリア形成に生かすために活用するものです。

その活用に当たって、この本質を歪めるようなことがあってはなりません。例えば、推薦入試やＡＯ入試等の際にキャリア・パスポートをそのまま提出させ、入学者選抜の資料とするなどは、その典型と言えるでしょう。

万一、仮に、そのようなことが起きれば、「キャリア・パスポート」は子供たちにとっての害悪にしかなりません。入試での評価を気にするあまり、事実よりも「受かりやすいエピソード」を創作して記すようになるでしょうし、自らの率直な気持ちを隠して「受かりやすいコメント」を記すようになります。もしかすると、『有名高校・有名大学合格に直結するキャリア・パスポート・ガイドブック』等のおぞましい出版物やネット上のサイトが出現するかもしれません。あるいは、ボランティア等の社会体験を斡旋する業者が「この体験をこのように記すと合格が近づく」といった指導をする、塾や予備校が「キャリア・パスポートの特定シート記入対策講座」のような講習を開催するなどの事態も想定されます。

このような状況が、どれほど学校教育を歪め、どれほど子供たちのキャリア形成をゆがめることになるか、ここに改めて記すまでもないでしょう。

教員にもメリットの多いキャリア・パスポート

「キャリア・パスポート」の導入にあたり、「キャリア・パスポート（という厄介なもの）がやってくるぞ！」と身構える必要は全くありません。これまで多くの学校で行ってきた学びの振り返りを、全国的に推進し、それを小学校から高等学校までつないで行こうとするものです。それを通して、児童生徒が肯定的に自己の成長を受け止め、次のステップに向けて頑張ろうと思えるようになることが最も重要なことです。

また「キャリア・パスポート」は、それを受け取る中学校・高等学校の先生方にとって、この上ない生徒理解の資料ともなります。一人一人の生徒がこれまでどのような学習活動を経てきたのか、折々にどのようなことを考えてきたのかが、一冊のファイルになって手元に届くのですから、まさに「願ったり、叶ったり」という表現が適切かもしれません。

「キャリア・パスポート」という名称自体になじみがないので、「また新しい仕事が降ってきた」という印象が生じがちですが、食わず嫌いをいったんやめて、ぜひ取り組んでいただきたいと心から思います。

第26話「キャリア・パスポート」がやってくる!?（2017年9月10日）

第21話　「教員が対話的に関わること」の意味

第２章末のコラムでも触れたとおり、僕は自分自身の不注意から、二〇一八年の春に右手首を骨折してしまいました。今では怪我をしたこと自体を忘れてしまいそうなほどまで回復していますが、手術後の数ヶ月間は、指や手首の可動域の拡大のため、毎週、激痛のリハビリに通わざるを得ませんでした。今回は、その頃の「よもやま話」をほぼ原文のまま掲載することにします。

言葉の持つ力

僕のリハビリを担当してくださっている作業療法士のTさんは、とても気さくでありながら、細やかな気配りもしてくれる素敵な青年です。ですが、「ちょっと痛いですよ」と言いつつ、「ちょっと」の水準を遙かに超える痛みを伴う動作をさりげなくするので、Tさんの前で僕は、文字通り手に汗を握っている状況です（おっさんの汗ばんだ手を握ったり引っ張ったり曲げたりするTさんも、仕事とはいえ、さぞかし苦痛だろうと思いますが……）。

現在僕は、このTさんを〝師匠〟と仰ぎつつ、Tさんの指示に従い「手首の可動域拡大！」と自らに言い聞かせて日常を過ごしているわけですが、彼が僕に対して発する言葉の力は本当に大きいなぁとリハビリに行く度に実感します。

以下、Tさんの魔法のような言葉の力について、二つの例を挙げてご紹介しましょう。

本人が納得できる目的設定

僕の目下の苦手事項ワーストワンは、前腕を回転させる動き、とりわけ手のひらを上に向ける「回外」と呼ばれる回転です。これをやるたびに、腕の外側（尺骨側）が引きつられ、声を上げてしまうくらい痛い。……こんな動き、できないままでもいいんじゃないか、と逃げ腰になってしまいますが、そんな僕の気持ちを見透かしたに違いないTさんは、先週のリハビリで僕にさりげなくこう言いました。

「藤田さん。コンビニでお釣りがもらえなくなっちゃいますよ。がんばりましょう」

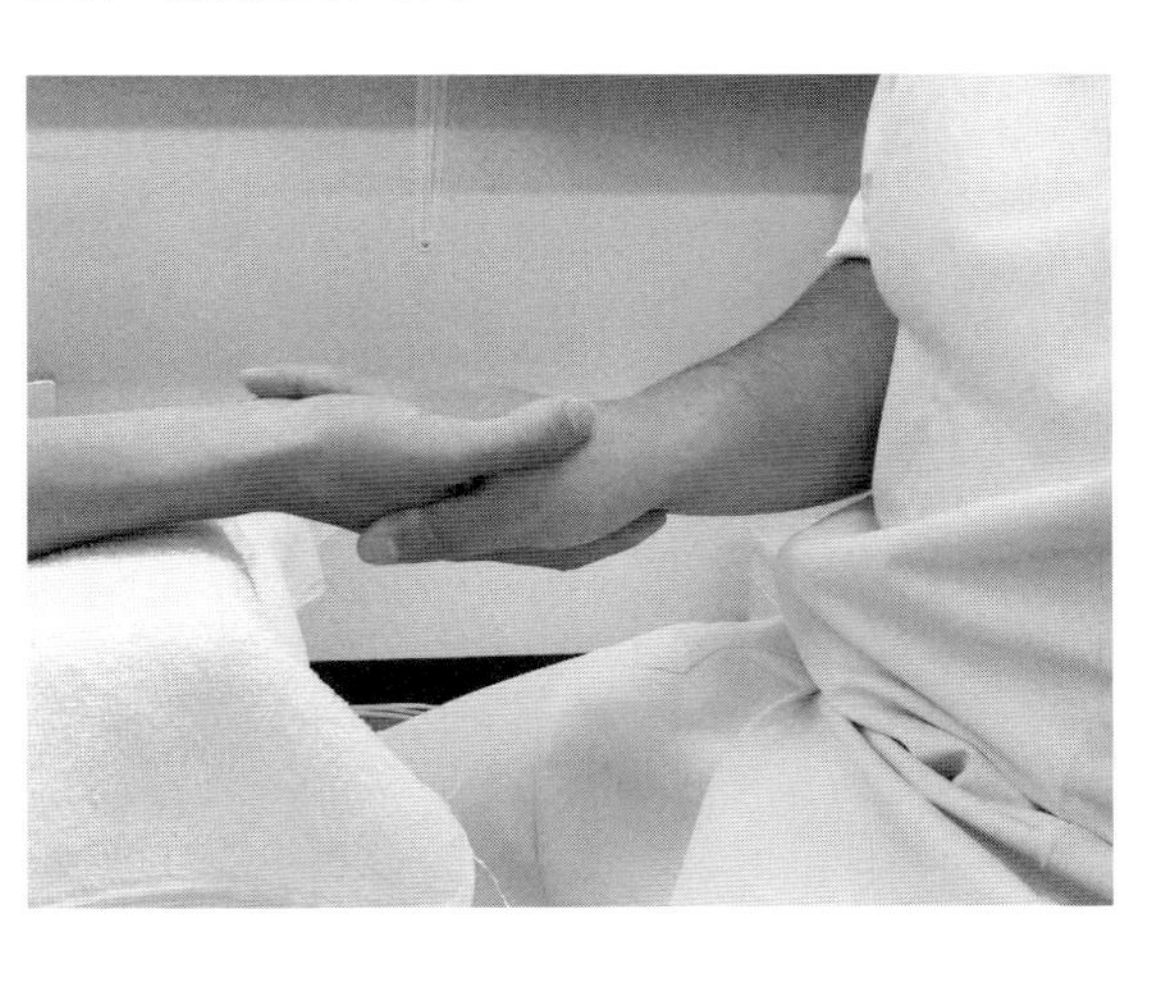

その時は、なるほどなぁ程度にしか思いませんでしたが、その日の夜、実際にコンビニで買い物をした時、当然のように左手で釣り銭を受け取っている自分の動作を改めて認識しました。当時の僕の右の手のひらは、どうやっても釣り銭が乗る角度にはなりませんでしたし、仮に受け取ろうとしたとしても痛さがそれをブロックする状態でした。

でも、そのお釣りを財布に収めた瞬間、Tさんの指摘の意味がクリアに腑に落ちたのです。——そうか。コンビニで釣り銭が滑り落ちないレベルをまずは目指せばいいんだな。

達成すべき具体的な目標を得た僕が、前腕の回転トレーニングを毎日一層意識してするようになったことは言うまでもありません。

そして、一週間ほどたったある日。コンビニで釣り銭を受け取る際、僕は思い切って右手を出してみました。手のひらが水平になったとは言えませんが、釣り銭を落とさずに財布に入れることができたのです！　本当に小さなことですが、実にうれしかった。前腕の回転状況だけを眼で捉えた場合、それが改善しているのかどうかは判然としません。けれども、実際に、釣り銭は右手から滑り落ちなかったわけです。この歳になっても、努力すれば進歩できるものなんだなぁと実感しました。

実現可能なスモールステップでゴールを設定し、しかも、ゴール達成の瞬間を本人自らが認識しやすいように提示するというのはコーチングの基本です。ですが、それを「目の前のその人」にフィットする表現に落とし込んで示すことは簡単ではありません。すげぇな、Ｔさん。

がんばる気持ちを育てるもの

前腕の回転に次いで現在の僕が不得意な動作。それは、掌屈（手首を手のひら側に曲げる動き）と背屈（手の甲側に曲げる動き）です。前腕の回転は強い痛みが伴うので苦手なのですが、掌屈と背屈は痛みそれ自体よりも、手首が物理的な意味で固まっていて動かしにくいのが厄介です。特に背屈は、手首の大きな手術痕を引き延ばす形になりますし、骨を固定している金属プレートやボルトのことも気になって、挑戦すること自体が怖いというのが正直なところです。

Tさんによる掌屈と背屈のリハビリは、前腕の回転のように豪快ではありません。ゆっくり力をかけつつ、どこに痛みが出るのかを検証しながら力の入れ具合を調節しているように感じられます。僕の表情が変わると「痛いのはどこですか?」「どんな痛みですか?」と必ず尋ね、痛みが出た部分をTさん自身の指で様々な角度から押して「こうすると痛いですか?」と確認します。その結果を逐一メモしてから、また掌屈と背屈の動作に戻る……これを繰り返すわけです。

先週、Tさんは、こうして入念にとったメモを確認しながら「大丈夫。怖がらずに曲げ伸ばしをして大丈夫です。動かしても手首の骨に影響が及んでいる状態は一切確認できませんでした。後は固まっている筋肉を丁寧に伸ばすだけです。傷跡も一緒に動かしてしまって、全く問題ありませんよ」と言いました。

その後Tさんは、僕の手を実際に使いながら、掌屈と背屈によって痛みが出た場所とその理由について丁寧に説明し、自宅でのトレーニングの方法を具体的に示してくれました。

手術の傷跡を引き延ばすことへの患者側の不安を前提としつつ、骨・筋肉・神経の構造と機能を熟知したプロとしての判断を下しながら、その結果を、患者に分かりやすい言葉に置き換えて伝えるTさんのスキルの高さに、僕は感動しました。

作業療法士にとって、医学的・生物学的に正確な知識と、機能回復のための多様な運動の選択肢を有していることはもちろん必要です。Tさんがすごいのは、それらの専門的な知識や技能に加えて、僕の不安や疑問を察知する感性と、プロとしての判断の結果を、僕が納得できるように伝えるための表現や話しぶりを適切に選び取る力量を同時に持っている点です。

Tさんの的確な指示のおかげで、僕は自宅でも全く不安なくトレーニングができています。やみくもに言われた動作を繰り返すのではなく、動作の意味と目指すべき結果を認識しながらであるからこそ、「痛いけど、がんばろう」と思えるわけです。

お決まりの言葉ではない対話が大切

残念ながら、現時点の右手首の可動域は、怪我をしていない左手首のそれとは比べものにならないくらい狭いままです。でも、Tさんがサポートしてくれるのであれば、いつかは元に戻りそうな気がします。僕がこう思えるのは、Tさんの「対話的な関わり」

による部分がとても大きい。これは僕自身が強く実感する点です。

もちろん、病院でのリハビリの過程で、Tさんは僕に向かって「あ、いいですね」「そうです」「その調子です」と、短い励ましの言葉も多くかけてくれますが、仮にこのような定型の言葉がけしかなかったとしたら、僕は一気にやる気をなくしていたでしょう。リハビリの痛みに腹を立て、心の中では「適当な気休めを言うな！」と叫んでいたかもしれません。

子供たちに届く言葉って何だろう

新しい学習指導要領に基づくキャリア教育実践では、様々なキャリア教育に関わる活動について、学びのプロセスを記述し振り返ることができるポートフォリオ的な教材（キャリア・パスポート（仮称））の作成やその振り返りを通して、児童生徒一人一人が自らの学習状況やキャリア形成のプロセスを確認し、それを踏まえながら将来を展望できるように支援する活動が求められます。その際、教員が対話的に関わることで、自己評価に関する学習活動を深めていくことが重要である点については、本章第18話で確認したとおりです。

言うまでもなく、児童生徒の成長・発達は、直線的な階段を上るようには進みません。停滞も、紆余曲折も、場合によっては一時的な後退も当然あり得ます。そしてそれらの「しんどい状況」自体が、長期的に見れば、その子の成長にとって意味のある過程となることも少なくないのです。また、本当は確実な成長を遂げているにもかかわらず、本人がそれを自覚する術をもちあわせていないため、自信や希望を失ってしまうような状況も容易に想定されるでしょう。

そんな時強く求められるのが、教師による「対話的な関わり」ではないでしょうか。とりわけ、子供たちが「しんどい状況」の只中で苦しんでいるときにこそ、教員による対話的な関わりの真価が問われると言えそうです。

日本は、万葉集の時代から「言霊(ことだま)の幸わう(幸はふ)国」と言われてきました。言葉を使って意思疎通を図り、言葉によって他者を励まし、救う力を与えられた意味を再確認し、言葉の持つ力を大切にしたいと改めて思った次第です。

第35話「教員が対話的に関わること」の意味(2018年4月11日)

第22話 「書けない」「書かない」キャリア・パスポートをどうするか

本章第19話・第20話でもお話ししたとおり、新しい学習指導要領に基づくキャリア教育を推進する上で、「キャリア・パスポート」は重要な役割を果たします。すでに、その試行的な実践に着手している自治体や学校は少なくありません。また、全国に先駆け、全県規模で取り組まれている自治体においても、新学習指導要領が示した方向性に即した改善が徐々に図られてきています。

このような中で、先生方を悩ませる問題もいくつか浮上してきているようです。特に目立つのが、所定の欄に「書けない」「書かない」子供たちや保護者をどう捉え、どのように対応すべきかという課題です。

とりわけ、ほとんどの欄に「特にない」だけを書き並べる中学生や高校生、あるいは、ほぼ白紙のまま机に突っ伏している中学生や高校生をどうするか。これが先生方にとって共通の悩みになってきていることを実感しました。また、これに肩を並べて、保護者のコメント欄が空白のままとなっているキャリア・パスポートをどうするか、という点についても多くの先生方が苦慮されています。

無論、子供たちも保護者の皆さんも、一人一人個性も置かれている状況も違うわけですから、「万能薬」のような方策などあるはずもないのですが、今回は、このような状況における対応や支援の在り方の基本について、僕なりの考えをお話しします。文字通りの愚見ですが、先生方のご実践に僅かでもお役に立つ部分があれば幸いです。

書かないことを表面だけで見ない

まず、「書けない・書かない」中学生や高校生をどう捉え、どう指導すべきかについてですが、基本となるのは、この状況自体がその子にとっての成長・発達の証であるという捉え方でしょう。

児童期の安定した（≒幼い）自己イメージや将来展望から脱し、現実的な自己理解や人間社会の理解へと移行する時期において、大きな戸惑いに直面するのはごく自然なことです。我々大人でさえ、完全な自己理解ができているか、身の回りの社会をマクロ・ミクロの双方から見通せているかと問われれば、返答に窮するというのが現実でしょう。

例えば、「この一学期を振り返って、特に頑張ったことを書きましょう」という項目があったとします。小学校中学年くらいまでの児童であれば、「うんどう会」「合しょうさい」「早おき」「あさがおの水やり」などと、それほど迷いもなく書けるケースがほとんどです。でも、中学生や高校生になると、「体育祭の時の俺は本当に頑張ったと言えるのか？　あの程度の頑張りは誰でもしていることじゃないのか？　俺よりも多くの仕事をこなした奴はたくさんいるんだぞ」などと悩むようになる生徒は少なくありません。こう悩んだ末に、結局、「キャリア・パスポート」の所定の欄に書けたのは「特にない」の一言。あるいは、空白のまま残された欄があるだけ。

結果だけを見れば、真摯さも誠実さも気力も失った「困った生徒」のようにも見えます。でも実際は、「困った生徒」ではなく、自らの成長や発達に戸惑っている生徒であり、悩んでいる生徒がそこにいるのです（無論、発達障害などの医療的ケアが必要な生徒に対しては、専門家との連携による積極的な個別支援策を講じるべきことは言うまでもありませんが、ここでは、医療的ケアを前提としない生徒を想定して話を進めます）。

たった一つの欄に記入するだけでも、悩み、戸惑っているのに、ワークシートに記入すべき欄はまだ続きます。「この一学期を振り返って……」「次学期に向けて……」「現在のあなたを評価するとすれば……」……このような質問をたたみかけられて、「もう、わかんない！」「どうでもいい！」と机に突っ伏す生徒がいたとしても、けっして不自然なことではないと考えます。

このようなケースにおいて、キャリア・パスポート上で先生方ができること。それは、教師のコメント欄に、その生徒が取り組んだこと、力を注いだことをできるだけ具体的に、できるだけ数多く記し、その努力を肯定的な観点から評価することではないでしょうか。

もちろん、そのようなコメントが思春期の只中にいる生徒の心に届かない場合も少なくないでしょう。一瞥すらされないこともあるかもしれません。でも、欄からあふれ出るほど、細やかに書かれた愛情ある先生のコメントを読むのは、「今、目の前にいる生徒」だけではないのです。キャリア・パスポートは、学年を超え、学校段階を超えて蓄積されていきます。疾風怒濤の思春期を脱し、久しぶりにキャリア・パスポートを振り返った数年後の生徒も、先生のコメントを読むことになります。

自分は「特にない」と数カ所書き殴っただけなのに、中学一年の時の担任の先生も、二年の時の担任の先生も、こんなに細やかに俺を見てくれていたのか。こんなに温かく俺を応援してくれていたのか。……大人への扉を大きく開けて、その向こう側にやっと自分から一歩踏み出そうと思えるようになった時、数年前の先生方のコメントは、その生徒を励まし、その生徒の背中を押すことになるのです。

もちろん、どのような場合においても、二者面談などの機会を捉えて、生徒の悩みに寄り添い、生徒の言葉に耳を傾けることは必要不可欠です。その上で、一人一人の生徒の肯定的な自己理解や前向きな姿勢を醸成するための言葉をかけていくことが重要であることは、言うまでもありません。けれども、思春期における「最もしんどい時期」には、それすら拒絶されてしまう場合があります。この点については、中学校・高等学校の先生方が実感されているとおりです。

でも、キャリア・パスポートへのコメントは、時を超えて生徒を支え続けます。生徒が、それらの先生方のコメントに心を開くようになった時に、生徒に届くのです。

保護者のコメントをもらう機会を捉える

では次に、コメントを「書けない・書かない」保護者への対応の在り方について考えてみましょう。

この点についいては、保護者からのメッセージを想定する欄に、「おうちの人からのメッセージ」「〔　　〕からのメッセージ」等と記し、保護者ではない大人（祖父母、兄・姉、叔父・叔母、児童養護施設の職員さん、部活動の顧問や監督など）からのコメントを記入しやすくする工夫をしている実例もあります。地域や学校の実情に即した創意ある優れた実践ですね。

ここでは、あとひと工夫すれば保護者からのコメントがもらえるケースについて、知恵を絞ってみたいと思います。

例えば、様々な状況によって、学校の教育活動全般に関心を示さない・示しにくいがゆえに、コメントを書かないままにする保護者の場合は、保護者面談や家庭訪問の機会を捉えて、その場で教師と共にキャリア・パスポートに目を通してもらうことも考えられます。

キャリア・パスポートは学年を超えて蓄積するものですから、前年度において児童生徒が記入したワークシートを翌年度の担任が保護者と一緒に振り返り、前年度の担任のコメントなども踏まえながら、当該児童生徒の理解を保護者と共に深めていくことも可能でしょう。児童生徒が記載した内容をきっかけとしつつ、家庭でのその子の様子もより具体的に話し合うことが可能となるかもしれません。その上で、その場でコメントを記入できる保護者には書き入れてもらうこともできるはずですし、より記入しやすい環境（＝別室や記入用の机と椅子など）を設けることも一つの方策ですね。

また、日本語の読み書きが不自由な保護者の場合には、母語による支援員さんなどの協力を得ながら、キャリア・パスポートの内容を伝え、保護者に母語でのコメントを記入してもらう方策も考えられます。この場合も、翌年度の保護者面談や家庭訪問の機会が活用できそうです。保護者が記したコメントの内容については、当該児童生徒は理解できるケースが圧倒的に多いわけですから、キャリア・パスポートとしての機能は何らの支障なく十分に果たします（無論、教員側がその内容を把握することも重要ですので、支援員さんに訳していただき、次年度以降の担任にもそれが伝わるよう別途工夫が必要となりますが……）。

さらに、様々な障害によって保護者による記入自体が困難なケースにおいては、教師が代筆し、その代筆内容が正しいことを保護者が確認したことを示せるような工夫を適宜することも可能だと思います。

どんな保護者も我が子の成長や発達を願っているわけですから、その想いや願いを受け止め、キャリア・パスポートに反映するための工夫の余地は十分にありそうです。今後、様々な学校における創意ある取組から、先生方と保護者の皆さんの双方にとって無理のない実践方策が数多く生み出されることを願っています。

第41話　書けない・書かないキャリア・パスポートをどうするか（2018年11月17日）

第23話　キャリア教育とPDCAサイクル

「これまで教育施策においては、目標を明確に設定し、成果を客観的に検証し、そこで明らかになった課題等をフィードバックし、新たな取組に反映させるPDCA[※1]（Plan-Do-Check-Action）サイクルの実践が必ずしも十分でなかった。今後は施策によって達成する成果（アウトカム）を指標とした評価方法へと改善を図っていく必要がある」と宣言したのは、第一期教育振興基本計画[※2]でした。

国として教育振興に関する施策の総合的・計画的な推進を図るため二〇〇八（平成二〇）年七月に閣議決定された当該計画は、「今後五年間に総合的かつ計画的に取り組むべき施策」の冒頭でこう述べたのです。行政に携わったことがある方であればすぐお分かりのように、冒頭事項の重みは中途半端ではありません。「これからは、目標を宣言して、教育活動を実践したら、その結果『何が身に付いたか』をちゃんと評価して、それを基に計画や実践の改善を図っていこうよ」という明快な方針が第一優先課題として示されたと言えるでしょう。

※1：「どのような成果を目指すのか」「どのような力の修得を目指すのか」といった明確な目標が設定され、その取組の成果についてデータに基づく客観的な検証を行い、そこで明らかになった課題等をフィードバックし、新たな取組に反映させる検証改善サイクル。

※2：教育基本法（2006（平成18）年改正）第17条（政府は、教育の振興に関する施策の総合的かつ計画的な推進を図るため、教育の振興に関する施策についての基本的な方針及び講ずべき施策その他必要な事項について、基本的な計画を定め、これを国会に報告するとともに、公表しなければならない。）に基づいて閣議決定される計画。5年ごとに改められる。

待ったなしの「PDCAサイクル」の確立

で、その五年後の二〇一三（平成二五）年六月に閣議決定された第2期教育振興基本計画では「第1期計画の総括」の項目を特設し、その中で「『どのような成果を目指すのか』『どのような力の修得を目指すのか』といった明確な目標が設定され、その取組の成果について、データに基づく客観的な検証を行い、そこで明らかになった課題等をフィードバックし、新たな取組に反映させる検証改善サイクル（PDCAサイクル）が、教育行政、学校、学習者等の各レベルにおいて、必ずしも十分に機能していなかったこと」を、「教育課題が依然として指摘される要因」のひとつとして挙げ、「改善が不可欠である」としています。

つまり、五年前に「PDCAサイクルを徹底するぞ！」と宣言したものの、計画通りに事が進んでいないと現状を認識し、その上で「今度こそやるぞ！」と言っているわけですね。

このような状況を踏まえれば、次の学習指導要領の改訂のための審議を中央教育審議会に対して求めた文部科学大臣の諮問文（二〇一四年一一月二〇日）において、「教育目標・内容と学習・指導方法、学習評価の在り方を一体として捉えた、新しい時代にふさわしい学習指導要領等の基本的な考え方」が、中心的審議事項の筆頭に掲げられたことも当然と言えるでしょう。当然と言えば当然ですが、新しい学習指導要領では、国としての基準のレベルにおいても、各学校の実態レベルにおいても、「ＰＤＣＡサイクル」の確立が重要視されています。もう「待ったなし」といった感じです。

当然、キャリア教育もその例外ではありません。むしろ、キャリア教育の推進施策においては、かねてから「ＰＤＣＡサイクル」の確立が強く求められていました。例えば、今日のキャリア教育の在り方の基本を示した中央教育審議会答申「今後の学校におけるキャリア教育・職業教育の在り方について」（二〇一一（平成二三）年一月）では、「キャリア教育の充実方策（第二章（二））」において、各学校におけるＰＤＣＡサイクルの確立を明確に要請しています。

ところが、各学校でのキャリア教育の実際においては、「成果（アウトカム）を指標とした評価」は残念ながら定着していません。その一端は次ページに示す全国調査の結果が示すとおりです。「評価（Ｃ）」がなされていない状況では「改善（Ａ）」も期待できませんから、ＰＤＣＡサイクルの確立は望むべくもありません。

学級（ホームルーム）担任が「学級等のキャリア教育について困ったり悩んだりしていること」（2012年）

小学校		中学校		高等学校	
1位 (40.1%)	キャリア教育を実施する十分な時間の確保	1位 (35.4%)	キャリア教育を実施する十分な時間の確保	1位 (34.8%)	キャリア教育を実施する十分な時間の確保
2位 (37.7%)	キャリア・カウンセリングの内容・方法がわからない	**2位 (34.9%)**	キャリア教育の計画・実施についての評価のしかたがわからない	**2位 (31.0%)**	キャリア教育の計画・実施についての評価のしかたがわからない
3位 (33.2%)	キャリア教育の計画・実施についての評価のしかたがわからない	3位 (33.3%)	保護者のキャリア教育に対する期待が進路先の選択やその合否可能性に偏っている	3位 (26.1%)	キャリア教育の適切な教材が得られない
⋮		⋮		⋮	
14位		18位		18位	

出典：国立教育政策研究所 生徒指導・進路指導研究センターが2012年に実施した「キャリア教育・進路指導に関する総合的実態調査」の結果による。本表は、国立教育政策研究所 生徒指導・進路指導研究センター（2015）「子供たちの『見取り』と教育活動の『点検』～キャリア教育を一歩進める評価～（『キャリア教育・進路指導に関する総合的実態調査』パンフレット）」p.4から引用した。

なぜ、うまくいかないのか？

物事の原因は常に複合的なので軽々に絞り込んではいけないのですが、今回は次の三つの側面に焦点をあてて考えてみます。

①「そもそも、キャリア教育の成果を在学中に見取る事は無理」という誤解

②「入試や入社試験の結果こそがキャリア教育の成果である」という誤解

③キャリア教育を通して「身につけさせたい力」が事実上具体的には設定されていない（ので、当然評価もできない）という実態

［原因①］「そもそも、キャリア教育の成果を在学中に見取る事は無理」という誤解

「キャリア教育ってさぁ、『一人一人の社会的・職業的自立に向け、必要な基盤となる能力や態度を育てる』のが重要なんでしょ。だったら、『自立』した後じゃないと、キャリア教育の成果なんてわからないじゃん」

……面と向かってこのような表現での指摘を受けたことはさすがにないのですが、内容的にほぼ同様のご質問やご意見であれば、お受けしたことは一度や二度ではありません。でも、このように考え出したら、ほとんどの教育活動の評価は不可能、あるいは著しく困難になってしまうでしょう。個人的には「これを言ったらおしまい」だと思います。

例えば、現行学習指導要領における中学校「保健体育」の目標は、「心と体を一体としてとらえ、運動や健康・安全についての理解と運動の合理的な実践を通して、生涯にわたって運動に親しむ資質や能力を育てるとともに健康の保持増進のための実践力の育成と体力の向上を図り、明るく豊かな生活を営む態度を育てる」と定められています。

「生涯にわたって運動に親しむ資質や能力を育てるとともに健康の保持増進のための実践力の育成と体力の向上を図り、明るく豊かな生活を営む態度を育てる」ことが目標ですから、保健体育の場合も、一人一人を生涯にわたって観察し続けないと評価できないことになってしまいます。

全く同じことは、「近代以降の様々な文章を読むことによって、我が国の言語文化に対する理解を深め、生涯にわたって読書に親しみ、国語の向上や社会生活の充実を図る態度を育てる」ことを目標とする高等学校「国語・現代文A」にもあてはまりますし、「芸術の幅広い活動を通して、生涯にわたり芸術を愛好する心情を育てるとともに、感性を高め、芸術の諸能力を伸ばし、芸術文化についての理解を深め、豊かな情操を養う」ことを目標とする高等学校「芸術」もしかりです。

でも実際には、「中学校一年生の保健体育では、こんな態度やこんな知識やこんな技能がこの程度まで身についていると、生涯にわたって運動に親しんだり、健康の保持増進が図れたりすると思うよ。君はこの点については十分身についているけれど、この点についてはもう少し頑張るといいね」という意図によって評価しているわけですね。学校における評価というのは、基本的にはこういう性質だと思うのです。教育学の用語を使えば、学校での学習評価の主軸は「形成的評価」であると言えるでしょう。

　また「広い視野に立って、現代の社会について主体的に考察させ、理解を深めさせるとともに、人間としての在り方生き方についての自覚を育て、平和で民主的な国家・社会の有為な形成者として必要な公民としての資質を養う」ことを目標とする高等学校「公民」も、「平和で民主的な国家・社会の有為な形成者」として成長を遂げてからしか評価できないわけではありません。

　これ以上具体例を挙げることはやめにしますが、もともと教育は、「人格の完成を目指し、平和で民主的な国家及び社会の形成者として必要な資質を備えた心身ともに健康な国民の育成を期して行」うわけです（教育基本法第一条）。仮に「人格の完成」後にしか教育の評価ができないとしたら、学校内での学習評価は、「お手上げ」ではないでしょうか。

[原因②]「入試や入社試験の結果こそがキャリア教育の成果である」という誤解

　今年度のキャリア教育の目標＝国公立大学現役合格者○名、就職希望者内定率一○○％……このように「進学者数」や「就職率」を、キャリア教育実践のゴールとしている学校は少なくありません。でも、これらの数値は、入試倍率や雇用状況の外的要因によって大きく左右されるという特性だけをみても、キャリア教育という教育活動の成果指標として適切だとは言い難いのです。例えば、二〇〇八年のリーマンショックにより、新規高卒者を対象とした求人が前年度比で四割近く落ち込んだことをご記憶の方も多いでしょう。

これらの数値のみをキャリア教育の目標とすることの問題点については、すでに、国立教育政策研究所（二〇一一）『キャリア発達にかかわる諸能力の育成に関する調査研究報告書』における「コラム：キャリア教育のＰＤＣＡと進学・就職状況」[※3]が指摘していますので、ぜひご参照ください。

ここでは、この「コラム」では触れられていない点、具体的には、「首尾良く進学（あるいは就職）したあとの状況」を視野に収めてもう少し考えてみたいと思います。

まず、数年前にある予備校が新聞広告の一部として掲載した「合格者の体験記」を引用します。

体験記：〇×大学△△学部合格　〇〇〇男

僕は高校一年から「某予備校」に通いました。僕は自主勉強をまったくしない

※3：国立教育政策研究所『キャリア発達にかかわる諸能力の育成に関する調査研究報告書』（2011年）P84

タイプです。誰かに言われないと何もしない人間なのです。だから、自分の性質にピッタリな「某予備校」を選んだのです。（中略）うまい指導のやり方に、僕はすっかりハマリました。（以下略）

――「うまい指導」のお陰で「自主勉強を全くしないタイプ」の彼は、難関大学に合格できました。でも、ここからが彼の不幸の始まりかもしれません。「誰かに言われないと何もしない」彼は、大学での学びに適応できない可能性が極めて高い。「自主勉強」こそが求められる大学において、彼は十代後半～二十代前半の貴重な時間とエネルギー、そしておそらくは親御さんが負担なさるであろう学費を浪費してしまうかもしれません。

次に、一部の大学生に深刻な状況をもたらしているブラックバイトについて、ネット上のニュース情報サイトに示された指摘の一部をご覧下さい。この問題の改善のための活動をなさっている弁護士さんの言葉です。[※4]

低賃金であるにもかかわらず、正規雇用労働者並みの義務やノルマ、異常な長時間労働は、これまでも非正規労働者が直面してきた問題ですが、最近は学生たちが、学業に支障をきたすなど「学生であることを尊重されない」バイトが多くなっています。

※4：峠隆一・志葉玲・山内千代『「ブラックバイト」で学生生活が破綻。それでも抵抗しない学生たち』（日刊SPA！・2015年6月14日）https://nikkan-spa.jp/870935

学生の知識不足、企業側の倫理欠如も深刻です。我が国では教育課程における労働者の権利の周知が致命的に不足しています。高校や大学で行われている「キャリア教育」は、企業や社会への「適応」ばかりを教え、「抵抗」を教えない、偏ったものであるといえます。その結果、被害者である学生たち自身が自らの置かれている状況の異常さを認識できません。使用者側はそうした学生の無知につけ込み、学生たちの責任感や向上心に巧みに働きかけて、使用者側に都合良く「教育」し、学生が自ら辞めることができない方向へもっていくという構造があります。

――高校卒業後、ほんの数ヶ月でこのような状況に陥る可能性が小さくない現実を視野に収めることなく、大学入試での合格のみを追い求めることは、本当に「生徒のため」と言えるのかどうか、今一度考える必要がありそうです。この件についてはとりわけ、「公民科」を通したキャリア教育と、ホームルーム活動を通した振り返りが本領を発揮すべきと言えるでしょう。

最後に、就職後の現実に眼を向けます。厚生労働省による最新のデータ[※5]によれば、高校新卒就職者のうち三九・三%が入社三年以内に離職していますし（二〇一五年三月卒業者）、そのうち約半数（一八・二%）は一年以内の離職です。あれだけ丁寧に就職面接指導をして、卒業時にはあんなに喜んでいた彼らのうち約二割は、一年後にはすでに

※5：厚生労働省「新規学卒者の離職状況」
https://www.mhlw.go.jp/stf/seisakunitsuite/bunya/0000137940.html

その職場にいないのです。

しかも産業別に見ると、「宿泊業、飲食サービス業」の場合、一年後の離職率は約三割、三年後では六割を超えています。初職の在職期間が短い若年層、とりわけ一年以内の離職者にとって、すぐに労働条件等に恵まれた再就職先を確保することは容易なことではありません。経済的な困窮状態に陥る場合も、稀ではないでしょう。

無論、早期離職のすべてを在学中のキャリア教育のみで防ぐことはできません。会社自体の倒産や、予期せぬ病気や怪我などによってやむを得ず離職せざるを得ないケースも当然あります。けれども、厚生労働省（二〇一四）「平成二五年若年者雇用実態調査の概況」によれば、高卒就職者のうち、初めて勤務した会社をやめた理由（三つまでの複数回答）は、「労働時間・休日・休暇の条件がよくなかった」二〇・三％、「人間関係がよくなかった」一九・六％、「仕事が自分に合わない」一九・〇％の順となっています。

「労働時間・休日・休暇の条件」や「仕事の内容」については、高校での一層の情報収集と確認が求められますし、自分とは異なる立場や年齢の同僚や上司との人間関係の構築については、インターンシップやボランティア活動などを通した意図的・計画的なキャリア教育によって、何らかの手立ては講じられそうです。とりわけ、勤続期間三ケ月～六ケ月未満の場合、離職の理由として「人間関係が良くなかった」を選択する割合が三七・五％と圧倒的に多く、人間関係を形成する力の育成が極めて重要であることを強く示唆しています。

更に、四割近くもの高校新卒就職者が入社三年以内に離職するという現実を踏まえれば、再就職に向けた支援等を受けることができる機関や、提供される支援の具体的な内容などを高校在学中に十分に伝え、それらの認識を確実なものとしておく必要があります。

けれども、国立教育政策研究所が高校卒業後一年以内の若者を対象とした調査[※6]において、「学校や職場などで学んだり働いたりすることが困難な問題が起こったときに相談できる以下の機関のうち、高校生のときに学校から情報提供を受けたものを全て選んでください」と、「大学や専門学校等の学生相談窓口」「公共職業安定所（ハローワーク）」「ジョブカフェ」「地域若者サポートステーション」などを挙げて尋ねた結果、

※6：国立教育政策研究所『キャリア教育・進路指導に関する総合的実態調査第一次報告書』（２０１３年）Ｐ３２２

「上記の機関に関する情報提供の有無について覚えていない」との回答が四五・八%、「上記の機関に関する情報提供はなかった」との回答が一六・八%ありました。これらの合計、すなわち約六割の高校卒業生は、離職などの状況に直面した場合、必要な支援を提供してくれる機関にすぐアクセスできるとは言い難い状況にあると考えられます。

また、若年層の失業者・無業者に支援対象を特化した機関である「ジョブカフェ」や「地域若者サポートステーション」に関する情報提供を高校から受けたと回答した割合が極めて低いこと（前者四・一%、後者〇・九%）も、大きな問題だと思います。

以上、進学後・就職後のいくつかの現実をざっと視野に収めてみただけでも、首尾良く進学・就職した生徒の数や割合のみをキャリア教育の成果と見なすことの不十分さが際立ってきます。無論、「受からなくては始まらない」ことは紛れもない事実ですし、進学・就職の実績データが学校にとって死活問題にすらつながる重要な意味をもつことも自明です。それでもなお、「合格の向こう側にある現実」を見据え、そこでの新たな生活に適応し、社会的・職業的自立に向けて歩むために必要な具体的な力をキャリア教育の目標に位置づけ、ＰＤＣＡサイクルを確立する必要があるのではないでしょうか。

〔原因③〕キャリア教育を通して「身につけさせたい力」が事実上具体的に設定されていない実態

この点についてカッチリ書こうとすると学術論文になってしまいそうなので、かなり端折りますが、実は相当根深く手強い問題点だと思っています。既にお話しした「原因①」「原因②」については、「それはそうかもしれないけど、現実問題としては……」などの反論も多く予測されるにせよ、何らかの改善を要する状況であること自体に異論は少ないのではないかなぁと思います。でも、この「原因③」については、そもそも問題であると認識すらされていないケースも意外に多くありそうです。

例えば、「本校のキャリア教育の目標＝変化の激しい時代をたくましく心豊かに生きる力を育てる」、「〇学年のキャリア教育の中心目標＝人間関係形成能力とキャリアプランニング能力の向上」……こんな感じの目標設定が典型例です。

どこがマズいの？　とお感じになった方もいらっしゃるかもしれません。でも、実は、とってもマズいのです。

まずは、「変化の激しい時代をたくましく心豊かに生きる力を育てる」タイプの目標設定について考えてみましょう。このタイプでは、中学・高校において「望ましい勤労観・職業観」、小学校において「生き生きと光り輝く子」などのフレーズが使用されることも少なくありません。このような目標設定のマズさの根源は、スローガン（あるいはキャッチフレーズ）と目標との同一視にあります。

無論、スローガンとしてはおそらく誰も異論をはさまないでしょう。でも、このままでは、ＰＤＣＡの「Ｃ」、すなわち、目指した力が身についたかどうかという検証・評価はできません。目指すべきゴールが、抽象的・文学的・情緒的な文言のまま、いわば「ふわっとした耳当たりの良いコトバ」で示されるに過ぎませんので、どんな力をどの程度まで育てようとしているのかがわからない。ゴールがどこかわかりませんから、実践の成果を見取ることもできないわけです（小学生の屁理屈のようで恐縮ですが、私たちが日々接しているのは哺乳類の中でもヒト科ヒト族に区分される生物ですから発光しません。「生き生きと光り輝く」状態はあくまでも感覚的な比喩表現の中でしか実現しませんし、教育活動の目標たり得ません）。

次に、「人間関係形成能力とキャリアプランニング能力の向上」タイプの目標設定ですが、このタイプのマズさは、「身につけさせたい力のカテゴリー（分類名称）」と「身につけさせたい具体的な力」との混同にあります。以下、例え話で説明しますね。

庭に柑橘類の木を植えたいなぁと思ったとしましょう。この場合、多くのケースでは、ホームセンター（ＤＩＹ関連の資材店）や専門業者等で苗を買うことになります。でも、世の中には「柑橘類の苗」は売っていません。販売されているのは、温州みかんの苗、レモンの苗、ポンカンの苗……等々です。より厳密に言えば「温州みかんの苗」も実際には売っていません。店頭で売られているのは、「宮川早生温州の苗」「森田温州の苗」「南津海(なつみ)の苗」「南柑20号の苗」……です。「柑橘類」というのはこれらの具体的な品種の総称なので、「柑橘類」という木はありませんし、それを育てることもできません。

もうお分かりのように、「人間関係形成能力」は「人間関係を形成する力」という幅広い力の総称であり、具体的な力を示すものではありません。育てたい力が具体的でなければ、その力が身についたかどうかも判断できないのです。

ではどうすればよいのか？　あくまでも発想の際のヒントにしかなりませんが、経営コンサルタントさんなどの業界で頻繁に使われる「ＳＭＡＲＴな目標設定」をご紹介しておきますね（語呂合わせの類いと切り捨ててしまうこともできますが、僕個人としては、分かりやすいし、的を射ているし、結構便利だなぁと感じています）。

目標設定は「ＳＭＡＲＴ」に！

Ｓ　Specific（スペシフィック）→具体的に・焦点化して

Ｍ　Measurable（メジャラブル）→測定・検証可能な言葉で［※メジャー＝測定する］

Ａ　Achievable（アチーバブル）→頑張れば達成できるレベルで［※アチーブ＝達成する］

Ｒ　Realistic（リアリスティック）→現実に即して

Ｔ　Time-bound（タイム・バウンド）→いつまでに達成するのかを明確に

もちろん、目標を「ＳＭＡＲＴ」にしても、それだけで事がうまく運ぶはずはありません。その前提となるのは、「目の前のこの子たち」の資質・能力、とりわけ「どのように社会・世界と関わり、よりよい人生を送るか（学びを人生や社会に生かそうとする学びに向かう力・人間性等）」に関する力を伸ばしたい！という先生方の願い、あるいは、伸ばさなければ！という先生方の使命感であることは自明です。その願いや使命感を「形」に示すとき、ＳＭＡＲＴの考え方が少しでもお役にたてば幸いです。

かつては、今日のように学校教育においてＰＤＣＡサイクルを意識することはありませんでした。学校教育における目標は「ふわっとしたスローガン」だけでも、「なんとなく示された力の総称」だけでも良かったのかもしれません。目標の抽象度の高さが、教育の成果をめぐる検証・評価を拒んでしまっていても、大きな問題ではありませんでした（結局は、良い高校→良い大学→良い会社を〝王道〟とした「おやくそく」が広く日本社会に共有されており、実際に、学歴社会・学校歴社会等と弊害を指摘されつつも、高度経済成長を背景とした日本型終身雇用制が確固としてそこにあったわけです）。でも、今日の状況は大きく異なります。このような変化に正対し、各学校が、目の前の子供たちの実態や地域の実情、学校の特質等を踏まえて、身につけさせたい力を具体的に設定した上でＰＤＣＡサイクルに基づくキャリア教育を実践する必要があると思います。

第3話　キャリア教育とＰＤＣＡサイクル　（２０１６年８月17日）

第4話　カリキュラム・マネジメントと「ＳＭＡＲＴ」な目標設定　（２０１６年９月４日）

第24話 キャリア・プランニングはナンセンス?

ニューヨーク市立大学のキャシー・デビッドソン[※1]が、「二〇一一年度にアメリカの小学校に入学した子どもたちの六五％は、今は存在していない職業に就くことになるだろう」[※2]と指摘したことは、日本でも広く紹介されました。本国アメリカでは「六五％と特定する根拠が示されていない」といった批判が出され、一時はその信憑性をめぐってホットな議論も起きましたが、AIに代表される技術革新によって社会に必要とされる職種や職業が急速に変容することは疑いのない事実でしょう。

また、オックスフォード大学のマイケル・オズボーン[※3]らが、今後一〇～二〇年程度で半数近くの仕事が自動化される可能性を示したこと[※4]にも関心が集まりましたね。

社会的な環境の変化が人の働き方に大きな影響を与えるのは世の常です。例えば、産業革命による失業をおそれ、イギリスの労働者たちが織物機械の破壊運動を起こしたことは広く知られています。戦後日本の産業・職業構造を見ても、この七〇年間の変容に

※1：アメリカ合衆国の研究者。Cathy N. Davidson。１９４９年生まれ。現在、ニューヨーク市立大学教授。

※2：Heffernan, V. *Education Needs a Digital-Age Upgrade*, New York Times, August 7, 2011。

※3：イギリスの研究者。Michael A. Osborne。現在、オックスフォード大学准教授。

※4：Frey, C.B. and Osborne, M.A. *The Future of Employment: How susceptible are jobs to computerisation?* (Working Paper), Oxford Martin Programme on Technology and Employment, September 17, 2013

は目を見張るものがあります。終戦直後は約半数の就業者が第一次産業に従事していたわけですが、現在では、七割以上の就業者は第三次産業に携わっており、第一次産業に区分される農業・林業・漁業等の就業者は四%に過ぎません。

もっと身近な例を挙げれば、僕の子供の頃にはドコモショップもａｕショップもありませんでしたし、アマゾンや楽天などの通販にこれほど依存する消費生活を想像することも困難でした。また、回転寿司の店舗で好みの寿司をタッチパネルで注文し、誰とも声を交わさないまま食事が済んでしまう状況に我が身を置き、改めて「時代が変わったなぁ」と感じているのは僕だけではないと推察します。私たちは、これまでも、これからも、予測を超える社会の変化に対応しつつ生きていかざるを得ない宿命にあると言えるでしょう。

激変する社会で「キャリア」を「プラン」できるか

ＡＩの急速な進展を目の当たりにしていると、「どんな変化がやってくるかもわからないこの時代に、将来設計をしたって意味なーし！」……という思考停止宣言をしたくなる気持ちもわからなくはないのですが、今回のよもやま話では、「こんな時代だからこそ、キャリア・プランニング能力を鍛えておきませんか」というお話をしたいと思います（こう書くと、どうも説教くさい感じですが、お付き合いいただけましたら幸いです）。

実は、人は将来設計に則って職業選択をするとは限らない（むしろ、偶発的に職を選び取っていく）という指摘は、かなり前からなされていたことを確認しておきましょう。

例えば、イギリスの研究者であるチャウン（Chown, S.M.）は、一九五八年に発表した研究において、一九二人のグラマースクールの生徒らを対象に調査を行い、その多くが計画的な職業選択を行っておらず、偶発的な理由から就業先を決めている実態を明らかにしています。[※5] 一九五八年といえば、その後のキャリア発達研究に絶大な影響を与えたスーパー[※6]が、彼自身の初期の理論を体系化してまとめた *Psychology of Careers*[※7] を出版した翌年ですので、人が階段を上るようにしてキャリアを積み上げていくようなキャリア発達の捉え方については、当初から異論があったわけですね。

人のキャリアが偶発的要因によって形成されていく現実を最もクリアに指摘し、今日でもその理論に注目が集まっている研究者といえば、クランボルツ[※8]です。彼は、個々人のキャリアのうち約八割が、事前に予測されない偶発的な事柄（ハプンスタンス

※5：Chown, S. M. (1958) The Foundation of Occupational Choices among Grammar School Pupils, *Occupational Psychology*, 32, pp.171-182

※6：アメリカ合衆国の研究者。「キャリア教育の父」と称されることもある。Donald Edwin Super。1910年7月10日生、1994年6月21日没。

※7：日本語訳は、1960年に誠信書房から『職業生活の心理学：職業経歴と職業的発達』（日本職業指導学会訳）として公刊されている。

※8：アメリカ合衆国の研究者。John D. Krumboltz。現在、スタンフォード大学名誉教授。

[happenstance]）によって形成されるとした上で、人はその偶然の出来事を自らに引き寄せることができるという考え方を示し、「計画的偶発性理論（Planned Happenstance Theory）」として提示しました（*Planned Happenstance: Making the Most of Chance Events in Your Life and Your Career*, 2002）。

計画的な偶発性――普通に考えれば矛盾するような話ですが、「偶然」という形でやってくる人生の転機を味方につけるために、クランボルツは以下の五点が重要であると指摘しています。

（1）好奇心
（2）持続性（努力し続けること）
（3）楽観性
（4）柔軟性
（5）リスク・テイキング（リスクを恐れないこと）

あぁ、まったくその通りですね。偶然の出来事に自分を開き、そこに飛び込んでいくことで拓ける未来は少なくないはずです。

でも、世界的に有名なクランボルツ先生の理論に難癖をつけるつもりは毛頭ないのですが、失敗しても努力し続けたり、リスクを恐れず行動に移したりするには、そのエネルギーの「源」あるいは「中核」となる「何か」が必要です。偶然の出会いに対して「よし、これだ！」と思う契機がないと、何てことのない偶然のような外形で目の前にやってくる出会いを見過ごしてしまいますし、仮に何らかの出来事を契機に行動に移しても、些細な壁にぶち当たっただけで「やっぱりダメだぁ」と心が折れてしまいます。

チャンスをつかむ力をキャリア・プランニングで育む

いきなり話題が替わって恐縮ですが、「Seize the fortune by the forelock.」という英語のことわざがあります。直訳すると「幸運をその前髪でつかみとれ」。このままでは、何を言っているのかよくわからない感じですが、これは、ギリシャ神話で幸運を司る男性神カイロスに由来しているそうです。カイロスは突然現れてすぐに走り去っていき、しかも、前髪しかなくて後頭部はハゲているという、なんとも変わった風貌です。

幸運の神様が来た！　と思ったら、その瞬間に躊躇せず前髪をつかんで引き寄せないと、チャンスを逃してしまいます。しかも、カイロスを前から見ただけでは、幸運の神様かどうか判別することは難しいのです。世間一般がどう思うか、他の人がどう判断するか……ではなくて、自分自身にとって「この出会いは重要だ！」と判断することが求められるわけですね。つまり、日頃から、自分がすべきこと・できること・したいことは何かを考え、目指すべき方向性や目標を心に描いていないと（＝つまり、キャリア・プランニングをしておかないと）、偶然の出会いに対して「よし、これだ！」とは思えません。

偶然を必然に変える力

またもや突拍子もない話ですが、一九世紀のフランスの生科学者であり細菌学者として著名なパスツール（Pasteur, L.）は、一八五四年に行ったあるスピーチで「偶然は準備のできている人のみを助ける[※9]」と述べています。原文は「Dans les champs de l'observation le hasard ne favorise que les esprits préparés.」ですので、逐語訳をすれば「観察の分野（＝研究の世界）では、偶然の機会は準備のできている精神だけに好意を示す（肩入れをする）」となります。

いずれにしても、見いだしたいもの、追い求めているものを強く意識しているからこそ、地道な実験をやり続けることができ、偶然発生したかのような微細な変化にも気づくことができるのです。求める心がなければ目の前にチャンスが訪れても、それに出会うことはできないとも言えるでしょう。

※9：Pasteur Vallery-Radot (1939) *Œuvres de Pasteur, Tome VII: Mélanges Scientifiques et Littéraires*, Masson et Cie, éditeurs, p.131

さらに、経営学の父とさえ称されるドラッカー（Drucker, P.F.）が、一九七三年に公刊した大著*Management: Tasks, Responsibilities, Practices*において次のように記しているることにも注目する必要があります（ここでの引用は、一九九三年に出版されたHarper Business版によります。また日本語訳は、上田惇生訳『マネジメント：課題、責任、実践（下巻）』ダイヤモンド社（２００８）から引用しました。厳密な逐語訳ではないのですが、本質を正確に訳しとりつつ、力のある日本語になっているなぁと思います）。

Growth requires internal preparation. ... When the opportunity for rapid growth will come in the life of a company cannot be predicted. But a company has to be ready. If a company is not ready, opportunity moves on and knocks at somebody else's door（P.776）.

成長には準備が必要である。［中略］成長のための機会がいつ訪れるかは予測できない。しかし準備はしておかなければならない。準備ができていなければ、機会は去り、他所の門を叩く（P.254）。

——まさに「Seize the fortune by the forelock.」ですね。

誰かのために何かをできる自分になる

ここで今の日本に目を移せば、シンガーソングライターのスガシカオが、自らボーカルを務めるkokuaの楽曲「夢のゴール」において、聴き手の私たちに向かって「君がなりたかった夢って何?」と問いかけ、その後、いくつかの職業名を列挙し、「それは職業のただの名前で　君が歩いていく道の名前じゃない」と述べています。

具体的な個々の職種や職業は、今後の急速な社会的変容の中でその姿を大きく変えることになります。今後、需要が減少し、その社会的な役割を終えるものも出てくるはずです。一方で、新たなニーズに応えて出現する職種や職業も数多いのです。

大切なのは、自らのキャリア・プランを就くべき職種や職業の名前の確定作業に置き換えてしまうのではなく、「働くこと」を通して自分の力をどのように発揮し、社会（あるいはそれを構成する個人や集団）にどのように貢献していきたいかについて考えながら、変容する社会に自分を開き、参画していこうとすることなのだと思います。

職業人としての自分が携わって提供することになるモノやサービスや情報は、誰かの手に届き、その人の「ありがたい」「助かった」「よかった」という思いが対価に形を変えて自分の生活を支える経済的な糧になります。結局は、自分のしたことが誰かの笑顔につながることによって職業人として生きられるのです。自分は、どんな人たちの笑顔につながることを軸にしていきたいのか――こういう視点で自らのキャリアを展望することが必要なのではないでしょうか。

リスクとチャンスは表裏一体

そういえば、「人生は、夢だらけ」というキャッチコピーを使った生命保険会社のテレビコマーシャルがありますね。もちろん「何を能天気な……」と一笑に付すこともできるでしょう。待っていれば棚からぼた餅が落ちてくるほど甘い世の中であるはずがありません。

けれども、激しい変化の中でパッと訪れる幸運の神様の姿を捉え、その前髪をつかみ、自らも変容しようと努力を続けることで、新たに進むべき道が見えてくる可能性は高いと考えます。大切なのは、自らの将来（及びそれを基底から枠づける社会そのもの）への関心と、自分自身にとっての幸運の神様（転機）に気づくためのキャリア・プラン、そして、学び続けようとする姿勢です。

当然、これらは一朝一夕に身につくものではありません。子供のころから多様な試行錯誤の経験を積み、徐々に体得していく以外に王道はありませんね。まさに、すべての教育活動を通した系統的なキャリア教育が求められていると言えそうです。

「人生は、夢だらけ」はいささか大袈裟にせよ、「人生は、チャンスだらけ」なのかもしれません。チャンスとリスクは表裏一体なので、チャンスだけに満ち溢れているわけではありませんが。

第29話　キャリア・プランニングはナンセンス？（２０１７年11月5日）

第25話　未来は「怖い」か「楽しみ」か

人間に限らず、命あるものはすべて自己保存の法則の下で生きています。今の状態を悪化させることは何につけイヤ。少なくとも今の状態をキープできる方途を確保し、安心していたい。これが生命の本質でしょう。

人間の歴史、とりわけ紛争や戦争の歴史などはその典型ですね。異質なものが侵略を企てれば、全力を挙げて叩き潰し、自分たちに同化させようとする――これが戦争の基本形です。侵略が企てられなくても、隙あらば周囲を自分たちと同じ色に塗りつぶしたいという欲求から始まった戦争も、数限りありません。

生き物は、ＤＮＡレベルでそういった宿命を与えられているといってもいいかもしれませんね。自分にできるだけ近い特性をもった子孫を残そうとするＤＮＡに突き動かされて、樹木や草は花粉や種子を昆虫や鳥に託し、風に乗せる。そして、動物もまた交接・交尾行動をするわけです。

こういった自己保存の欲求が何かに脅かされるとき、人間は不安になり、恐怖を覚えます。これは、至極当然の感情の動きです。その究極は、いうまでもなく自己保存の終焉、つまり死ぬことです。

だからこそ、未来は怖い。だって、未来を経験したことのある人はいませんから、そこで自己保存欲求が満たされるとは限りません。未来は、時として、死に匹敵するほど怖い存在です。

楽しかったはずの「未来」

もちろん、社会的な変容が安定した法則性の下で生起している特殊な状況において、私たちはとりあえず安心できます。戦後しばらく続いた日本経済の成長期などが好例ですね。大量生産・大量消費という原則を不変のものとして措定し、その原則の枠内で来たるべき変化を予測しつつ、私たちが「望ましい」と感じ「快適だ」と思えるような制御を加えながら自己保存のための方策を考案してきたわけです。このような場合、未来はあまり怖くありません。それどころか、経済成長の途上において未来に思いを馳せるのは、とても楽しいし、ワクワクします。

けれども、今、私たちは、ＡＩの急速な進展や、不安定な国際情勢に代表される予測の困難な未来に直面しています。こういったとき未来に視点を移せば、私たちは不安になります。具体的に不都合な事象が起きているからではなく、何が起こるのかわからないから不安になるのです。そして、不安に駆られた人間にとって、最も手っ取り早い行動は、自己保存を脅かす要因を回避すること。簡単に言えば、「悪いこと」から我が身を防御することです。

「悪いこと」から我が身を守る、と言っても、私たちが考えつく「悪いこと」というのは過去に経験した範囲からしか想定されません。だから私たちは、かつて経験した「悪いこと」が再び起きないように頑張ってしまう。思いつく範囲の「悪いこと」を列挙し、それに備えようとするわけです。ただでさえ不安なのに、ますます不安や恐怖が増幅しますね。

こんなとき、できっこないと分かっていながらＡＩの進展自体を止めようとしたり、「触らぬ神に祟りなし」とばかりにＡＩの利活用をしないという選択をしてしまうのも、きわめて人間らしい反応と言えるでしょう。けれどもこれらは、１８１０年代のイギリスで産業革命による機械化を恐れた繊維産業労働者が織機破壊に走ったこととも、交通事故に遭わないために家から一歩も外に出ないと決意することとも通底する選択かもしれません。

人は経験したことのない未来を乗り越えてきた

ここで私たちは、私たちの大先輩が、今日のＡＩの進展や国際状況の不安定化に匹敵する、あるいは、それを凌駕する劇的な社会変容を数多く乗り越えてきたという事実を再認識すべきなのではないでしょうか。

例えば、ＩｏＴ・ビッグデータ・ＡＩをキーワードとする第四次産業革命が現実味を帯び、ＡＩが人間に替わって科学技術の進展を制御していく時代の分岐点となるシンギュラリティの到来もそう遠くはないと指摘される中で、現在、多くの私たちは「ＡＩに仕事が奪われる」という不安を共有する状況にあります。

でも落ち着いて考えて見ると、指摘されているのは〝第四次〟産業革命ですから、それに先行して第一次・第二次・第三次の産業革命があった、すなわち、人間はすでにそれらの大転換期を自ら創造し、乗り越えてきたということですよね。

第一次・第二次・第三次産業革命については、内閣府『日本経済二〇一六－二〇一七―好循環の拡大に向けた展望―』（二〇一七）が、「一八世紀末以降の水力や蒸気機関による工場の機械化である第一次産業革命、二〇世紀初頭の分業に基づく電力を用いた大量生産である第二次産業革命、一九七〇年代初頭からの電子工学や情報技術を用いた一層のオートメーション化である第三次産業革命」であると説明しています。[※1]

これらを経た今日の私たちは、「これからやってくる第四次産業革命は、これまでのちっぽけな産業革命とは比較にならないスケールで社会変容をもたらすんだ」と考えたくなってしまいますが、それはいささか被害妄想ぎみの発想かもしれません。そうでなければ、一九世紀初頭のイギリスで、死罪を恐れず織機破壊をした労働者たちの行動は説明できなくなってしまいます。

また、日本の近現代史だけに限っても、明治維新、第二次世界大戦の敗戦とその後の占領期改革など、その前後において社会の在り方が抜本的に変革された大転換が起きました。例えば、第二次世界大戦による死者は、全世界では数千万人、日本だけでも三百万人以上と言われています。これだけの犠牲を払い、その後、日本を含む敗戦国では政治・経済・社会全般のシステムの書き換えとも言える改革が急速に行われたわけです。

※1：内閣府『日本経済二〇一六－二〇一七―好循環の拡大に向けた展望―』（2017年）P73

さらに、日本での私たちの暮らしに密着した視点で捉えた場合、例えば、一九五七年には七・八％だった白黒テレビの世帯普及率は、四年後の一九六一年に六割を超え、一九六五年には九割に達しています。一割未満の富裕な家庭だけが享受していたテレビ放送は、十年を経ずして圧倒的多数の家庭に浸透しました。まさに情報革命が起きたと言えるでしょう。

私たちの先輩は、こうした社会的な変容に適応し、新たな価値やシステムを創造し、更なる革新を重ねてきたのです。先輩たちができたことは、きっと私たちにもできるのではないでしょうか。

未来を「楽しく」イメージするクセをつける

私たちにとって未来は本質的に怖い存在です。そこで何が起きるのかわかりませんし、その中に私たちの自己保存欲求を脅かす事柄も混じっているかもしれません。けれども、私たちの不安や恐怖の対象は、どれ一つとってもまだ生起していない、ここには存在していないものばかりです。それらは、私たちが自らの過去の経験を基に作った想定や、それらの経験を踏まえて推察した結果にしかすぎません。私たちが生み出したイメージは、私たちの手でいかようにでも変え得るはず。

僕の頭の中は基本的に「お花畑」なので、不透明な未来において生起しそうな「悪いこと」の影を察知したら、それを未然に防ぐための方略と、万が一それが実際に起きてしまった場合の積極的な対応策（＝ピンチをチャンスに変換し得るような構想）を常にセットで考えようとするクセをつけてしまえばいいと単純に思います。「クセ」という表現がまずいとしたら、そういうマインドセット・思考様式・思考回路とも言い換えられますね。

キャリア教育を通して、一人でも多くの子供たちがそういったマインドセットを身につけられるようにするためには、まずは、僕たち大人が変わる必要があります。キャリア教育における最強の「教材」はなんと言ってもロールモデル、すなわち、お手本です。

僕たち大人が、未来は怖い、暗い、仕事がなくなる……と嘆き節をグダグダ繰り返している間、未来がそうなってしまう可能性は徒（いたずら）に増大する一方です。そして、そういった思考は、子供たちにまで伝播し、彼らの未来を閉ざすことにもつながりかねません。

未来を「怖い」と怯え立ちすくむのか、未来を志向することを「楽しい」と思えるように更なる知恵をしぼるのか。これを決めるのは、他でもない、私たちです。無論、僕自身も、そして、この駄文にお付き合いくださった皆様方お一人お一人も、その当事者なのだと思います。

第33話　未来は「怖い」か「楽しみ」か（２０１８年1月27日）

コラム

高校を卒業する皆さんへ

新しい環境で人間関係に悩むことは当たり前

大多数の皆さんは、四月から新しい環境に身を置くことになります。期待も不安も入り交じった感覚ですね。「うまくやっていけるかなぁ」と思うことは誰しも同じですし、「案ずるより産むが易し」ということわざがある通り、実際にはなんとかなるものです。安心して新しい環境を迎えて下さい。

もちろん、慣れ親しんだ高校の環境とは大違いの場に、すんなり溶け込めないなぁと思うことに遭遇することもあるでしょう。でも、そんなときに思い出して欲しいのは、「新しい環境で人間関係に悩むのはごく普通のことだ」という事実。実際に、大学生の悩みに対する各種の調査では「人間関係」が常に上位に挙げられていますし、高校卒業直後に就職した人を対象とした調査でも「人間関係」に悩む人が多いことが示されています。なにしろ、進学や就職の後に「人間関係」で辛い思いをするのは「自分がダメだからだ」と思い込むことだけはやめましょう。新しい環境で人間関係を作っていく過程においては、多かれ少なかれ、誰もが頭を抱える時期をくぐり抜けるものなのです。あなたがダメだから悩むわけではないのですよ。

そんなときには、自分をよく見せようとか思わずに、自然体で、新たに出会った人に接しましょう。「新参者」ですから、分からないことがあって当たり前です。できないことが多くても当たり前。ポイントは「ええかっこしい」をしないこと。分からないことや、できないことは、誰かに教えてもらえばよいのです。教えてもらうことそれ自体がコミュニケーションですからね（あ、もちろん、最低限読んでおくべき資料は読みましょうね。自分で情報収集の努力をせずに人に頼ることと、それらの情報では理解できないことを人に尋ねることとは全く別のことです）。

それでもうまくいかないなぁという時には、迷わず相談です。大多数の職場にはそういった相談のための窓口が設けられていますし、大学等には保健管理センター等、専門の相談センターが設置されています。こういった窓口が身近にありすぎて相談しにくい時には、「働く人の『こころの耳電話相談』（http://kokoro.mhlw.go.jp/tel-soudan/）」や「働く人の『こころの耳メール相談』（http://kokoro.mhlw.go.jp/mail-soudan/）」を利用することもできます。また、幅広い悩みに電話で相談にのってくれる「よりそいホットライン（http://279338.jp/yorisoi/）」を利用してもいいですね。

「この仕事は自分には向いていない……」と投げ出す前に

高校卒業後就職する皆さんは四月になれば職業人ですし、進学する皆さんも数年後には圧倒的多数の人が職業人になります。就職時においては誰もが「頑張ろう」と思っているわけですが、その一年後、高校卒業後就職した場合は約二割、大卒の場合にはおよそ一割五分の人が離職している事実を知っていますか？

そして、このように極めて早い段階で離職してしまう人たちが、離職理由として最も多く挙げるのが、「仕事があわない・自分には向いていない」です。上司が厳しい、顧客からのクレームがきつい、仕事自体が好きになれない……。その具体的な理由は様々なのですが、これらをひっくるめて「仕事があわない・自分には向いていない」と区分されることが多いようです。

でも、ちょっと待って下さい。

仮に、右に挙げたような具体的な理由があって離職したとしましょう。次の職場が運良く見つかったとして、そこには、天使のように優しい上司がいて、失敗してもまったくクレームが来ない秘策があって、趣味のように楽しくワクワクする任務にあたれる保証がありますか？　あなたに「伸びしろ」を見いだし、あなたに期待しているからこそ上司は厳しく指導しているのかもしれません。顧客からのクレームは「次回は同じ失敗をしないでね」というメッセージ、つまり、今後の「おつきあいの継続」を前提としたアドバイスかもしれませんよ。また、仕事の醍醐味は、ある程度継続しないと見えてこない部分も少なくないのです。

もちろん、僕は、やみくもに「続けろ！」と言いたいわけではありません。でも、労働の対価としてひとさまからお金を頂戴してメシを食っていくということに、何らかの苦労がついて回るのは当たり前のことだということも視野に収めましょう。グッと歯を食いしばらなくてはならない時期もあるのだということを、受け止めることも必要かもしれません。

例えば、ある職場で四～五年間継続して働いてから次の仕事を探すのと、一年未満しか継続できずに離職して次の仕事を探すのとでは、雲泥の差があります。前者の場合、その職場で得た経験や専門的な知識・技能を自分の強みとして次の職探しができますが、後者、すなわち継続期間が一年未満の場合には、そういった強みはほとんど期待できません。しかも、後者の場合には、次の職探しのプロセスにおいて、「私は長続きしにくい人間です」という自分には見えない大きな文字が書かれた透明のビブス（ゼッケン）を身につけざるを得ないことも少なくないのです。

繰り返しますが、僕は、やみくもに「続けろ！」と言いたいわけではありません。違法な長時間労働や、賃金の未払い、パワハラやセクハラ等々に耐える必要はまったくない。職場の中にそういったケースに対応する相談窓口がある場合には、すぐに相談に行きましょう。万一、そのような相談窓口がない場合、あるいは、相談すれば更に不利な立場に追いやられてしまう可能性がある場合には、公共の相談窓口があります。

例えば、「労働基準監督署（https://www.check-roudou.mhlw.go.jp/soudan/index.html）」や「地域産業保健センター（https://kokoro.mhlw.go.jp/health-center/）」が電話やメール等を含めて多様な方策による相談に乗ってくれます。そこまで深刻ではないのだけれど……という相談の場合には、既に紹介した「働く人の『こころの耳電話相談』」や「働く人の『こころの耳メール相談』」を利用することも手です。また、知らない人にいきなり相談するのは気が引けるなぁと思うのであれば、迷わず、卒業した高校や大学等に相談しましょう。高校の先生方や、大学等のキャリアセンターの職員の方々がきっと力になって下さいます。

自分の悩みは、グッと歯を食いしばるべきことなのか、あるいは、誰かの力を借りるべきことなのかについて判断できない場合には、迷わずに、即、相談ですよ。

とにかく、「こんな仕事、辞めてやる！」と思ったとき、熟考せずに辞めることは避けましょう。一年未満での離職はもちろん、二年程度の継続期間しかない場合にも、それ自体がその後の再就職にとってマイナス材料になる場合があることを忘れずにいて下さい。

やむを得ず離職した場合には……

とはいえ、やむを得ず、職を離れざるを得ない場合も生じるのが人生です。こういった場合、次に就くべき職を探すために、どうしましょうか？

多くの人は、「ハローワーク（公共職業安定所）」を思い浮かべると推測しますが、若年層を対象とした専門の支援センターがあることはぜひ知っておきましょう。

例えば、「ジョブカフェ（正式名称は「若年者のためのワンストップサービスセンター」／https://www.mhlw.go.jp/stf/seisakunitsuite/bunya/koyou_roudou/koyou/jakunen/jobcafe.html）」は、職探し初心者の若者に向けたきめ細やかな支援を提供してくれますし、「わかもののハローワーク（https://www.mhlw.go.jp/file/06-Seisakujouhou-11600000-Shokugyouanteikyoku/0000128341.pdf）」に相談することも有効な手段です。また、働くこと自体に迷ってしまった場合、働くこと自体が辛い場合には、「地域若者サポートステーション（サポステ／http://saposute-net.mhlw.go.jp/）」からのサポートを得ることも考慮してもいいですね。いずれにしても、一人で悩んだり、問題を放置したりすることは避けたいものです。

なお、民営の職業紹介サービスを利用する場合には、二〇一四（平成二六）年度から、「職業紹介優良事業者認定制度（http://www.yuryoshokai.info/certification/index.html）」が開始されていることを知っておく必要があります。適切な職業紹介を受ける上での目安になりますよ。

無論、どうしても前を向けない状態の時には、無理をすると心身に過度な負担をかけてしまう場合も想定されます。そんな場合には、医療機関への相談も視野に収めましょう。上に挙げた「地域若者サポートステーション」では医療機関との連携もしていますから、とりあえず、近くのサポステに電話を一本入れてみることが、大切な一歩になるかもしれません。

非正規で働くということ

最後に、いわゆる非正規の職に就いて働く際の留意点に触れておきます。二〇一五(平成二七)年現在、雇用されて働く人(役員を除く雇用者)の三七・五%は非正規労働者です。ここには、パートやアルバイト、派遣社員、契約社員などが含まれます。皆さんが、非正規労働者として働く可能性自体が低くないことをまず把握しておきましょう。

非正規の立場で働く場合、何より大切なことは、自分の権利についてきちんと把握しておくことです。例えば、パート勤務であっても週四〇時間を超えた労働に対する割増賃金(いわゆる残業代)は支払われますし、育児休業・介護休業制度等の措置も講じられます。また、派遣社員として働く場合には、一部の例外を除き建設・港湾運送・警備・医療関係の業務に派遣されることは違法ですし、派遣会社から段階的かつ体系的な教育訓練を提供され、専門的な知識や技能等の向上支援を受ける権利があります。こういったことを労働者本人が知らずにいて、悪徳事業主の「えじき」になることは絶対に避けなくてはなりません。

皆さんの高校でも、キャリア教育の一環としてこれらのことを学ぶ機会はあったはずですが、皆さんはちゃんと記憶していますか？　もし「すっかり記憶にないなぁ」という場合には、この機会に、その時に配付された資料を読み返してみましょう。「そんな資料、もうどこかに行っちゃったよ」という人は、次の資料に改めて目を通してみて下さい。

・パート労働者のためのキャリアアップに関する情報サイト「よくわかる労働法」
(https://part-tanjikan.mhlw.go.jp/career/law/)
・派遣で働くときに特に知っておきたいこと
(https://www.mhlw.go.jp/file/06-Seisakujouhou-11600000-Shokugyouanteikyoku/0000102917.pdf)

なお、派遣労働についても、二〇一四（平成二六）年度から「優良派遣事業者認定制度（http://yuryohaken.info/certification/）」が運用されていますから、知っておくといいですね。

高校卒業を目前とした皆さんに対するはなむけのメッセージとしては、いささかコムズカシイ話になってしまいました。中年オヤジはこういう説教めいた話をグダグダするから嫌われるのですね。お恥ずかしい限りです。皆さんに幸せになってもらいたい気持ちだけは誰にも負けないと自負しているのですが、気持ちばかりが先行してしまい、結局はウザくなってしまう……。皆さんのお父さんやおじいちゃんも同じかもしれません。気持ちに免じて、ウザい話におつきあいいただいた皆さんに感謝します。

皆さんのこれからの人生が充実したものとなりますように。

第13話　今、高校3年生に伝えたいこと（2017年1月15日）

エピローグ　働くって、何だろう?

皆さんは、英単語「labor（labour）」やフランス語の「travail」、ドイツ語の「Arbeit」が、文脈によって、労働・勤労・出産・分娩・苦心・苦労……とコロコロと意味を変える多義語であることに悩まされたことはありませんか？　和訳の問題で減点され、「えーっ、この単語にそんな意味があるなんて知らなかったよ」と高校生や大学生時代に悔しい思いをしたことを記憶されている方もいらっしゃるかもしれません。

日本語では「勤労」と「出産」の間にはずいぶん距離がある感じですが、欧米の言語ではなぜ一つの単語で表現されることが多いのでしょう。

◇

欧米社会で広く共有される勤労観は「労働＝神の罰」という考え方をベースにしていると言われています。どうやら、その起源は少なくとも二つありそうです。

一つ目はギリシャ神話です。
ギリシャ神話での最高の神・ゼウスは、未熟な人間に天界の火（＝知恵）を与えることを禁じていました。けれども、ティタン（巨人）神族の一人であるプロメテウスがそれを盗み出し、人間に与えた結果、人間は火を用いて戦争を始めてしまいます。この事態を受け、ゼウスはプロメテウスを罰し、愚かな人間には様々な災いをもたらしました。その後の人間は、働かなければ生きていけない存在へと変容させられたのです。

もう一つの起源は旧約聖書です。
天地創造の後、神は「エデンの園」においてアダムとエバ（イブ）を創り、「善悪の知識の木（知恵の木）」を除いて、すべての木々の実を食べることを許しました。けれども、蛇がエバをそそのかし、二人は禁じられた木の実を食べてしまいます。その結果、二人はエデンの園を追放されることとなるのです。その際、神はアダムに対して、地を耕し、そこから得られる食物を採る以外にないと宣告し、エバには苦しみをもって子を産む宿命を授けたそうです。

欧米の言語で、労働・勤労・出産・分娩・苦心・苦労等々が一つの単語で示される場合が少なくないのは、こんな背景があるからなんですね。

食い扶持を得るための避け難い苦役としての労働という捉え方は、その後、労働こそが信仰の証であるとの理解に変容し、一六世紀の宗教改革期において、職業は神から授かった使命であるとの位置づけを得るようになります。けれども、神の定めに反して知恵を得たこと（＝原罪）に対する罰としての労働（＝苦役）、そして苦役の対価として得られる経済的報酬という根源的な理解は、今でも欧米の多くの人々の意識の奥に共有されているようです。欧米の国々において、職務遂行の時間と私生活との間に明確な線を引き、終業時刻が来れば仕事の進捗にかかわらずサッと仕事の手を止めて帰宅する人が多いのは、こういった勤労観をベースにしているからなのかもしれませんね。労働は「罰」であり「苦役」ですから、一刻も早くそこから抜け出したいと考えるのは自然のことなのでしょう。

◇

一方、日本の伝統的な勤労観はそれとは大きく異なります。

例えば、日本神話に登場する天照大神（あまてらすおおみかみ）は、自ら機織り部屋で仕事をし、神田の稲を育てる存在です。神様自身が労働をする姿として描かれる点は、ギリシャ神話との明確な違いの一つと言えます。

また、大きく時代を下って江戸期に目を移しても、職業は社会の中で生きること自体と深くかかわる役割として見なされており、勤労観と人々の生きる指針となる哲学や倫理感とは相互に密接に結びついていたようです。

例えば、武士道が武士階級の職業倫理としての側面をもっていたことなどはその典型ですね。江戸前期の儒学者・山鹿素行は[※1]「武士道」を「職分」と呼び、「三民（農・工・商）」に対する武士の責任の体系であるとしています。社会全体の中で、武士階級が果たすべき役割論（＝職分論）こそが、武士道であったと言ってよいでしょう。

また、江戸中期に「石門心学」の始祖となったことで知られる石田梅岩は、「商人の其始（そのはじめ）を云（いは）ば古（いにしえ）は、其餘（あま）りあるものを以てその不足（たらざる）ものに易（かえ）て、互いに通用するを以て本（もと）とするとかや」、すなわち、「商人の起源とは、どこかで余ったものを、足りないところへもっていき、お互いに補って役立てることにあった」と記しています。[※2]石田梅岩は、商人の社会的な存在意義を示しつつ、社会において果たすべき役割を遂行することこそが人々の生業（なりわい）の本質であると主張しているのではないでしょうか。

ちなみに、「『働く』とは『傍（はた）を楽にすること』である」という説明は、語源に由来す

※1：前田勉『山鹿素行における士道論の展開』愛知教育大学日本文化研究室『日本文化論叢』第18号（2010年）

※2：石田梅岩（足立栗園校訂）『都鄙問答（岩波文庫版）』（岩波書店・1935年）P26

るものではなく言葉遊びに過ぎないそうです。でも、日本社会において、この説明が今日まで長く受け継がれてきているのは、そこに私たちが深く共感する部分があるからかもしれません。

◇

働くのは食い扶持を稼ぐためのやむを得ない手段。その苦役と引き換えに報酬を得る——単純化して極論を言えば、これが欧米文化における勤労観の原型です。

一方、日本文化においては、働くことと生きることとは切り離すことが容易にはできない存在であり、自らの力を誰かの役に立てることによって得られる対価（＝誰かの感謝の証）が報酬であると捉えられてきました。

無論、このような勤労観に根ざしているからこそ、日本では、お客様のためのみならず、我がチームのため、我が部局のため、我が社のために滅私奉公してしまう（同時に、私たちが深く内面化させているこのような勤労観に巧みに働きかけて滅私奉公させてしまう）ことが付随させる様々な問題に、無自覚であった時代が長く続いてきたと言えるでしょう。さらに、高度経済成長期の日本においては、このような慣習に疑問を差し挟むより先に豊かな金銭的報酬を手にできたため、滅私奉公型の労働の深刻な問題が経済的な豊かさによって「帳消し」にされ、その慣行が一層深く根を下ろしたのかもしれません。日本文化が長く育んできた勤労観が、こういった負の作用も併せ持ってきたことを十分認識し、「働き方改革」を進めることは重要です。

けれども、負の側面にばかり注目して、欧米化を図ることのみに傾斜するのはあまりにももったいないし、おそらく、成功しないと思います。

ギリシャ神話や旧約聖書が、欧米の言語や欧米の人たちの考え方を底から規定しているように、日本人の勤労観も長い歴史によって培われてきたものです。それを前提にしつつ丁寧な議論を重ねないと、「働き方改革」は、「働くのは食い扶持を稼ぐためのやむを得ない手段ですから、勤務時間中は自らに与えられた職務（＝課された苦役）にだけ専念して、終業のベルが鳴ったら即刻その苦役から解放されましょうね」という悲しいキャンペーンになってしまいます。苦役からは「高い品質」も「きめ細やかなサービス」も生み出されませんし、職業人としての「矜持（きょうじ）」などは期待することさえできません。

もうそろそろ、欧米発の理論や施策一辺倒ではない議論を本格的に始めるべき時期ではないでしょうか。もちろん、「そう言うおまえこそ始めてみろよ」……ですよね。それを強く自覚しつつ、本書を皆様にお届けします。

「筑波大学キャリア教育学研究室」公式サイトにおける「よもやま話」の更新は今後も続けていく予定ですが、将来、それらを再編集し、本書の続編として書籍化を検討していただけるほど継続できるのか、あるいは、書籍化するに値する内容を書き込むことができるのか、いずれもまったく予測がつきません。お手隙の折にでも、ウェブ上の「よもやま話」の更新具合をたまに覗いていただけましたら望外の幸せです。

第30話　働くって、何だろう?（2017年11月25日）

〈た〉

〈な〉

〈は〉

〈ま〉

〈や〉

〈わ〉

用語さくいん

[著者略歴]

藤田晃之（ふじた てるゆき）
筑波大学人間系（教育学域）教授

1963年　茨城県生まれ
1993年　筑波大学大学院博士課程教育学研究科　単位取得退学
1995年　博士（教育学、筑波大学）

中央学院大学商学部助教授、筑波大学教育学系助教授、デンマーク教育大学院（現：オーフス大学大学院教育研究科）客員研究員、筑波大学大学院博士課程人間総合科学研究科准教授、文部科学省 国立教育政策研究所 生徒指導・進路指導研究センター総括研究官（同省 初等中等教育局 児童生徒課 生徒指導調査官（キャリア教育担当）及び 同局 教育課程課 教科調査官（特別活動担当）併任）等を経て、2013年より現職。

2007年　日本進路指導協会 第7回日本進路指導協会賞 受賞
2010年　日本キャリア教育学会 学会賞 受賞

キャリア教育（きょういく）フォー ビギナーズ
「お花畑系（はなばたけけい）キャリア教育（きょういく）」は言（い）われるほど多（おお）いか？

2019年6月15日　初版第1刷発行
2022年10月7日　初版第3刷発行

著　者／藤田晃之
発行者／岩野裕一
発行所／株式会社実業之日本社
〒107-0062　東京都港区南青山5-4-30
emergence aoyama complex 3F
電話（編集）03-3486-8320　（販売）03-6809-0495
https://www.j-n.co.jp/

印刷・製本／大日本印刷株式会社

ISBN978-4-408-41675-5（教育図書）